KB148114

# 청소년에게
# 게임을 허하라

# 청소년에게 게임을 허하라

초판 1쇄 발행 / 2017년 2월 28일

지은이 / 김옥태 · 배상률 · 손창용 · 원일석 · 이숙정 · 이장주 · 이재진 · 이창호 ·
　　　　임소혜 · 장근영 · 채영길
펴낸이 / 김외숙
펴낸곳 / 한국방송통신대학교출판문화원
　　　　주소 서울특별시 종로구 이화장길 54 (03088)
　　　　전화 02-3668-4764
　　　　팩스(02)741-4570
　　　　http://press.knou.ac.kr
　　　　출판등록 / 1982. 6. 7. 제1-491호

출판문화원장 / 이긍희
편집 / 이근호 · 심성미
편집 디자인 / 홍익 m&b
표지 디자인 / 최원혁

ⓒ 김옥태 · 배상률 · 손창용 · 원일석 · 이숙정 · 이장주 · 이재진 · 이창호 ·
　　임소혜 · 장근영 · 채영길, 2017
ISBN 978-89-20-02447-4　93300

값　18,000원

■ 이 책의 내용에 대한 무단 복제 및 전재를 금하며, 저자와 (사)한국방송통신대학교출판문화원의
　허락 없이는 어떠한 방식으로든 2차적 저작물을 출판하거나 유포할 수 없습니다.
■ 잘못 만들어진 책은 바꾸어 드립니다.

이 도서의 국립중앙도서관 출판예정도서목록(CIP)은 서지정보유통지원시스템 홈페이지
(http://seoji.nl.go.kr)와 국가자료공동목록시스템(http://www.nl.go.kr/kolisnet)에서 이용하
실 수 있습니다.
(CIP제어번호: CIP2017004794)

# 청소년에게 게임을 許하라

김옥태 　배상률
손창용 　원일석
이숙정 　이장주
이재진 　이창호
임소혜 　장근영
채영길 　지음

에피스테메
EPISTEME

# 머리말

우리 사회에서 게임은 복잡한 문제이다. 부모 입장에서 보면 아이들이 게임을 즐기며 노는 것은 공부에 방해되는 일이다. 따라서 부모들은 자녀가 게임을 하는 것을 썩 좋아하지 않는다. 정부 입장에서는 청소년의 게임중독은 심각한 문제여서 어떻게든 게임을 규제해야 하는 상황이다. 하지만 청소년에게 게임은 친구들과 즐길 수 있는 중요한 여가생활이 되고 있다. 즉 청소년은 게임을 개인의 취미나 또래 청소년문화의 일부로 보고 있는 것이다.

그동안 우리 사회의 게임 담론은 지나치게 규제중심적인 패러다임에 치우쳐져 있었다. 2011년부터 이른바 '강제적 셧다운제'가 실시된 이래 청소년들로 하여금 게임을 규제하려는 움직임이 정치권에서 활발하게 전개되었다. 하지만 이러한 규제가 과연 청소년의 요구를 반영한 현실적 방안인지에 대해서는 심층적이고 구체적인 논의가 필요하다고 볼 수 있다. 이러한 사회적 분위기 때문에 청소년의 게임 이용은 늘 게임중독이나 이에 따른 사회적 일탈과 연관된 경우가 많았다. 따라서 청소년에게 유익한 게임의 확산이나 보급은 잘 이루어지지 않았다. 이 때문에 게임이 청소년에게 미치는 부정적 영향이 부각됐고 긍정적인 효과나 영향은 잘 드러나지 않았다.

이 책은 게임에 관한 규제가 강화되고 있는 현 상황에서 청소년의 관점에서 게임의 역할 및 영향 등을 보여주기 위해 기획되었다. 즉 청소년들이 게임을 어떻게 인식하고 있으며 게임을 통해 어떤 긍정적인 만족을 얻는지 등에 초점을 맞췄다. 이에 따라 이 책은 게임이 청소년에게 미치는 긍정적 영향을 살펴보고 궁극적인 게임중독의 원인 및 해결책을 제시해보는 데 그 목적을 두고 있다.

구체적으로 제1장에서는 인터넷게임을 이용하고 있는 청소년들이 인터넷게임중독의 원인이 무엇이라고 생각하는지와 인터넷게임중독을 해결하기 위해 무엇이 필요하다고 느끼지는지를 살펴보고자 하였다. 제2장에서는 게임의 인지심리적 효과와 사회심리적 효과 등 게임의 긍정적 기여부분을 탐색한다. 제3장에서는 발달심리학적 관점, 이용과 충족 이론, 몰입 이론에 근거하여 청소년의 디지털게임 이용동기를 살펴보았다. 제4장에서는 게임의 심리학적 측면을 고찰함으로써 게임이 사회문화적 존재로서 인간에게 어떤 의미와 기능을 담당하는지에 대한 조망을 하였다. 제5장에서는 청소년기의 남학생과 여학생이 하는 게임의 차이점을 알아보고, 남녀별로 선호하는 게임들의 종류에 대해서 살펴보고 있다. 제6장에서는 교육용 게임의 다양한 정의를 살피고, 게임의 기능과 특성들을 살펴봄으로써 교육용 게임과 게임을 교육적으로 활용하려는 시도들의 효용성에 대해 고찰해 본다. 제7장에서는 청소년이 게임을 통해 사적으로 그리고 사회 구성원의 일부로서 공적인 시민으로 성장하기 위한 가능성들을 이론적으로 살펴보고 그 실천 방법들을 사례 중심으로 살펴보았다. 제8장에서는 최근 확산되고 있는 모바일게임 문화를 살펴보고 있다. 제9장에서는 게임이 과연 청소년들의 폭력적인 행위를 유발하는 주요한 요인인지에 대해 논의한다. 제10장에서는 공익론자와 산업론자의 논의를 중심으로 게임 콘텐츠에 대한 상반된 사회적 논쟁을 분석하고 있다. 마지막으로 제11장에서는 최근 인기를 끌고 있는 포켓몬고 현상에 대해 분석한다.

　이처럼 이 책은 청소년들의 게임 이용과 문화에 관련된 다양한 내용을 담았다. 아무쪼록 이 책이 청소년들의 게임 이용동기와 게임 문화를 파악하는 데 중요한 디딤돌이 되기를 기대해본다.

2017년 2월
저자들을 대표하여　김옥태

머리말

# 차 례

*vii*

# 게임중독의 본질적 원인은 무엇인가*

이 창 호

청소년들에게 게임은 여가생활의 중요한 부분이자 일상문화이다. 최근에는 스마트폰이나 태블릿 PC 등 모바일 기기의 확산으로 모바일게임을 즐기는 청소년들이 늘고 있는 추세이다. 하지만 청소년들의 지나친 게임 이용으로 인한 부작용에 대한 우려로 청소년들로 하여금 게임을 규제하려는 움직임은 점점 강화되고 있는 추세이다. 이처럼 게임에 관한 관리와 통제가 강화되고 있는 사회적 상황에서 이 장은 인터넷게임을 이용하고 있는 청소년들이 인터넷게임중독의 원인이 무엇이라고 생각하는지와 인터넷게임중독을 해결하기 위해 무엇이 필요하다고 느끼는지 살펴보고자 하였다. 아울러, 인터넷게임중독이 얼마나 심각하다고 느끼는지에 대해서도 알아보았고, 게임이 청소년들에게 미치는 긍정적·부정적 영향에 대해서도 실증적으로 분석하였다. 마지막으로, 정부의 인터넷게임규제정책에 대한 청소년들의 인식을 살펴보았다.

* 한국청소년정책연구원 2013년 수시과제「인터넷게임중독의 원인과 해결방안에 관한 청소년들의 인식」과 2014년 수탁과제「한중 청소년의 온라인게임 이용과 중독예방 및 치료정책에 관한 비교연구」를 바탕으로 함.

# 1. 여가활동으로서의 게임

청소년에게 게임은 여가생활의 중요한 부분을 차지하고 있다. 그들에게 게임은 중요한 문화적 실천행위이며 게임을 통해 기성세대가 이해할 수 없는 문화적 감수성을 나누고 있다(전경란, 2009). 특히 입시 위주의 교육 환경하에서 게임은 학업스트레스를 해소하고 또래친구들과 소통하고 교류할 수 있는 중요한 매체로 자리 잡고 있다. 기존에는 PC 기반의 온라인게임이 인기를 끌었지만, 최근 스마트폰이 확산되면서 누구나 쉽게 즐길 수 있는 모바일게임이 청소년들 사이에서 크게 인기를 끌고 있는 추세이다(여성가족부, 2013). 실제로, 스마트폰을 이용하는 청소년은 '카카오톡' 같은 채팅 서비스에 이어 게임 애플리케이션을 두 번째로 많이 이용하고 있다(여성가족부·한국언론학회, 2013). 최근에 인기 있는 모바일게임으로는 '애니팡', '모두의 마블', '클래시 오브 클랜' 등으로 나타났다(한국콘텐츠진흥원, 2015a). 청소년들이 하루 평균 PC 온라인게임을 즐기는 시간은 69.29분으로 나타났고, 모바일게임을 즐기는 시간은 61.49분으로 조사됐다(한국청소년정책연구원·대외경제정책연구원, 2014). 즉 우리나라 청소년들은 하루 평균 두 시간 가량을 온라인게임을 이용하는 데 보내고 있는 것이다. 초등학생과 중학생의 경우 오후 6시부터 9시까지 게임을 가장 많이 즐겼고, 고등학생은 오후 9시부터 자정까지 게임을 가장 많이 하는 것으로 나타났다(한국콘텐츠진흥원, 2015b). 스마트폰의 대중화로 청소년들 가운데 37.7%가 일주일에 5일 이상 게임앱을 이용하는 것으로 나타났으며 남학생(41.7%)의 비율이 여학생(33.2%)보다 더 높았다(이창호·김경희, 2013). 청소년의 80% 이상이 스마트폰을 가지고 있어 스마트폰을 통해 게

3

임을 즐기는 청소년의 수는 지속적으로 증가할 것으로 예상된다. 특히 누구나 쉽게 즐길 수 있는 스마트폰용 캐주얼 게임의 등장으로 그동안 게임에서 소외됐던 여학생들의 게임 이용이 늘 것으로 기대된다.

이처럼 게임을 즐기는 청소년들이 늘어나면서 일상생활에 지장을 받거나 게임을 하지 않으면 불안증세를 보이는 인터넷게임중독 청소년들이 늘고 있으며 게임의 과다이용에 따른 여러 부작용이 발생하고 있다. 여성가족부(2013)의 조사결과 게임중독군은 전체 응답자의 4.1%로 나타났고 여학생보다는 남학생집단에서, 초등학생보다는 중학생집단에서 게임중독군의 비율이 높았다. 게임시간은 청소년들의 우울증세를 강화하기도 하는데 게임하는 시간이 긴 청소년일수록 우울증세를 경험할 가능성이 큰 것으로 나타나기도 했다(황여정, 2012).

이처럼 청소년들의 과다게임사용으로 인해 여러 문제가 발생하자 청소년들의 게임 이용을 규제하려는 움직임이 정치권에서 활발하게 전개되었다. 가령, 신의진 의원은 2013년 4월 '중독예방·관리 및 치료를 위한 법률안'[1]을 대표발의하면서 범정부차원의 통합적인 중독관리체계를 구축하려고 한 바 있다. 이 법은 인터넷게임 등 미디어콘텐츠를 알코올, 마약, 도박과 같이 중독의 범주에 포함시켜 국가가 중독 및 중독폐해를 종합적이고 체계적으로 관리할 수 있는 취지를 목적으로 제정되었다. 손인춘 의원이 2013년 1월 대표발의한 '인터넷게임중독치유지원에 관한 법률안'은 여성가족부장관이 인터넷게임관련사업자에게 연간매출액의 1% 범위에서 인터넷게임중독치유부담금을 부과·징수할 수 있도록 하고 있다.[2]

---

1   신의진 의원 홈페이지(http://iloveshin.kr/) 의정활동란에서 인출함.
2   의안정보시스템(http://likms.assembly.go.kr/bill/jsp/BillDetail.jsp?bill_id=PRC_N1Q3T0O1P0L8P1V5N2X0Y2V7O8O5Y5)에서 인출함.

이처럼 청소년들의 인터넷게임 이용에 대한 규제가 확산된 배경에는 게임에 대한 부정적 이미지와 은유가 자리 잡고 있다. 2010년 이후 한국사회에서 게임에 대한 미디어 담론은 중독, 범죄, 청소년비행, 규제 등을 중심으로 구성되었고, 이 현실의 기저에는 '게임포비아(Game-phobia)'라 부를 수 있는 집단적 심리기제가 있었다(윤태진, 2015). 그 결과 게임에 대한 열중은 게임에 대한 몰입이 아닌 게임중독으로 묘사되었고 학업을 방해하는 행위로 간주되었다. 이러한 분위기에서 인터넷게임에 대한 정부규제는 나날이 강화되고 있는 실정이다.

위에서 언급한 정부 규제가 과연 청소년들의 요구를 반영한 현실적인 방안인지에 대해서는 심층적이고 구체적인 논의가 필요하다고 볼 수 있다.

## 2. 청소년이 인식하는 인터넷게임중독의 원인과 해결방안

필자는 청소년들이 인터넷게임중독의 원인과 해결방안에 대해 어떻게 인식하고 있는지 살펴보기 위해 2013년 12월 전국의 중·고등학생 1,200명을 대상으로 온라인설문조사를 실시하였다. 사실, 인터넷게임중독에 영향을 미치는 요인은 개인의 심리적 특성(우울, 불안, 스트레스 등)에서부터 부모요인(부모애착, 부모와의 대화 등), 친구요인(또래관계 등), 게임 자체의 기기적 특성(성취감, 보상구조 등) 등 매우 다양하다.

먼저, 청소년이 인터넷게임중독의 원인을 어떻게 인식하고 있는지

5

**|표 1.1|** 청소년이 인식하는 인터넷게임중독의 원인

| | 합계 | 성별 | | t-검증 | 교급별 | | t-검증 |
|---|---|---|---|---|---|---|---|
| | | 남 | 여 | | 중학생 | 고교생 | |
| 인터넷게임중독의 원인은 우울이나 불안 등 개인의 심리적 특성에 기인한다. | 3.08 (1.04) | 3.00 (1.08) | 3.17 (.99) | -2.71** | 3.03 (1.03) | 3.13 (1.05) | -1.68 |
| 인터넷게임중독의 원인은 게임의 기기적 특성(가령, 대결을 통한 성취감이나 우월감, 아이템 획득이나 레벨 업 등의 보상이 주어지는 구조 등)에서 비롯된다. | 3.32 (1.09) | 3.07 (1.15) | 3.59 (.95) | -8.47*** | 3.23 (1.09) | 3.40 (1.09) | -2.74** |
| 인터넷게임중독의 원인은 주로 가정환경(부모와의 애착 결여나 대화부족 등)에서 비롯된다. | 3.12 (1.12) | 3.01 (1.18) | 3.23 (1.04) | -3.44** | 3.05 (1.10) | 3.19 (1.13) | -2.20* |
| 인터넷게임중독의 원인은 청소년들이 마음껏 뛰놀 수 있는 여가활동의 부족에서 비롯된다. | 3.49 (1.14) | 3.48 (1.18) | 3.51 (1.08) | -.50 | 3.34 (1.12) | 3.65 (1.13) | -4.74*** |
| 인터넷게임중독의 원인은 청소년들을 공부에만 매달리게 하는 입시 위주의 교육 때문이다. | 3.70 (1.12) | 3.69 (1.16) | 3.71 (1.07) | -.39 | 3.55 (1.13) | 3.85 (1.09) | -4.66*** |

주: ( )은 표준편차임. $^*p<.05$, $^{**}p<.01$, $^{***}p<.001$

*6*

조사한 결과 〈표 1.1〉에 나타난 바와 같이 가장 많은 응답자가 입시 위주의 교육을 지목했다. 이어 여가활동의 부족, 게임의 기기적 특성이 그 뒤를 따랐다. 성별로 살펴봤을 때, 여학생이 남학생보다 훨씬 더 인터넷게임중독의 원인을 게임기기적 특성으로 돌리는 경향이 강했다. 교급별로 보면, 중학생에 비해 고등학생이 인터넷게임중독의 원인을 외부환경(여가활동의 부족, 입시 위주의 교육)으로 돌리는 경향이 강하게 나타나고 있다.

　　다음으로 청소년들이 인터넷게임중독의 해결방안으로 무엇을 중요하게 고려하고 있는지 조사한 결과, 여가활동의 활성화와 입시 위주의 교육환경 개선을 가장 많이 꼽았다(〈표 1.2〉 참조). 부모의 관심이나 부모

┃표 1.2┃　청소년이 인식하는 인터넷게임중독의 해결방안

| | 합계 | 성별 | | t-검증 | 교급별 | | t-검증 |
|---|---|---|---|---|---|---|---|
| | | 남 | 여 | | 중학생 | 고교생 | |
| 인터넷게임중독자에 대한 상담 강화 | 3.36 (.98) | 3.21 (1.07) | 3.52 (.84) | -5.50*** | 3.31 (1.97) | 3.41 (.99) | -1.78 |
| 부모의 관심이나 부모와의 대화 | 3.70 (.99) | 3.56 (1.07) | 3.85 (.85) | -5.22*** | 3.58 (.99) | 3.82 (.97) | -4.34*** |
| 여가활동의 활성화 | 3.98 (.97) | 3.90 (1.06) | 4.07 (.86) | -2.93** | 3.78 (1.01) | 4.18 (.89) | -7.19*** |
| 게임 관련 미디어교육 강화 | 3.37 (1.00) | 3.38 (1.07) | 3.36 (.91) | -.262 | 3.34 (1.02) | 3.40 (.98) | -.92 |
| 입시 위주의 교육환경 개선 | 3.84 (1.09) | 3.76 (1.18) | 3.92 (.97) | -2.65** | 3.67 (1.09) | 4.00 (1.06) | -5.36*** |
| 게임사업자의 인터넷게임중독예방을 위한 사회적 노력 및 책임 강화 | 3.32 (1.05) | 3.15 (1.12) | 3.50 (.93) | -5.90*** | 3.32 (1.00) | 3.31 (1.09) | .11 |

주: ( )은 표준편차임. *p<.05, **p<.01, ***p<.001

제1장　게임중독의 본질적 원인은 무엇인가

와의 대화도 세 번째로 중요한 해결책으로 선택됐다. 하지만, 인터넷게임 중독자에 대한 상담강화나 게임사업자의 사회적 노력 및 책임강화는 상대적으로 중요하게 취급되지 않았다.

성별로 살펴보면, 전반적으로 남학생보다 여학생이 미디어교육 강화를 제외한 다른 모든 해결책을 더 중요하게 고려하는 경향이 나타났다. 교급별로 보면, 중학생보다 고등학생이 입시 위주의 교육환경 개선과 여가활동의 활성화, 부모의 관심이나 부모와의 대화가 인터넷게임중독을 막을 수 있는 방안이라는 데 적극적으로 동의하는 편이었다.

이처럼 청소년들은 인터넷게임중독의 원인으로 입시 위주의 교육과 여가활동의 부족을 중요하게 여기고 있는 것으로 나타났다. 또한 인터넷게임중독의 해결방안으로도 여가활동의 활성화와 입시 위주의 교육환경 개선을 중요하게 꼽았다. 이는 입시 위주의 교육에서 벗어나 청소년들이 마음껏 뛰놀 수 있는 외부환경 조성이 청소년들이 바라는 인터넷게임중독의 궁극적 해결책이라는 것을 암시해주고 있다.

실제로 청소년들의 여가활동은 인터넷게임중독을 줄일 수 있는 중요한 요인으로 나타나고 있다. 여가활동시간과 인터넷게임중독 간의 관계를 규명한 대부분의 연구들은 여가활동이 인터넷게임중독을 줄이는 중요한 요인이라고 주장한다. 즉 스포츠활동참여가 활발할수록 인터넷게임중독은 덜한 것으로 나타났고(조영호 · 장재철, 2010), 여가활동참여에 대한 제약을 강하게 지각할수록 인터넷게임중독 위험군으로 분류될 확률이 높았다(류성옥 · 이훈, 2013).

이러한 연구결과들은 청소년들의 여가활동의 접근성과 참여율이 높을수록 인터넷게임중독 수준이 낮아질 수 있다는 것을 보여주고 있다. 특히 청소년기의 스포츠활동참여는 자존감 증진에 영향을 미치고 자기통제력 향상에 긍정적인 영향을 주며 스트레스 수준을 낮춤으로써 인터넷 중독 수준을 감소시키는 것으로 나타난 바 있다(김예성·임정임, 2013).

# 3. 인터넷게임중독의 심각성에 대한 인식

인터넷게임중독이 청소년 본인에게 얼마나 심각한지 질문한 결과, 응답자 10명 중 6명(60.6%)은 심각하지 않다(심각하지 않다+전혀 심각하지 않다)는 반응을 보였다. 반면 심각하다(심각하다+매우 심각하다)고 응답한 비율은 11.0%에 그쳤다. 즉 대부분의 청소년들이 인터넷게임중독이 본인에게 심각하지 않다고 생각하는 것으로 조사됐다. 여학생(7.7%)보다 남학생(14.0%)이 인터넷게임중독이 본인들에게 더 심각한 것으로 느끼는 경향이 있었다. 하지만, 인터넷게임중독이 주변 청소년들에게 얼마나 심각한지 알아본 결과, 절반이상의 응답자(54.3%)가 인터넷게임중독이 주변 청소년들에게 심각하다(심각하다+매우 심각하다)고 생각하는 것으로 나타났다. 특히 친구들의 인터넷게임중독이 심각하다고 느끼는 비율은 남학생(46.8%)보다 여학생(62.5%)에게서 더 높게 나타났다.

이처럼 청소년들은 인터넷게임중독이 본인보다 주변친구들에게 더 심각하다고 느끼는 경향이 강했다. 미디어의 영향력이 본인보다 타인에게서 더 크게 나타날 것이라는 제3자 효과이론이 청소년들의 인터넷게임중독효과에 관한 인식에서도 그대로 적용되고 있는 것이다.

우리 사회에 나타나는 여러 중독현상들과 견주어 인터넷게임중독이 어느 정도 심각한지 알아보았다. 각 항목에 대한 응답범주는 5점 척도

9

**┃ 표 1.3 ┃ 여러 종류의 중독의 심각성에 대한 인식**

| | 합계 | 성별 | | t-검증 | 교급별 | | t-검증 |
|---|---|---|---|---|---|---|---|
| | | 남 | 여 | | 중학생 | 고교생 | |
| 알코올중독 | 3.91 (.91) | 3.85 (.97) | 3.96 (.83) | -2.07* | 3.82 (.99) | 4.00 (.81) | -3.48** |
| 마약중독 | 3.67 (1.14) | 3.71 (1.19) | 3.64 (1.10) | 1.01 | 3.68 (1.12) | 3.66 (1.16) | .30 |
| 도박중독 | 3.98 (1.00) | 3.96 (1.06) | 4.00 (.93) | -.55 | 3.87 (1.04) | 4.08 (.94) | -3.64*** |
| 인터넷게임중독 | 3.70 (1.02) | 3.46 (1.08) | 3.97 (.87) | -8.87*** | 3.73 (1.03) | 3.68 (1.01) | .81 |
| 스마트폰중독 | 4.01 (.98) | 3.76 (1.03) | 4.28 (.82) | -9.73*** | 3.91 (.98) | 4.10 (.96) | -3.37** |

주: ( )은 표준편차임. *$p<.05$, **$p<.01$, ***$p<.001$

(1 = 전혀 심각하지 않다~5 = 매우 심각하다)로 구성되었다. 〈표 1.3〉에서 나타난 것처럼 응답자들은 인터넷게임중독보다 알코올중독, 도박중독, 스마트폰중독이 더 심각한 것으로 인식하였다. 특히, 응답범주 중 스마트폰중독이 가장 심각한 것으로 나타났다. 남학생보다 여학생이 인터넷게임중독이나 스마트폰중독을 더 심각한 현상으로 바라봤다. 또한 중학생에 비해 고등학생들이 스마트폰중독이 더 심각한 것으로 생각하는 경향이 강했다. 전반적으로 응답자들은 알코올, 마약, 도박, 인터넷게임, 스마트폰의 중독이 우리 사회에 심각한 것으로 인지하는 경향이 높았다.

# 4. 게임이 청소년에게 미치는 긍정적 · 부정적 영향

　　게임이 청소년들에게 어떤 영향을 미치는지를 파악하기 위해 한국콘텐츠진흥원(2014)의 한 보고서를 살펴보았다. 〈표 1.4〉는 연령대별로 게임을 통해 겪은 변화를 나타내주고 있다. 게임을 통해 나타난 변화는 전반적으로 10대 청소년들에게 두드러졌다. 즉 다른 연령층에 비해 10대

| 표 1.4 | 응답자 특성별 게임을 통해 겪은 변화(단위: %)

| | | 게임으로 인해 내 생활에 생기가 생겼다 | 게임을 통해서 내 생각이나 비전이 확장되었다 | 게임을 통해서 여가시간을 유용하게 보낸다 | 게임을 통해서 몰입을 경험한다 | 게임기술을 발휘하여 자긍심을 느낀다 | 게임을 통해서 나 자신을 잘 통제할 수 있게 되었다 | 게임을 통해 나의 고민을 이야기할 수 있는 사람들이 생겼다 | 게임을 통해서 스트레스를 해소한다 |
|---|---|---|---|---|---|---|---|---|---|
| 전체 | | 59.7 | 28.7 | 71.5 | 77.3 | 44.9 | 37.4 | 30.3 | 82.0 |
| 성별 | 남자 | 65.6 | 36.6 | 77.0 | 80.7 | 49.8 | 40.7 | 38.2 | 84.1 |
| | 여자 | 53.7 | 20.5 | 65.9 | 73.8 | 39.8 | 33.9 | 22.2 | 79.9 |
| 연령 | 만 10~18 | 92.5 | 67.9 | 81.1 | 77.4 | 64.2 | 64.2 | 71.7 | 83.0 |
| | 만 19~29 | 69.7 | 45.7 | 72.0 | 73.1 | 60.0 | 48.6 | 42.3 | 79.4 |
| | 만 30~39 | 62.9 | 27.6 | 72.0 | 82.8 | 51.7 | 38.4 | 32.3 | 81.9 |
| | 만 40~49 | 61.7 | 26.2 | 74.2 | 78.1 | 45.3 | 37.1 | 29.3 | 85.2 |
| | 만 50~59 | 50.0 | 19.3 | 67.2 | 74.8 | 29.9 | 30.7 | 20.8 | 81.4 |

주: 숫자는 긍정 비율(그런 편이다 + 매우 그렇다)을 나타냄.
출처: 한국콘텐츠진흥원(2014), 15쪽.

*11*

제1장　게임중독의 본질적 원인은 무엇인가

들이 게임으로 인해 생활에 생기가 생기고 몰입을 경험하며 여가시간을 유용하게 보내게 됐다는 데 동의하는 비율이 가장 높았다. 또한 게임을 통해서 생각이나 비전이 확장되고 자신을 잘 통제할 수 있게 되었다고 응답한 비율도 가장 두드러졌다. 게임을 통해 스트레스를 해소한다고 응답한 비율도 10대들에게 높게 나타났다.

이와 관련, 전경란(2009)은 게임은 청소년들에게 새로운 하위문화로 자리 잡고 있으며 또래문화를 형성하는 계기로 작용한다고 주장한다. 또한 게임이 지닌 상호작용적 속성은 게임 이용자들에게 지배나 도전극복과 같은 즐거움을 부여하며 새로운 마니아문화를 만들어내고 있다는 것이다.

게임이 실제로 청소년들에게 어떤 영향을 미치는지를 파악하기 위해 필자는 리서치회사에 의뢰해 2014년 중·고등학생 1,556명을 대상으로 온라인게임 이용실태를 조사하였다. 이 중 게임이 청소년들에게 어떤 긍정적 영향을 미치는지를 한국콘텐츠진흥원(2010)에서 개발한 게임선용진단척도로 파악하였다. 각 항목에 대한 응답범주는 4점 척도(0=전혀 아니다~3=거의 언제나 그렇다)로 구성되었다. 그 결과 여러 요인 중에서 게임을 통해 여가활동을 즐기고 몰입을 경험하는 등의 긍정적 경험을 응답한 비율이 높게 나타났다(〈표 1.5〉 참조). 게임선용척도의 전체 평균값은 1.58, 표준편차는 1.38로 나타났다.

| 표 1.5 | 게임선용진단척도 요인별 평균값

| 요인 | 문항 | 평균<br>(표준편차) |
|---|---|---|
| 활력<br>경험 | 게임으로 인해 내 생활에 생기가 있다.<br>게임으로 인해 내 생활이 활기차다.<br>게임으로 인해 즐겁게 사는 에너지가 생긴다. | 1.66<br>(1.82) |
| 생활<br>경험<br>확장 | 게임을 통해서 내 생각이나 비전이 확장된다.<br>게임을 통해 나의 생활에 적용할 수 있는 새로운 아이디어를 얻는다.<br>게임을 통해 과거에 알지 못하던 새로운 세계를 알게 된다. | 1.17<br>(1.68) |
| 여가<br>선용 | 게임을 통해 여가시간을 유용하게 보낸다.<br>게임의 재미로 스트레스를 해소한다.<br>게임을 통해 여가시간을 즐겁게 보낸다. | 3.02<br>(2.09) |
| 몰입<br>경험 | 게임을 통해 몰입을 경험한다.<br>게임을 통해 완전한 집중력을 경험한다.<br>게임을 할 때 완전히 빠져들곤 한다. | 1.89<br>(2.01) |
| 자긍심<br>경험 | 게임 기술을 발휘하여 자긍심을 느낀다.<br>게임 기술을 발휘하여 유능감을 느낀다.<br>게임 기술을 발휘하여 나의 재능에 대해 만족감을 느낀다. | 1.39<br>(1.91) |
| 통제력<br>경험 | 게임을 통해서 나 자신을 잘 통제할 수 있게 되었다.<br>게임을 통해서 충동을 조절하는 능력이 생겼다.<br>게임을 통해서 자제력이 생겼다. | 1.63<br>(2.02) |
| 사회적<br>지지망<br>유지 및<br>확장 | 게임을 통해 나의 고민을 이야기할 수 있는 사람들이 생겼다.<br>게임을 통해 기쁨과 슬픔을 함께 나눌 수 있는 사람들이 있다.<br>게임을 통해 나를 잘 알고 이해해주는 사람들이 생겼다. | .87<br>(1.66) |

주: 각 요인의 평균값은 그 요인을 구성하는 하위문항의 점수를 합쳐 전체사례수로 나눠 계산한 것임. 따라서 요인평균값은 0점~9점에 분포됨.

*13*

게임이 청소년들에게 어떤 부정적 영향을 미치는지 파악하기 위해 문제적 게임 이용척도를 구성하는 각 요인의 평균값을 분석하였다(〈표 1.6〉 참조). 그 결과 청소년들은 내성과 조절손상을 가장 많이 경험한 것으로 나타났다. 즉 청소년들은 게임을 할수록 더욱더 게임에 빠져드는 것과 게임시간을 스스로 통제하지 못하는 것을 가장 많이 경험하였다. 문제적 게임 이용진단척도의 평균값은 .82, 표준편차는 1.30으로 나타났다.

　　〈표 1.5〉와 〈표 1.6〉의 결과가 보여주듯이, 청소년들은 게임의 부정적 영향보다는 긍정적 영향을 더 많이 받는 것으로 조사됐다. 게임은 청소년들에게 주요한 여가활동이자 스트레스 해소 수단이었다. 실제로 청소년들이 게임을 선호하는 이유로는 '재미있어서'(55.2%)가 가장 많았고 '스트레스 해소를 위해'(20%), '친구들과 어울리기 위해서'(11.7%), '여가시간을 활용하기 위해'(7.6%) 순이었다(문화체육관광부·한국콘텐츠진흥원, 2013). 즉 게임을 통해 즐거움을 얻고 스트레스를 해소하는 것이 청소년들이 게임을 이용하는 주된 이유인 것이다. 아울러, 친구들과 어울릴 수 있는 주요한 매개체로 게임이 자리 잡고 있다. 청소년들이 모바일게임을 즐기는 주요 이유 중의 하나도 친구와 관련이 있었다(한국콘텐츠진흥원, 2015a). 즉 '게임친구와 경쟁하는 재미가 있어서'와 '지인이나 친구들과 게임을 하고 싶어서'는 청소년들의 주요 모바일게임 이용동기였다.

　　인터넷게임의 긍정적 이용효과를 다룬 연구는 많지 않지만 조영기(2009)는 인터넷게임의 교육적 효과에 영향을 미치는 요인들을 밝혀냈다. 즉 부모나 친구와의 관계, 본인이 속한 온라인 커뮤니티 의식, 친구들의 온라인게임 태도 등 관계적 요인이 유의미한 영향을 미친 것으로 나타났다. 이러한 결과는 청소년들이 긴밀하게 관계를 맺고 있는 타자들과의 친밀한 정도가 청소년들이 게임을 이용하면서 얻을 수 있는 교육적 효과를

**┃ 표 1.6 ┃** 문제적 게임 이용진단척도 요인별 평균값

| 요인 | 문항 | 평균<br>(표준편차) |
|---|---|---|
| 내성 | 원하는 만큼의 만족감을 느끼려면 전보다 훨씬 더 오래 게임을 해야 한다. | 1.08<br>(1.56) |
| 내성 | 하면 할수록 전보다 더 많은 시간 동안 게임을 해야 직성이 풀린다. | 1.08<br>(1.56) |
| 내성 | 날이 갈수록 점점 더 오랜 시간 게임을 해야 만족하게 된다. | 1.08<br>(1.56) |
| 금단 | 게임을 못 하거나 갑자기 줄이면 초조하고 불안해진다. | .88<br>(1.54) |
| 금단 | 게임을 못 하거나 갑자기 줄이면 무기력하고 우울해진다. | .88<br>(1.54) |
| 금단 | 게임을 못 하거나 갑자기 줄이면 짜증나고 화가 난다. | .88<br>(1.54) |
| 과도한<br>시간<br>소비 | 처음 마음먹었던 것보다 훨씬 더 긴 시간 동안 게임을 한다. | .69<br>(1.38) |
| 과도한<br>시간<br>소비 | 매번 계획한 시간보다 훨씬 더 오랫동안 게임을 한다. | .69<br>(1.38) |
| 과도한<br>시간<br>소비 | 거의 언제나 마음먹었던 것보다 훨씬 더 오랫동안 게임을 한다. | .69<br>(1.38) |
| 조절<br>손상 | 여러 차례 게임을 줄이거나 끊으려고 했으나 실패했다. | 1.03<br>(1.62) |
| 조절<br>손상 | 여러 번 게임 시간을 줄이려고 노력했으나 번번이 실패했다. | 1.03<br>(1.62) |
| 조절<br>손상 | 여러 차례 시도해보았으나 게임하는 것을 줄이지 못했다. | 1.03<br>(1.62) |
| 강박적<br>사용 | 하루 중 대부분의 시간을 게임을 생각하면서 보낸다. | .67<br>(1.36) |
| 강박적<br>사용 | 하루라도 게임을 하지 않고 지낸 적이 거의 없다. | .67<br>(1.36) |
| 강박적<br>사용 | 다른 일에는 거의 신경을 쓰지 못하고, 게임의 아이템을 얻거나 레벨-업을 시키는 일에 푹 빠져 있다. | .67<br>(1.36) |
| 일상<br>생활<br>무시 | 게임으로 인해 학업성적이 크게 떨어졌다. | .80<br>(1.52) |
| 일상<br>생활<br>무시 | 게임으로 인해 가족이 함께 하는 중요한 일(예: 여행, 집안행사 등)에 빠졌다. | .80<br>(1.52) |
| 일상<br>생활<br>무시 | 게임으로 인해 친구관계가 크게 소홀해졌다(예: 따돌림이나 절교 등). | .80<br>(1.52) |
| 부작용<br>에도<br>계속<br>사용 | 건강이 나빠짐(예: 어깨 통증이나 시력 약화 등)에도 불구하고 게임을 계속하게 된다. | .60<br>(1.27) |
| 부작용<br>에도<br>계속<br>사용 | 공부하는 데 지장이 있는데도 불구하고 게임을 계속하게 된다. | .60<br>(1.27) |
| 부작용<br>에도<br>계속<br>사용 | 가족들과 마찰이 있는데도 불구하고 게임을 계속하게 된다. | .60<br>(1.27) |

주: 각 요인의 평균값은 그 요인을 구성하는 하위문항의 점수를 합쳐 전체사례수로 나눠 계산한 것임. 따라서, 요인평균값은 0점~9점에 분포됨.

높일 수 있다는 것을 보여주고 있다. 특히 친구들이 온라인게임을 긍정적으로 받아들일수록 게임의 교육적 효과도 더 높아지는 것으로 나타났다. 이 같은 결과는 또래집단이 청소년들의 긍정적 게임 이용에 중요한 영향을 미치고 있다는 것을 다시 한 번 보여준다.

# 5. 인터넷게임규제정책에 관한 청소년들의 인식

잘 알려져 있듯이, 청소년의 인터넷게임중독을 막기 위해 정부는 2011년 11월 20일부터 일명 '강제적 셧다운(shut-down)제'를 시행하고 있고 2012년 7월부터는 '게임시간 선택제'(일명 '선택적 셧다운제')도 실시하고 있다. 아울러, 일정시간 게임을 하면 게임이 자동으로 종료되는 '쿨링오프제'도 도입을 검토했다. 또한 앞에서 언급한 대로, 인터넷게임사업자에게서 연매출액의 일정 부분을 인터넷게임중독치유부담금으로 징수하는 정책도 추진하고 있다.

이 같은 정부의 인터넷게임규제정책에 관한 청소년의 인식을 조사한 결과, 게임시간 선택제를 가장 많이 찬성하는 것으로 나타났다(〈표 1.7〉 참조). 반면, 강제적 셧다운제와 쿨링오프제에 대한 선호도는 낮았다. 대체로 정부의 규제정책에 대해서는 남학생보다 여학생들이 찬성하는 비율이 높게 나타났다. 강제적 셧다운제에 대해서는 고등학생보다 중학생이 찬성하는 비율이 높았고 쿨링오프제 역시 중학생의 찬성비율이 높게 나타났다. 청소년의 인터넷게임 접속을 강제적으로 차단하는 제도에 대한 반감은 이미 제도시행 전부터 있었다. 가령, 강제적 셧다운제가 시행

청소년에게 게임을 허하라

| 표 1.7 | 정부의 인터넷게임규제정책에 관한 견해

| | 합계 | 성별 | | t-검증 | 교급별 | | t-검증 |
|---|---|---|---|---|---|---|---|
| | | 남 | 여 | | 중학생 | 고교생 | |
| 강제적 셧다운제<br>(자정부터 새벽 6시까지 인터넷게임 접속을 강제로 차단하는 제도) | 2.05<br>(.91) | 1.90<br>(.92) | 2.21<br>(.87) | $-5.83^{***}$ | 2.15<br>(.91) | 1.95<br>(.90) | $3.71^{**}$ |
| 게임시간 선택제<br>(부모가 게임회사에 요청해 자녀의 게임 이용시간을 설정할 수 있도록 한 제도. 이 제도를 활용하면 자녀의 특정 시간대 게임접속을 막을 수 있음) | 2.57<br>(.93) | 2.39<br>(1.00) | 2.77<br>(.80) | $-7.26^{***}$ | 2.56<br>(.91) | 2.58<br>(.95) | $-.30$ |
| 쿨링오프제<br>(인터넷게임을 시작한 지 두 시간이 지나면 게임이 자동으로 종료되도록 한 제도. 10분 후 1회에 한해 재접속이 가능함) | 1.98<br>(.95) | 1.78<br>(.91) | 2.20<br>(.95) | $-7.70^{***}$ | 2.15<br>(.96) | 1.81<br>(.91) | $6.37^{***}$ |
| 인터넷게임사업자에게서 연매출액의 일정 부분을 인터넷게임중독치유부담금으로 징수하는 정책 | 2.29<br>(1.02) | 2.04<br>(1.03) | 2.57<br>(.95) | $-9.10^{***}$ | 2.37<br>(.98) | 2.22<br>(1.07) | $2.50^{*}$ |

주: ( )은 표준편차임. $^*p<.05$, $^{**}p<.01$, $^{***}p<.001$

되기 전에, 중학생 250명을 대상으로 설문조사한 이영주(2011)의 연구결과에 따르면, 청소년들의 67%가량이 게임중독이 심각하다고 인지하고 있었음에도 청소년들의 48.6%가 셧다운제가 효과적이지 않을 것이라고 답해 많은 청소년이 셧다운제 도입으로 인해 인터넷게임중독이 해결될

제1장   게임중독의 본질적 원인은 무엇인가

것이라 생각하지 않는 것으로 나타난 바 있다. 또한 유홍식(2011)의 연구에서는 여학생들이 셧다운제를 비롯한 정부의 인터넷게임규제를 지지하는 것으로 나타났다. 이러한 결과는 전체적으로 게임규제에 남자보다는 여자의 찬성하는 비율이 높게 나타난다는 연구와 맥을 같이한다. 김시월과 조향숙(2013)의 연구에서도 셧다운제에 찬성하는 대학생들은 남학생보다 여학생이 많았고 인터넷게임 이용경력이 짧은 경우가 많았다. 하지만, 셧다운제 찬성 여부에 따른 인터넷게임 이용시간이나 이용 빈도는 유의한 차이를 보이지 않았다.

이처럼 청소년들은 그들의 자율성을 억압하는 정책들에 대해 큰 반감을 가지고 있다. 또한 자신들의 의견이 정부의 정책결정 과정에 충분히 반영되지 않은 것에 대해서도 강한 불만을 가지고 있다.

## 6. 소결

앞서 설문조사결과에서 나타났듯이, 청소년들은 인터넷게임중독의 원인으로 입시 위주의 교육과 여가활동의 부족을 중요하게 여기고 있었고 인터넷게임중독의 해결방안으로도 여가활동의 활성화와 입시 위주의 교육환경 개선을 중요하게 고려하였다. 이러한 결과는 좋은 대학진학만을 위한 학습 위주의 교육환경과 게임 외에 별로 할 것이 없는 여가환경을 근본적으로 개선하지 않는 한 게임중독문제가 해결될 수 없다는 것을 시사해주고 있다. 여러 정부 부처들이 청소년의 게임중독예방을 위해 다양한 해결책을 내놓고 있지만 청소년이 마음껏 뛰놀고 친구들과 어울릴 수 있는 환경을 조성하는 것과 같은 보다 근본적인 해결책은 많아 보이지 않는다. 따라서, 청소년들이 게임에 빠질 수밖에 없는 요인들을 잘 살펴 이를 근원적으로 해결하는 방안들을 적극적으로 추진할 필요가 있다.

아울러, 청소년은 게임의 부정적 기능보다는 긍정적 기능을 훨씬 많이 느끼고 있는 것으로 나타났다. 즉 게임의 긍정적 영향을 측정하는 게임선용진단척도값이 게임의 역기능을 나타내주는 문제적 게임 이용진단척도값보다 전반적으로 높게 나타난 것이다. 이러한 결과는 우리나라의 게임정책이 게임의 역기능을 줄이는 방향에서 생활경험의 확장이나 자긍심, 그리고 사회적 지지망 유지를 통해 게임의 긍정적인 기능을 강화하는 방향으로 나아가야 함을 시사한다고 볼 수 있다. 특히 청소년은 게임을 통해 스트레스를 해소하며 여가시간을 보내는 경우가 많았다. 즉 청소년에게 게임은 긴장을 완화시키며 즐거움을 제공하는 유용한 매체인 것이다. 따라서 게임으로 인한 부작용을 지나치게 강조할 것이 아니라 건전한 여가활동으로서 게임을 바라볼 필요가 있다. 즉 게임에 대한 인식전환이 필요한 것이다. 특히 청소년에게 게임은 교우관계를 맺는 중요한 수단이기도 하다. 이영훈과 유수현(2012)은 청소년이 게임에 몰두하는 이유 중에 친구와 좋은 관계를 유지하기 위한 것도 포함된다는 것을 밝혔다. 즉 청소년들은 친구들과 같은 종류의 게임을 즐김으로써 친구 집단과 긍정적인 관계를 맺으려 한다는 것이다.

이처럼 청소년이 게임의 부정적 기능보다 긍정적 기능을 많이 느끼고 있는 것으로 보아, 청소년의 주요 문화 및 여가활동으로서 게임을 바라볼 필요가 있다. 즉 청소년 여가활동의 중요한 부분으로 게임이 자리 잡은 만큼 게임에 대한 지나친 규제보다는 게임의 적절한 이용과 건전한 이용을 장려할 필요가 있는 것이다.

　　앞서 설문조사에서도 드러났듯이, 청소년은 강제로 그들의 게임 접속을 막는 강제적 셧다운제나 쿨링오프제에 대한 강한 반감을 가지고 있다. 오히려 게임시간 선택제에 대한 선호는 약간 더 높았다. 이러한 결과는 강제적으로 게임 접속을 차단하는 것에 대한 청소년들의 불만을 보여주는 것으로 청소년들의 자율성을 어느 정도 뒷받침하는 정책이 필요하다는 것을 암시해주고 있다. 따라서, 특정시간을 정해놓고 무조건 청소년들의 게임 접근을 차단할 것이 아니라 청소년들의 자율성을 고려한 정책이 뒷받침돼야 한다.

청소년에게 게임을 허하라

# 참고문헌

김시월·조향숙(2013).「소비자의 인터넷게임이용행동과 셧다운제에 대한 태도연구: 인터넷게임중독척도개발을 중심으로」.『소비자문제연구』, 44(2), 45-72.

김예성·임정임(2013).「청소년기 스포츠활동참여가 인터넷중독 수준에 영향을 미치는 경로 탐색」.『청소년문화포럼』, 35호, 116-140.

류성옥·이훈(2013).「청소년의 여가제약이 게임중독에 미치는 영향」.『관광·레저연구』, 25(4), 289-305.

문화체육관광부·한국콘텐츠진흥원(2013).『2013 대한민국 게임백서』.

여성가족부(2013).『청소년의 인터넷게임이용실태조사』.

여성가족부·한국언론학회(2013).『청소년의 건강한 스마트폰 이용문화 조성을 위한 토론회 자료집』.

유홍식(2011).「인터넷게임에 대한 제3자 편향적 지각과 규제태도에 미치는 영향에 관한 연구」.『언론과학연구』, 11(2), 333-364.

윤태진(2015).『디지털게임문화연구』. 서울: 커뮤니케이션북스.

이영훈·유수현(2012).「중학생의 욕구불만족이 인터넷게임 중독에 미치는 영향에 대한 연구: 충동성의 매개효과를 중심으로」.『정신보건과 사회사업』, 40(4), 57-85.

이영주(2011).「셧다운제도에 대한 청소년의 인식과 정책에 관한 연구」.『디지털정책연구』, 9(3), 21-29.

*21*

제1장   게임중독의 본질적 원인은 무엇인가

이창호 · 김경희(2013). 『스마트폰확산에 따른 청소년보호방안 연구』. 한국청소년정책연구원 연구보고서.

전경란(2009). 『디지털게임, 게이머, 게임문화』. 서울: 커뮤니케이션북스.

조영기(2009). 「청소년의 온라인게임 이용효과에 미치는 영향요인 분석」. 『사이버커뮤니케이션학보』, 26(4), 151-193.

조영호 · 장재철(2010). 「청소년들의 스포츠활동참여와 자아존중감 및 인터넷게임중독성향의 관계」. 『한국체육과학회지』, 19(1), 207-218.

한국콘텐츠진흥원(2010). 『게임종합진단척도매뉴얼』.

한국콘텐츠진흥원(2014). 『2014 한일게임이용자조사보고서』.

한국콘텐츠진흥원(2015a). 『2015 게임이용자실태조사보고서』.

한국콘텐츠진흥원(2015b). 『2015 게임과몰입종합실태조사』.

한국청소년정책연구원 · 대외경제정책연구원(2014). 『한중 청소년의 온라인게임 이용과 중독예방 및 치료정책에 관한 비교연구』.

황여정(2012. 12). 「지역사회의 청소년보호효과연구」. 『NYPI 청소년정책리포트』, 39.

청소년에게 게임을 허하라

# 저자 약력

## 이 창 호

텍사스주립대학교 언론학 박사
현  한국청소년정책연구원 선임연구위원

〈주요 논문〉

「청소년들의 인터넷게임규제정책에 대한 태도에 영향을 미치는 요인 탐
색: 제3자 효과와 귀인이론을 중심으로」(2016, 공저)

「사회적 유대요인이 청소년들의 스마트폰을 통한 따돌림피해에 미치는
영향」(2015, 공저)

「Predictors of Online Game Addiction among Korean Adolescents」
(2016, 공저)

〈주요 저서〉

『사이버불링의 이해와 대책』(2015, 공저)
『스마트미디어의 이해』(2014, 공저)
『소셜미디어의 이해』(2014, 공저)

# 게임은 모두 나쁜가
## 게임의 긍정적 효과에 대한 논의

임 소 혜

이 장은 주로 사회에서 문제적으로 받아들여지는 게임의 부정적 효과와 더불어 게임이 갖는 심리적 효과에 대한 보다 균형 잡히고 객관적인 시각을 형성하는 데 도움이 될 수 있도록 최근 20여 년간 연구된 게임의 긍정적 효과에 대한 논의를 정리하고 있다. 게임이 주는 인지적 심리효과는 시각적 주의력, 공간적 인지력, 문제해결능력과 창의성 증진 등 다양하다. 더불어 기능성 게임은 교육, 직무 훈련 등 다양한 분야에서 전방위적으로 개발되어 사용되고 있으며, 빈곤이나 전쟁, 환경문제와 같은 각종 사회 이슈에 대한 자각과 이해를 증진시키는 데에도 사용되고 있다. 게임의 사회심리효과도 큰데, 이용자의 사회적 능력과 리더십을 배양하며 친사회적 능력을 길러주기도 한다. 또한 게임은 부정적 감정의 해소를 통하여 현실세계의 스트레스를 줄이고 삶의 만족도를 제고할 수 있다. 따라서 게임의 효과가 일괄적으로 부정적이거나 긍정적이라는 시비론을 넘어서 부정적 혹은 긍정적 효과가 나타나는 선행 조건(antecedents)들을 규명하여 부정적 효과가 나타날 가능성을 최소화하고 긍정적 효과를 증진시키려는 노력이 필요하다.

# *1.* 들어가는 말

게임은 최근 20여 년간 미디어 분야에서 가장 많은 관심을 받은 매체 중 하나로 손꼽힌다. 어떠한 게임이 과연 최초의 비디오게임으로 불려야 하는지는 다소 논란이 있지만 1958년 개발되어 최초의 상업적 비디오게임으로 꼽히는 'Tennis for Two' 이후 60년이 약간 넘는 세월을 거쳐 혁신적인 상호작용 매체로 진화를 거듭하고 있다. 컴퓨터와 인터넷, 모바일 기술의 혁신적 변화를 흡수하고 주도하면서 현재는 인공지능(AI: Aritificial Intelligence) 기술과 가상현실(VR: Virtual Reality) 플랫폼 등의 새로운 기술들과 결합하여 또 한 번의 약진적 발전을 이룰 것으로 기대되고 있다. 게임 이용의 효과에 대한 다양한 관점에서의 조망이 필요한 이유는 이러한 게임 분야의 발전이 전례 없이 다양하고 복잡하며 사회적이고 (social) 현실과 닮아가는 방향으로 나아가고 있기 때문이다. 게임은 더 이상 하나의 단순한 엔터테인먼트로 동일한 시각에서 다루어지기에는 장르와 플랫폼별 특성이 급격히 분화된 모습을 보이고 있다. 게임 이용자들은 홀로 게임하기도 하고 수만 명이 동시에 게임하기도 하며, 그 안에서 경쟁하기도 하고 협동하기도 하며, 매우 폭력적이기도 하고 전혀 폭력적이지 않은 형태의 게임을 이용하기도 한다. 게임의 효과는 더 이상 한 가지 단순화된 시각으로 이해될 수 없으며 특정 효과가 발현되는 특정 조건을 규명하는 방식의 접근이 필요하다.

게임에 대한 학문적 관심은 주로 초기 아케이드 게임이 보였던 스토리텔링에 내재된 폭력성과 그 구현 방식이 이용자의 폭력성에 미치는 심리적 효과를 위주로 연구되었다. 게임은 기본적으로 경쟁적인 구조의 내러티브를 갖게 될 확률이 높은데 이런 경쟁은 주로 전투나 일대일 싸움 등의 형태를 통해 구현된다. 플레이어들은 상대에게 무기(예: 총이나 칼)나 폭력적 기술 등의 방법을 이용하여 점수나 레벨을 올리게 되는데 이 과정에서 특히 폭력성에 대한 보상(reward)이 갖는 사회적 학습의 강화(reinforcement)가 문제로 지적되어왔다.

게임의 폭력성과 더불어 많은 관심을 받은 주제로 중독적 이용(addictive use)이 있다. 중독적 이용을 유발하는 게임의 다양한 구조적 특징과 더불어 게임의 중독적 이용의 경계를 정의하고 그 원인을 규명하고자 하는 연구 역시 게임의 부정적 측면에 주로 초점을 맞추어 이루어져 왔다. 국내에서도 게임에 관한 논의는 부정적 효과에 치우쳐 있다. 전경란(2010)은 국내 학술지에 게재된 컴퓨터게임 관련 논문 272편을 메타분석한 결과, 게임 효과에 대한 연구의 약 75%가 게임 몰입이나 중독, 혹은 폭력에 치중되어 있으며, 교육적 및 긍정적 의미의 학습 효과는 13%에 불과하다고 분석하였다.

이 장에서는 이와 같이 주로 사회에서 문제적으로 받아들여지는 게임의 부정적 효과와 더불어 게임이 갖는 심리적 효과에 대한 보다 균형 잡히고 객관적인 시각을 형성하는 데 도움이 될 수 있도록 최근 20여 년간 연구된 게임의 긍정적 효과에 대한 논의를 정리하고자 한다. 게임 자체가 부정적인지 긍정적인지를 단정하는 논의는 실질적으로 흑백론의 오류를 범하기 쉽다. 게임이라는 매체 자체만으로는 그 효과의 긍정·부정성을 결정지을 수 없을뿐더러 게임의 종류와 장르, 이용 환경 등에 따라 게임이 이용자에게 갖는 효과가 일괄적일 수 없기 때문이다. 도영임(2009) 역시 게임 내에서 플레이어의 경험은 그것을 받아들이는 사람에 따라 서로 다른 심리적인 맥락과 의미를 구성하기 때문에, 게임 자체

청소년에게 게임을 허하라

가 가진 절대적 기능이나 효과, 영향력에 대한 일반적인 논의를 하기 앞서 게임을 이용하는 사용자의 관점과 경험이 무엇인지를 이해해야 한다고 하였다. 즉 이제까지의 연구는 일반적으로 동일한 게임이 누구에게나 동일한 효과를 제공할 것으로 가정하고 있는데, 개인의 특성에 따라 게임 상의 경험이 실제 생활로 전이될 수도 있고, 그렇지 않을 수도 있다는 것이다.

따라서 이 장에서 논의하는 게임의 긍정적 효과 역시 특정 조건에서 발견된 효과들이 대부분이며 부정적 효과와 동시에 발생할 확률이 매우 높다. 다만, 부정적 효과에 치우진 게임 효과 관련 논의들이 간과하고 있는 긍정적 효과를 정리함으로써, 긍정적 효과를 발생시킬 수 있는 특정 조건상태에 대한 관심을 환기시켜 특히 어린이와 청소년이 가장 많이 이용하는 오락 매체인 게임의 긍정적 효과를 보다 증진시키는 밑거름이 되는 논의를 진행하고자 한다.

## 2. 게임의 인지심리적 효과

게임이 요구하는 여러 인지적 영역의 능력들로 인해 숙련된 게임 이용자는 비이용자에 비해 시각적 주의력을 비롯하여 기억력, 계획력, 수행 통제력과 같은 다양한 인지적 영역에서 차이점을 보인다는 연구결과가 발표되었다. 액션 게임, 퍼즐 게임, 실시간 전략 게임 등 다양한 장르의 게임에서 게임 이용자는 게임 화면의 순간적 변화에 높은 수준의 집중력을 발휘하여 순발력 있게 대응할 것을 요구받는데 반복적인 게임 이

29

용을 통해 이러한 다양한 인지능력이 향상될 수 있다는 것이다. 이렇게 게임 이용과 인지능력 간의 인과관계를 살펴본 연구는 1980년대부터 꾸준히 이루어져왔다. 초기 연구 중의 하나인 클라크 등(Clark, Lanpher, & Riddick, 1987)의 연구에서는 '동키콩(Donkey Kong)'이나 '팩맨(Pac Man)'과 같은 게임 이용자들이 과업 수행에서 빠른 반응속도(reaction time)를 나타낸다는 점을 밝혀냈다.

## 1) 시각적 주의력

게임이 시각적 주의력(visual attention)에 미치는 긍정적 효과를 다룬 가장 대표적인 것으로 그린과 배블리어(Green & Bavelier, 2003)의 연구가 있다. 그린과 배블리어는 비디오게임 이용이 다양한 시각적 주의력 과업에 더 우수한 결과를 가져왔다는 결과를 보고하였다. 특히 플랭커(flanker) 과업에서 게임 이용자들은 비이용자들에 비해 목표 시각 자극물을 유사하거나 다른 자극물 사이에서 가려내는 데 더욱 빠른 속도를 나타냈다. 이 외에도 컴퓨터 스크린에 나타나는 특정 도형을 빠른 속도로 세어야 하는 수치화(enumeration) 과업이라든지 주변 시야에 있는 물체를 판독하는 데에도 게임 이용자들이 비이용자들에 비해 확연히 우세한 것으로 드러났다. 현실세계에서는 시각적 자극물에 대한 신속한 반응속도가 중요한 기능을 수행할 때가 종종 있다. 예를 들어, 오로시필데스와 앨런(Orosy-Fildes & Allan, 1989)의 연구를 살펴보면 게임 이용자는 비이용자에 비해 신속한 반응 속도를 나타냈다. 유치원 재학 아동들을 대상으로도 비슷한 효과가 발견되었다.

청소년에게 게임을 허하라

## 2) 공간 인지력

정신적으로 사물을 회전시키거나 옮기는 능력은 다양한 일반 학습 상황에 영향을 주는 공간 인지력이다. 예를 들어, 다양한 모습의 도형을 회전시켜 맞추고 이를 통해 점수를 획득하는 '테트리스'와 같은 게임은 공간 인지력(spatial abilities)을 증진하는 데 도움이 되는 것으로 나타났다(De Lisi & Wolford, 2002; Passig & Eden, 2001). 그린필드와 그의 동료들(Greenfield, Brannon & Lohr, 1994)은 폭력적인 비디오게임인 'The Empire Strikes Back'에서 높은 점수를 획득한 실험참가자들이 낮은 점수를 획득한 실험참가자들보다 게임 이용 이후 치러진 공간 회전 과업에서 더 높은 성과를 보인다는 연구결과를 보고하였다.

이렇게 시각적 주의력과 공간 인지력에 대한 게임 효과를 살펴본 연구에서 게임의 종류(주로 폭력적 대 비폭력적)는 인지능력 향상에 별다른 차별화를 가져오지 않았다. 즉, 게임의 종류에 상관없이 이와 같은 인지능력은 향상되는 것으로 보이며, 따라서 비폭력적인 게임을 이용한다면 단기간 내에도 폭력성 증가와 같은 부정적 효과에 대한 우려 없이 인지능력을 향상시킬 수 있다고 해석된다(Barlett et al., 2009). 비교적 최근에 이루어진 메타분석에 따르면 게임은 공간 지각력 향상을 위한 고등학교와 대학교 수준의 수업에서 보여주는 효과와 유사한 수준의 증진 효과를 보였으며, 비교적 짧은 이용 기간에 증진된 공간 지각력이 꽤 오랜 시간 지속되며 게임 이외의 영역에서도 발현된다는 결과를 확인할 수 있다(Uttal et al., 2013).

### 3) 눈손협응력

눈과 손의 협응능력은 수술과 같이 다양한 행동 과업(behavioral task)에서 중요한 역할을 수행하는 인지능력이다. 게임 이용자와 비이용자 간의 눈손협응(hand-eye coordination) 기술을 비교한 연구에서 게임 이용자들은 더 나은 눈손협응력을 보여주었다(Barlett et al, 2009). 게임을 할 때 주로 화면에 나타나는 변화에 대응하여 빠른 속도로 키보드나 마우스, 혹은 콘솔 게임의 조이스틱을 손으로 조작해서 신속히 반응하는 것이 게임 능력과 직결되기 때문이라 할 수 있다. 이러한 눈손협응력의 증진 효과 때문에 비행기 조종이나 수술과 같이 눈손협응력이 중요한 훈련을 할 때 게임을 통한 시뮬레이션은 활발히 진행되고 있다. 실제로 로서와 동료들(Rosser et al., 2007)은 과거의 게임 이용과 게임 능력이 외과의사의 복강경 수술 능력에 긍정적인 연관성을 지님을 밝혀냈다.

### 4) 집중력

주의력 결핍증(ADD: Attention Deficit Disorder)과 관련된 정신질환 및 정신 관련 상태를 호전시킬 수 있는 기능성 게임 역시 개발되었다. 약물치료를 대신하여 인지적 과정 및 두뇌활동을 향상시키고 뇌파조절 훈련을 통해 뇌건강을 증진하는 목적으로 개발된 이 게임을 통해 실제로 산만하거나 충동적인 행위를 감소시키고 집중력을 강화시키는 실효성이 있다는 것이 연구결과 검증되었다. 집중력 향상 효과는 fMRI(자기공명영상장치) 연구에서도 확인되었다.

배블리어와 동료들(Bavelier, Achtman, Mani, & Focker, 2012)은 게임 이용자들에게서 주의력 자원 분배를 통제하는 메커니즘, 즉 전두두정골 신경망(frontoparietal network)이 패턴탐지(pattern-detection) 과업 동안 덜 활성화되는 것을 발견하고, 이는 게임 이용자들이 주의력 자원을 보다 효율적으로 분배하고 상관성 낮은 정보들을 더욱 효율적으로 걸러낸다는 점을 제안하였다.

## 5) 문제해결능력과 창의성

문제해결능력(problem-solving)은 교육에 있어 특히 중요한 인지 능력이다. 대개의 게임은 작은 문제들로 구성된 큰 문제의 형태를 띠고 있다(Kiili, 2005). 게임 이용자들은 원하는 만큼의 시행착오를 겪으며 주어지는 문제(challenge)를 해결하고, 그 과정에 있어서 허용되는 창의성(creativity)에는 게임의 서사와 장르에 따라 수준의 차이가 존재한다. 앞서 논의한 바와 같이 복잡성이 극대화된 'MMORPG'나 '스타크래프트' 같은 실시간 전략 게임(real-time strarategy game) 장르에서는 그야말로 다양한 방식의 문제해결방식이 존재하지만 단순한 콘솔게임 같은 경우에는 프로그래밍에 따라 유일한 해결방식이 한 가지 존재하는 경우도 있다. 프렌스키(Prensky, 2012)는 문제해결에 대한 가이드가 거의 존재하지 않는 게임에서 이용자들은 수많은 문제해결 가능성을 시행착오(trial-and-error)나 반복적 실험(experimentation)을 통해 얻은 체험적 결과를 종합하여 타진하며 학습하게 된다고 지적하였다.

MMORPG에서의 문제해결 능력을 분석한 송승근(2005)은 플레이

33

어들이 시행착오를 통해 게임의 법칙을 발견하는 '휴리스틱스', 해당 법칙을 따르는 '법칙적용행동', 해당법칙을 초월하는 '법칙초월행동'이라는 세 가지 방식을 통해 게임에서의 다양한 문제 상황을 해결해나간다는 것을 발견하였다. 특히 문제공간에서 '법칙적용행동'과 '법칙초월행동'이 시행되는 두 가지 법칙공간이 발견되었다. 그러나 MMORPG 게임을 하는 동안 문제해결을 위해 전략을 수립하고 결정을 내리며 실패를 겪다 보면 신속한 의사 결정 능력을 기를 수 있다(김슬이·정용국, 2013). 동일한 장르를 대상으로 시행한 아다치와 윌러비(Adachi & Willoughby, 2013)의 장기 (long-term) 연구에서 롤플레잉 게임 이용자들의 문제해결 능력은 1년 후에 확연하게 드러났다.

특히 복잡한 전략 게임(예: 스타크래프트)은 고도의 사고를 요하는 창의적 계획(creative planning)과 이를 적절히 실행해나가며 다른 이용자들의 전략에 맞추어 이를 끊임없이 수정하고 순발력 있게 대응하는 고도의 인지적 능력을 요한다. 실제로 안희숙(2003)은 초등학생들을 대상으로 시행한 전략 시뮬레이션 게임 연구에서 플레이어들이 게임의 상황에 따라 순환과 반복을 통하여 자신만의 방법을 찾아 발전시켜나가며, 이 과정에서 판단력과 창의성이 향상된다고 논의하며, 길퍼드의 창의적 사고 전개모형과 플레이어들의 사고과정을 비교하여 게임 이용이 창의성 향상에 실제로 기여함을 밝혀내었다. 이와 유사한 연구에서 게임 이용자들은 게임 속에서 주어진 미션에 대해 협동하여 창의적인 지식을 동원해 문제를 해결하였다. 그 해결과정에서 정보력을 얻기 위한 훈련을 통하여 정보검색능력까지 향상되었다고 보고되었다(Squire & Steinkuehler, 2005). 또한 건축학과 대학생들을 대상으로 한 연구에서도 게임을 통하여 디자인 구성 능력과 창의력이 증가되었다는 연구결과가 발표되었다(Radford, 2000).

청소년에게 게임을 허하라

학습 효과

 지금껏 논의된 대부분의 인지능력 향상이 일반적인 인지적 기술 (skill)과 관련해 수행되었다면 특정 콘텐츠의 내용적 학습과 관련해서도 많은 연구가 이루어져왔다. 게임이 가져오는 심리적 효과 중 학습 효과 (educational learning)와 관련해서는 기능성 게임(serious game)이 주된 논의의 대상이다. 이러한 기능성 게임은 게임의 대표적 특징인 몰입(flow)과 내재적 동기화(intrinsic motivation)를 활용하여 학습에 대한 심리적 저항을 줄이고 게임을 통해 자연스러운 정보의 습득을 용이하게 한다. 게임의 상호작용성으로 인해 게임 이용자는 보다 능동적으로 콘텐츠를 접하게 되며 이러한 정보의 상호작용적 전달이 이용자에게 인지적 혜택을 주어 정보처리를 보다 원활히 하는 것으로 기대된다.

 또한 적절한 게임 이용이 학습 전략(learning strategy) 향상에도 긍정적 영향을 미칠 수 있다는 연구가 이루어졌다. 학습 전략이란 정보의 효율적인 학습과 전이에 필수적인 혹은 이를 도와주는 학습자의 여러 다양한 능력(competencies)을 지칭한다. 이 능력들에는 정교화 기법, 노트 정리, 시험 준비, 불안대처능력, 주의집중능력, 새로이 습득된 지식을 배열하고 점검하는 능력 등이 포함된다(신순영·김창석, 2002). 신순영·김창석 (2002)의 연구에 따르면 청소년의 게임 이용시간은 그 게임과 관련된 전략능력(불안대처와 주의집중능력 포함)에서 유의미하게 긍정적인 효과를 발생시켰다. 그러나 이런 게임의 전략능력 증진효과는 게임 이용시간이 일정 수준을 지나자 사라지는 것으로 나타나 게임 이용의 긍정적 효과가 적절한 게임 이용시간 안에서만 관찰되었다. 연구자들은 점차 게임들이 다양한 시뮬레이션 및 스토리를 통해 고도의 사고력과 지적 능력을 요구하

*35*

는 방향으로 발전하고 있다고 지적하며, 게임 이용이 적당한 시간 통제하에 이루어질 때에는 학업에 실질적인 도움을 줄 수 있다는 결과를 제시하였다.

기능성 게임 분야에서 가장 제작이 활발한 분야는 교육과 지식 전달에 기능성 게임을 응용하는 경우로 주로 특정 분야에 대한 이해를 돕기 위한 목적으로 만들어졌다(조성호 · 정재범 · 최문기, 2009). 해외에서는 대표적으로 'Brain Age', 'Flash focus: Vision training in minutes', 'My spanish coach' 등이, 국내에서는 '한자마루', '오디션 잉글리시', '산수를 구하라' 등이 게임 시장에서 성공을 거둔 교육용 기능성 게임이다. 이 외에도 기능성 게임은 교육, 직무훈련 등 다양한 분야에서 전방위적으로 개발되어 사용되고 있으며, 그뿐만 아니라 빈곤이나 전쟁, 환경문제와 같은 각종 사회 이슈에 대한 자각과 이해를 증진시키는 데에도 사용되고 있다.

예를 들어, 일본에서는 말기 암 환자를 대상으로 암의 진행과 치료 방법에 대한 환자의 이해를 돕고 암을 극복하려는 의지를 북돋우는 데 기능성 게임이 활용되어 치료에 긍정적인 효과를 보고 있다. 국내에서도 암 환자를 위한 기능성 게임인 '알라부'가 개발되었는데 이를 이용하면 환자는 아바타를 만들고 의사가 부여하는 미션을 수행하는 과정을 통해 암에 관한 다양한 지식을 학습하고 본인의 신체적 상태도 스스로 진단해볼 수 있다.

김화민 · 임소혜(2014)는 'EcoFriendz'라는 기능성 게임의 학습 효과에 대한 실험 연구를 진행하였고 기능성 게임을 통해 환경문제와 관련된 정보를 습득한 실험참여자들이 텍스트로 동일한 정보를 접한 이용자들보다 환경문제에 대한 개념적 이해가 확연히 더 높다는 연구결과를 발표하였다.

청소년에게 게임을 허하라

# 3. 게임의 사회심리적 효과

게임이 이용자의 인지능력 외에도 다양한 사회심리적 영역의 능력을 향상시킬 수도 있다는 연구는 꾸준히 이루어져왔다. 특히 현실세계 사회관계의 복잡성을 가장 유사하게 닮은 MMORPG 장르를 중심으로 연구들이 이루어져왔는데 이들 연구들은 공통적으로 게임 환경에서 요구되는 다양한 사회적 관계 맺음을 통해 이용자들이 사회적 커뮤니케이션 능력을 훈련받게 되고 이러한 사회관계의 시뮬레이션이 현실세계에 스필오버(spill-over)되어 실제적으로 긍정적인 효과를 경험하게 될 것이라는 가정에 기반하고 있다. 특히 게임 이용자가 게임을 이용하는 동기가 이러한 스필오버 현상에 핵심적인 역할을 하는 매개변인으로 주목되었으며 사회적 동기 수준이 높은 이용자에게서 이러한 사회심리적 효과는 더욱 두드러진다는 점이 반복적으로 확인되었다.

## 1) 사회적 능력

최근 들어 상당한 연구들이 게임이 이용자의 사회적 능력(social skills)과 커뮤니케이션 능력에 미치는 영향에 관심을 보였다. 인터넷 기술과의 결합을 통해 게임 환경은 컴퓨터와의 일방향 관계에서 또 다른 사람들과의 쌍방향 사회적 상호작용이 가능하게 변모되었다(조영기, 2009). 수많은 게임 이용자들이 인터넷을 통해 하나의 게임 공간에 접속하여 서로 상호작용하며 게임을 전개시키고 이 속에서 형성되는 다양한 형태의 수

직적이거나 수평적인 관계 형성은 일상의 사회적 관계와 능력에도 영향을 미친다는 것이다. 특히 MMORPG는 매일 수만 명의 이용자들이 인터넷을 통해 동시에 접속하는 게임으로 이용자 간의 상호작용의 내용과 강도는 현실세계의 복잡성에 상응하는 수준이다(전경란, 2004). 이와 같이 수많은 이용자들이 게임을 통해 시간과 공간을 뛰어넘어 게임 환경을 공유하며 오프라인에서 하기 힘든 여러 사회적 과업을 함께 수행하고 이 과정에서 친밀감을 형성하기도 한다.

특히 MMORPG는 사회적 복잡성이 가장 극대화된 장르라고 할 수 있다. MMORPG에서는 다수의 다른 이용자와 커뮤니케이션이 개입되므로 게임 상황이 게임 개발자에 의해 미리 인위적으로 설계된 결과물이 아니라 이용자들이 어떠한 관계를 맺느냐에 따라 달라진다(전경란, 2004). 특히 각종 협동 관계나 경쟁 관계 등 실제 사회생활 속의 인간관계와 가장 근접한 상호작용의 복잡성을 그 특징으로 하는 MMORPG에서는 타인과의 관계를 사회적으로 형성하고 유지하는 사회적 기술이 중요할 수밖에 없으며, 그중에서도 협업 능력(cooperative skills)은 게임 등급을 올리는 데 핵심적으로 필요한 역량이다.

구체적으로 게임 이용자가 레벨을 올리고 캐릭터를 성장시키기 위해 다양한 단체 퀘스트를 수행할 수밖에 없도록 게임 내러티브가 설계되어 있으며 이를 위해 대부분의 이용자들이 특정 파티나 길드(guild)를 형성하고 소속되어 함께 게임을 하는 것이 중요한 게임의 요소이다. 예를 들어, MMORPG 길드는 보통 적게는 40명에서 많게는 200명에 이르는 멤버들로 구성되는데 구성원 리크루트와 훈련, 다양한 능력의 평가와 의사소통 등이 모두 길드 운영의 핵심적인 사회 역량이라 할 수 있다. 실제로 MMORPG를 이용하는 학생들은 온라인상의 협력적 학습 능력이 높아진

청소년에게 게임을 허하라

다는 연구결과가 있으며(Lee, Eustance, Fellows, Bytheway, & Irving, 2005), 복합적 환경 속에서도 의사결정 능력이 증진되고 갈등 상황을 중재하는 능력이 향상된다는 연구결과도 있다(Kirkpatrick, McLaughlin, Maier, & Hirsch, 2002). 즉 MMORPG 이용자들은 자신의 캐릭터를 키우며 험난한 여정을 함께 겪어온 다른 이용자들과 친분을 형성하고, 그들만의 문화를 만들어낸다(최현주·전승규, 2006).

게임 이용을 통한 공동 플레이어들과의 우정(friendship) 역시 논의의 대상이다. 오프라인에서는 알지 못하더라도 온라인게임을 통해 만난 사람들끼리 게임과 게임 외의 일상에 관한 친근한 이야기를 나누면서 우정을 형성하는 현상은 익히 알려져 있다. 윌리엄스와 동료들의 연구에 따르면 대표적인 MMORPG인 'World of Warcraft'에서 헤드셋을 이용한 팀원들끼리의 커뮤니케이션은 텍스트 형태의 커뮤니케이션에 비하여 팀원 간의 관계를 더욱 견고하게 하고 신뢰도를 높이는 효과가 있다는 점을 발견하였다(Williams, Caplan, & Xiong, 2007). 그뿐만 아니라 청소년들에게 게임은 또래문화로서 오프라인에서 또래친구들과 관계를 형성하고 유지하며 집단 정체성을 형성하는 데 중요한 역할을 하는 매체이기도 하다. 다양한 연구들이 게임 이용에 있어 또래집단(peer)의 역할을 확인한 바 있는데, 게임을 통하여 현실세계의 친구들과 우정을 더욱 돈독하게 하기도 하며 또래 문화에 소속되는 사회적 동기를 충족시켜주는 경향이 있음을 밝히고 있다(김성중, 2000).

한편 이러한 사회성 증진효과는 일반 이용자뿐 아니라 자폐증이나 발달 지연 등을 겪고 있는 발달장애아동을 위해 개발된 기능성 게임의 치료 효과로도 연결된다는 연구결과가 발표되었다(양심영·강은진, 2011). 모바일게임으로 개발된 발달장애아동용 기능성 게임을 3주간 사용해본 장애아동들은 요구하기와 요구 듣기라는 사회적 커뮤니케이션에서 강도 변화를 나타내었다.

## 2) 리더십

실제로 IBM의 의뢰로 소프트웨어 개발업체 시리어서티(Seriosity)에서는 총 게임 시간이 5만 시간을 넘는 플레이어들을 한 팀으로 구성하여 우수한 게이머들이 모인 환경에서 리더들의 생활을 관찰하고 기록하는 실험연구를 실시하였다. 시리어서티는 8개월 동안 연구를 진행하였고 베테랑 게이머들을 인터뷰하면서 이들의 리더십 발휘를 위한 노력을 관찰하였는데, 결과적으로 게임에서의 리더십이 현실의 기업 환경에서도 효과를 발휘하는 것으로 나타났다(김슬이·정용국, 2013). 이(Yee, 2006)가 시행한 MMORPG 이용자의 인터뷰를 보면, 실제 온라인 생활에서는 소극적이고 리더십을 발휘할 기회가 없었던 이용자가 게임에서의 길드 리더십 경험을 통해 자아효능감(self-efficacy)이 증진되고 자신감을 얻게 된다는 점도 확인할 수 있다.

한 단계 나아가 김슬이·정용국(2013)의 연구는 실제 생활에서 리더십 기능을 수행하기 위하여 요청되는 생활기술인 '리더십 생활기술(leadership life skills)'이라는 개념에 주목하였다. 생활기술로서의 리더십은 가정, 학교, 사회 등 개인의 모든 삶에서 타인을 이끌기 위해 요구되는 사회적 기술인 동시에 개인의 삶, 집단, 사회를 개선하기 위해 필수적으로 지녀야 하는 생활기술이다(정회욱, 2006). 리더십 생활기술은 커뮤니케이션 기술, 의사결정 기술, 인간관계 기술, 학습능력 기술, 자기이해 기술,

그룹활동 기술 등 총 6개의 하위 영역으로 구성되어 있다(최창욱, 2006). 리더십 생활기술은 처음에는 청소년 생활에서의 리더십을 측정하기 위해 개발되었으나(Miller, 1976; Seevers & Dormody, 1992), 최근에는 성인의 사회적 커뮤니케이션 능력을 측정하기 위해 활용되고 있다(정회욱, 2006; 좌영녀·이수영, 2009). 김슬이·정용국(2013)은 '사회적 관계성' 동기와 '캐릭터 설정/탐사' 동기가 높은 이용자가 게임 내에서 보다 많은 리더십을 경험하며, 이들은 게임 내 리더십 경험 덕분에 오프라인에서 본인의 리더십 기술(의사결정 기술, 학습능력 기술, 자기이해 기술, 그룹활동 기술 등)이 향상되었다고 지각하는 것으로 확인하였다. 이러한 리더십 전이현상은 자기존중감이 높고 자기통제력이 낮은 이용자들에게 더욱 뚜렷하게 관찰되었다.

물론 온라인게임에서의 리더십과 오프라인 생활에서의 리더십 경험이 등가적으로 치환되기에는 큰 차이가 존재한다. 대표적으로 게임에서는 성별이나 연령과 같이 오프라인에서 리더십 경험에 가장 크게 작용하는 인구통계학적 변인의 역할이 사라지고 오로지 게임에서의 능력치만으로 리더의 역할을 수행하기 때문이다. 이와 관련하여 최은정·장근영·한정혜(2005) 역시 온라인게임 속의 행동 방식과 실제 세계에서의 행동방식이 반드시 일치하지는 않으며, 오히려 서로 다른 맥락에서 나타나는 다른 행동패턴으로 이해해야 한다는 필요성을 제기하였다. 따라서 게임 내에서의 리더십 경험이 오프라인에서의 리더십 증진으로 전이되는 과정에서 방향성과 정도를 결정짓는 조건들을 더욱 세밀하게 규명하는 후속 연구들이 요구되고 있다.

### 3) 친사회적 행동

　대다수의 게임 장르는 이용자에게 특정한 역할수행(role-playing)을 요구한다. 슈팅 게임에서 게임 이용자는 총을 쏘는 역할을 수행하게 되며, 드라이빙 게임에서 이용자는 운전하는 역할을 수행하게 된다. 혹은 게임의 서사 속에서 특정된 캐릭터, 즉 이용자 아바타의 역할에 따라 이용자는 다양한 게임 과업을 수행하게 된다. 이러한 역할수행을 통해 발생하는 심리적 효과에 대하여 기존의 어떤 미디어 효과보다 더욱 강력한 효과를 가져올 것이라는 데 많은 학자들이 동의하고 있다. 미디어를 단순히 수동적으로 받아들이는 입장에서 벗어나 미디어에서 능동적으로 역할을 수행함으로써 오는 캐릭터와의 동일시(identification)나 몰입감(immersion) 등은 이용자에게 매우 강력한 심리적 효과를 수반할 수 있다. 특히 협력과 보조, 다른 캐릭터들을 돕는 행동에 대해 보상을 제공하도록 디자인된 게임에 있어 이러한 친사회적 기술(pro-social skills)의 증진효과는 더욱 두드러지게 나타났다(Ewoldsen et al., 2012). 이러한 친사회적 효과는 단기간 게임 이용에서도 발견되었지만 장기간에 걸쳐서도 발현되는 것으로 보고되었다(Gentile et al., 2009). 더욱 흥미로운 점은 게임 안에서 이루어지는 협력적(cooperative) 형태의 게임 이용이 폭력적 게임의 폭력성 학습효과를 억제하기도 한다는 것이다. 벨레즈 등(Velez, Mahood, Ewoldsen, & Moyer-Guse, 2012)의 연구에서 폭력적 게임을 협력적으로 이용하자 게임 이용 후 공격적 인식(aggressive cognition)에 대한 접근성이 감소하는 것을 발견할 수 있었다.

　앞서 논의한 기능성 게임은 정보의 학습 효과뿐 아니라 역할수행을 통해 사회적 이슈에 대한 공감도를 높이고 결과적으로 사회 이슈를

청소년에게 게임을 허하라

해결하려는 의지에 긍정적인 역할을 미치기도 한다. 기능성 게임을 수행하면서 역할수행을 경험하면 역할수행 경험이 배제된 기존의 비참여적 매체를 이용할 때보다 감정적인 측면에서 더 높은 공감을 이끌어낼수 있다는 가정하에 역할수행 여부에 따른 사회 이슈에 대한 공감과 문제를 개선하기 위한 실천의지를 살펴본 연구가 이루어졌다. 예를 들어, 'PeaceMaker'라는 게임에서 플레이어는 이스라엘의 수상이나 팔레스타인 대통령의 역할을 수행하면서 다양한 외교 협상이나 자살 테러 사태 등에 대하여 평화로운 합의를 도출해낸다. 'PeaceMaker'를 통해 이용자들은 양측의 입장을 더욱 잘 이해하게 됨으로써 중동 지역 문제에 대한 이해를 높이고 각 입장에 대한 태도를 결정하는 데 도움을 받게 된다. 다른예시로 분쟁지역인 아프리카 수단의 다르푸르(Darfur) 사태를 다루고 있는 'Darfur is dying'이라는 기능성 게임을 이용한 이용자들이 게임 플레이를 지켜본 참여자들이나 다르푸르 지역에 대한 정보를 담은 텍스트를읽은 참가자들보다 사태의 심각성에 대해 더 높은 인식을 보이며 사태 해결을 위해 돕겠다는 실천의지를 더욱 강하게 표시하였다.

국내에서는 초등학생들을 대상으로 정치 게임의 이용이 정치활동에 대한 효능감을 높이며 온라인 선거에서 대표자의 내적 요소를 더욱 중시하게 된다는 연구가 진행되었다(위정현·원은석, 2009). 또한 김화민·임소혜(2014)의 연구에서 환경 이슈를 다룬 'EcoFriendz'를 이용한 실험참가자들은 텍스트로 환경 문제를 접한 실험참가자들보다 더 높은 문제해결의 실천의지를 보였다. 이상의 연구들을 통해 특정 기능성 게임들이 이용자들의 정치 의식 함양에 도움을 주고 시민적 정치 참여의 가능성을 높일수 있는 잠재력도 있을 수 있다는 점을 확인할 수 있다.

친사회적 행동(pro-social behaviors)의 영역은 공중 보건과 관련된

*43*

부분에서도 확인되어, 공공 보건/의료 서비스 분야의 효과적인 대안적 접근법으로도 보건 의료용 기능성 게임의 가능성이 활발히 탐색되고 있다. 보건 의료 서비스 부문에서의 기능성 게임은 저소득층뿐만이 아니라 모든 국민을 대상으로 건강예방/관리, 질병/건강위험인자에 대한 지식 습득, 사후 정신적/신체적 치유나 재활 등의 용도로 활용할 수 있다(이혜림·정의준, 2014). 특히 신체적 움직임을 요하는 체감형 기능성 게임은 노인층 이용자에게 다양한 신체 기능(악력, 균형, 보행속도 등)을 향상시키고 더불어 우울감을 감소시키는 효과가 발견되었다. 예를 들어, 미국에서 농무부의 지원을 받아 개발된 'Ninja Kitchen'이라는 게임은 어린이들로 하여금 식전에 손을 깨끗이 씻거나 식생활의 청결성에 대한 의식을 고취하고 생육이나 씻지 않은 채소들로 인한 위험 요소를 학습시켜 교차 오염법을 예방하고자 기획되었다. 중학생들을 대상으로 게임의 효과를 측정한 결과, 식품 안전에 대한 부주의로 발생하는 질병이나 식품 매개 질병 예방법에 대한 학습의 차이가 확연하게 드러났다.

### 4) 주관적 안녕감

게임이 이용자들의 부정적 감정을 해소하거나 배출하는 창구로 작용하는 것은 기본적으로 잘 알려진 게임의 순기능 중의 하나이다. 게임의 본질적인 오락성은 다양한 형태의 게임 서사를 통해 구현되고 이를 통해 이용자들은 현실의 부정적인 감정을 해소하고 긍정적인 감정을 경험하게 된다. 흔히 '정화(cartharsis)'라고도 불리는 이러한 부정적 감정의 해소를 통하여 게임 이용자들은 현실세계의 스트레스를 해소하고 삶의 만족도를 제고할 수 있다. 노력에 대한 정확하고 즉각적인 보상 피드백, 게임 능력에 정확히 상응하는 게임의 난이도 조절, 명확한 목표 등 게임의 여러 구조적 요인 때문에 게임은 최상의 몰입 경험이라 알려져 있는 '플로우(flow)'를 경험하기에 매우 적합한 매체로 알려져 있다. 게임 이용자들은 게임에 몰입하면서 심리적으로 긍정적인 경험을 하게 되고 이런 긍정적인 심리적 경험은 외부 조건에 의해 동기화되지 않은 자발적 형태의 내재적 동기화를 유발한다. 이러한 기분 전환(mood modification) 효과는 게임 이용의 주요 동기로 늘 지적된다. 특히 요즘 들어 손쉬워진 스마트폰 게임이나 소셜 게임의 형태는 짧은 시간에 간단한 게임 이용을 통해 이용자들의 기분을 전환시키는 효과를 갖는다. 러서니엘로 등(Russoniello et al., 2009)의 연구에 따르면 '앵그리버드(Angry bird)'나 '비주얼드(Bejeweled)'처럼 단순한 형태의 퍼즐 게임이 이용자들의 기분을 좋게 하고 긴장과 불안감을 해소하는 결과를 가져왔다.

　　게임은 그 종류에 상관없이 기분 좋은 정서상태를 포함하여 개인적 삶에 대한 긍정적 평가를 높이는 효과가 있다는 점이 제시되었다(Diener, Suh, & Oishi, 1997). 예를 들어, 최근에 노인의 인지기능 향상 및 삶의 만족도 향상과 우울 감소를 목적으로 개발된 기능성 게임인 '젊어지는 마을'의 효과를 살펴본 연구에서 노인들이 게임 이용을 통하여 삶에 대한 만족도가 높아지고 우울감이 감소하는 결과가 나타났다(안준희·박성준, 2016). 물론 이러한 긍정적인 만족도와 안녕감의 효과는 게임이 일상생활을 방해하기 시작하는 과몰입과 중독에 이르지 않는 적절한 수준의 게임 이용이 이용자의 효율적인 통제 안에서 이루어지는 한도 내에서 발생한다는 점을 주의할 필요가 있다.

게임은 단순한 오락적 기능을 넘어 다양한 성과를 거둘 수 있는 잠 재력을 가지고 있다(김화민 · 임소혜, 2014). 이를 위해서는 게임의 효과가 일괄적으로 부정적이거나 긍정적이라는 시비론을 넘어서 부정적 혹은 긍 정적 효과가 나타나는 선행 조건(antecedents)들을 규명하여 부정적 효과 가 나타날 가능성을 최소화하고 긍정적 효과를 증진시키려는 노력이 필 요하다. 게임 이용의 긍정적이고 부정적인 효과 모두를 다룬 이론적 틀로 일반 학습 모델(General Learning Model: GLM)이 있다(Buckley & Anderson, 2006). GLM은 어떻게 이용자와 상황적 변인들이 다양한 형태의 학습을 증진시키거나 저해하는지를 설명하고자 시도한다. 이러한 학습 과정은 개인 이용자의 신체적 각성(arousal), 주관적 느낌, 그리고 인지와 같은 내 면적 상태(internal state)에 의해 매개되며, 이러한 내면적 과정은 진행되는 상황적 에피소드와 상황에 대한 개인 특성, 태도, 기술, 감정과 신념에 따 라 결정된다. 기대되는 학습 효과로는 정보에 대한 학습, 행동적 학습, 인 식적(perceptual) 학습, 태도와 신념의 변화 등이 포함된다. GLM은 이러한 효과들이 장기간 누적되면 게임 이용자의 성향과 능력까지 변화할 수 있 을 거라 예측하였다.

　최근 들어 이렇게 게임의 긍정적 측면에 초점을 맞추어 게임이 이용자의 자발적이고 능동적인 활동 에너지를 자극하여 노동이나 학습 조차도 즐거운 놀이의 시공간으로 변화시킬 수 있다는 게이미피케이션 (gamification) 개념이 크게 주목받고 있다(권보연 · 류철균, 2015). 국내 게이 미피케이션 연구에 대한 메타분석을 통하여 권보연과 류철균(2015)은 교

청소년에게 게임을 허하라

육 분야에서 관심이 집중되어 다양한 교육 과정과 주제들이 학습 효과를 향상시키기 위한 방법을 다루는 데 적용되었다고 밝히며, 앞으로 더욱 다양한 영역에 게임의 긍정적 효과를 접목시키려는 적극적 노력이 기대된다는 의견을 밝혔다. 게이미피케이션은 무엇보다 게임의 '놀이'적 측면에 그 가능성을 주목하는 개념이다. 놀이(play)의 심리적 효능은 여러 심리학 연구를 통해 충분히 검증되어왔다. 놀이는 사람들의 내재적인 동기화(intrinsic motivation)를 활성화시키고 창의성을 증진시키며 갈등 조정과 같은 사회적 인식(social cognition)을 향상시키는 등의 긍정적 심리적 효과를 낳는다(Pellis and Pellis, 2007; Granic et al., 2014). 놀이 기재를 통하여 게임이 다양한 분야의 업무와 학습에 이익을 줄 수 있도록 하는 시도가 각 분야에서 늘어나고 있으며, 이러한 트렌드는 게임이 현재 자라나고 있는 어린이와 청소년 세대에 있어서 가장 존재감 있는 엔터테인먼트 매체라는 점을 감안할 때 당연하다고 할 수도 있겠다. 향후 게임에 대한 학문적 연구는 그 효과에 대한 흑백론적 패러다임에서 벗어나 특정 효과를 나타낼 수 있는 특정 조건들을 규명하여 게임의 긍정적 효과를 보다 활성화시키고 부정적 효과를 억제할 수 있는 게임 이용의 조건을 명시화하는 작업 위주로 이루어져야 할 것이다.

# 참고문헌

권보연·류철균(2015). 「국내 게이미피케이션 연구의 메타 분석: 동향과 제안」. 『인문콘텐츠』, 39, 97-124.

김슬이·정용국(2013). 「MMORPG 이용과 온라인 및 오프라인 리더십 경험에 관한 연구」. 『한국언론학보』, 57(1), 54-80.

김성중(2000). 「또래집단의 영향이 청소년들의 네트워크 컴퓨터게임 이용과 충족에 미치는 영향에 관한 연구」. 서울대학교 석사학위 논문.

김화민·임소혜(2014). 「환경보호 인식 변화를 위한 기능성 게임의 효과 연구」. 『한국컴퓨터게임학회논문지』, 27(3), 69-76.

도영임(2009). 「온라인게임 세계 속에서 경험하는 자기 인식과 자기 변화: 마비노기 사용자의 발달적 경험을 중심으로」. 연세대학교 박사학위 논문.

송슨근(2005). 「문제해결로서의 게임플레이 경험」. 『한국게임학회논문지』, 9(5), 25~41.

신순영·김창석(2002). 「컴퓨터게임의 이용행태가 학습 전략과 학업성취도에 미치는 영향」. 『컴퓨터교육학회 논문지』, 5(2), 79-89.

안준희·박성준(2016). 「노인을 위한 기능성 게임의 효과 분석: '젊어지는 마을' 개발 사례를 중심으로」. 『한국정보기술학회논문지』, 14(3), 195-206.

안희숙(2003). 「컴퓨터 전략시뮬레이션 게임이 초등학생 창의성 신장에

청소년에게 게임을 허하라

미치는 효과」. 인천교육대학교 석사학위 논문.

양심영·강은진(2011). 「발달장애아동의 사회성 증진을 위한 기능성 모바일게임 개발」.『어린이미디어연구』, 10(2), 23-43.

위정현·원은석(2009). 「온라인게임 '군주'를 활용한 초등학교 정치수업 수행 및 효과」.『한국게임학회 논문지』, 9(5), 83-93.

이혜림·정의준(2014). 「건강 격차의 인본적 권리 실현을 위한 기능성 게임에 관한 연구」.『한국게임학회논문지』, 27(4), 153-165.

임소혜·박노일(2007). 「다사용자 온라인 롤플레잉 게임(MMORPG) 이용동기와 오프라인 리더십 영향 연구」.『한국언론학보』, 51(5), 322-345.

전경란(2004). 「상호작용 텍스트의 구체화 과정 연구: 다사용자 온라인 롤플레잉 게임(MMORPG)을 중심으로」.『한국언론학보』, 49(5), 188-213.

전경란(2010). 「게임연구에 한 메타분석: 인문·사회분야 학술지에 게재된 게임연구논문을 중심으로」.『사이버커뮤니이션학보』, 27(3), 127-176.

정회욱(2006). 「리더십 생활기술 측정도구 개발연구」.『청소년학 연구』, 13(2), 29-45.

조영기(2009). 「청소년의 온라인게임 이용 효과에 미치는 영향 요인 분석」.『사이버커뮤니케이션학보』, 26(4), 151-193.

조성호·정재범·최문기(2009). 「기능성 게임을 위한 게임 효과 고찰」.『한국컴퓨터게임학회논문지』, 16, 17-25.

좌영녀·이수영(2009). 「MMORPG 게이머의 사회적 커뮤니케이션 능력에 관한 탐색적 연구: 파워게이머 개념을 중심으로」.『한국언론학보』, 53(4), 201-227.

최은정·장근영·한정혜(2005). 「초등학생의 온라인게임 라이프 스타일과 오프라인에서의 교우관계의 연관성 분석: '리니지' 이용자를 중심으로」.『정보교육학회논문지』, 9(3), 387-395.

최현주·전승규(2006).「디지털 시대의 신 놀이문화 MMORPG에 관한 연구」.『한국디자인학회 2006 봄 학술발표대회 논문집』, 226-227.

Adachi, P. J., & Willoughby, T.(2013). "More than just fun and games: The longitudinal relationships between strategic video games, self-reported problem solving skills, and academic grades." *Journal of Youth and Adolescence*, 42, 1041-1052.

Barlett, C., & Rodeheffer, C.(2009). "Effects of realism on extended violent and nonviolent video game play on aggressive thoughts, feelings, and phsyiologcial arousal." *Aggressive Behavior*, 35, 213-224.

Bavelier, D., Achtman, R. L., Mani, M., & Focker, J.(2012). "Neural bases of selective attention in action video game players." *Vision Reserach*, 61, 132-143.

Buckley, K. E., & Anderson, C. A.(2006). "A theoretical model of the effects and consequences of playing video games." In P. Vorderer & J. Bryant(Eds.), *Playing Video Games: Motives, Responses, and Consequences*(pp. 363-378). Mahwah, NJ: LEA.

Clark, J. E., Lanpher, A., & Riddick, C.(1987). "The effects of videogame playing on the response selection processing of elderly adults." *The Journal of Gerontology*, 42(1), 82-85.

DeLisi, R., & Wolford, J. L.(2002). "Improving children's mental rotation accuracy with computer game playing." *The Journal of Genetic Psychology: Research and Theory on Human Development*, 163(3), 272-282.

Diener, E., Suh, E., & Oishi, S.(1997). "Recent findings on subjective well-being." *Indian Journal of Clinical Psychology*, 24, 25-41.

청소년에게 게임을 허하라

Ewoldsen, D., Eno, C., Okdie, B., Velez, J., Guandagno, R., & DeCoster, J.(2012). "Effects of playing violent video games cooperatively or competitively on subsequent cooperative behavior." *CyberPsychology, Behavior, and Social Networking*, 15, 277-280.

Gentile, D. A., Anderson, C. A., Yukawa, S., Ihori, N., Saleem, M., Ming, L., Sakamoto, A.(2009). "The effects of prosocial video games on prosocial behaviors: International evidence from correlational, longitudinal, and experimental studies." *Personality and Social Psychology Bulletin*, 35, 752-763.

Granic, I., Lobel, A., & Engels, R.(2014). "The benefits of playing video games." *American Psychologist*, 79(1), 66-78.

Green, C. S., & Bavelier, D.(2012). "Learning, attentional control, and action video games." *Current Biology*, 22, 197-206.

Greenfield, P. M., Brannon, C., & Lohr, D.(1994). "Two-dimensional representation of movement through three-dimensional space: The role of video game expertise." *Journal of Applied Developmental Psychology*, 15(1), 87-103.

Kiili, K.(2005). "Digital game-based learning: Towards an experiential gaming model." *Internet and Higher Education*, 8, 13-24.

Kirkpatrick, D., McLaughlin, R. G., Maier, H. R., & Hirsch, P.(2002). "Developing scholarship through collaboration in an online role-play simulation: Mekong eSim, a case study." *Proceedings of Scholarly Inquiry in Flexible Science Teaching and Learning*(pp. 13-18). Sydney, Australia: University of Sydney.

Lee, M. J., Eustace, K., Fellows, G., Bytheway, A., & Irving, L. (2015). "Rochester Castle MMORPG: Instructional gaming and collaborative learning at a Western Australian school." *Australian Journal of Educational Technology*, 21(4), 446-469.

Miller, R. A.(1976). *Leader/agent's guide: Leadership life skills.* Stillwater: Oklahoma State University.

National Institute of Health(2005). *Theory at a Glance: A guide for Health Promotion Practice.* Second Edition, U.S. Department of Health and Human Services.

Orosy-Fildes, C., & Allan, R. W.(1989). "Psychology of computer use: XII. video game play: Human Reaction Time to Visual Stimuli." *Perceptual and Motor Skills*, 69(1), 243-247.

Passig, D., & Eden, S.(2001). "Virtaul reality as a tool for improving spatial rotation among deaf and hard-of-hearing children." *CyberPsychology & Behavior*, 4(6), 681-686.

Pellis, S. M., & Pellis, V. C.(2007). "Rough-and-tumble play and the development of the social brain." *Current Directions in Psychological Science*, 16, 95-98.

Peng, W., Lee, M., & Heeter, C.(2010). "The effects of a serious gaem on role-taking and willingness to help." *Journal of Communication*, 723-742.

Prensky, M.(2012). *From digital natives to digital wiscom: Hopeful essays for 21st century learning.* Thousand Oaks, CA: Corwin Press.

Radford, L.(2000). "Signs and meanings in students' emergent algebraic thinking: A semiotic analysis." *Educational Studies in Mathematics*, 42(3), 237-268.

Rosser, J., Lynch, P., Cuddihy, L., Gentil, D., Klonsky, J., & Merrel, R.(2007). "The impact of video games on training surgeons in the

청소년에게 게임을 허하라

21st centry." *Archives of Surgery*, 142, 181-186.

Russioniello, C. V., O'Brien, K., & Parks, J. M.(2009). "EEG, HRV and psychological correlates while playing Bejeweled II: A randomized controlled study." In B. K. Widerhold & G. Riva(Eds.), *Annual review of cybertherapy and telemedicine 2009: Advance technologies in the behavioral, social and neurosciences*(Vol. 7, pp. 189-192). Amsterdam, The Netherlands: Interactive Media Institute and IOS Press.

Seevers, B. S., & Dormody, T. J.(1992). "Measuring youth leadership life skills development: Precursors to research and evluation." In N. E. Kiernan(Ed.), *Proceedings of the American Evluation Association: Extneion Evaluation Education Topical Interest Group*(pp. 72-79). University Park, PA: The Pennsylvania State University.

Squire, K., & Steinkuehler, C.(2005). "Meet the gamers." *Library Journal*, 130(7), 38-42.

Uttal, D. H., Meadow, N. G., Tipton, E., Hand, L. L., Alden, A. R., Warren, C., & Newcombe, N. S.(2013). "The malleability of spatial skills: A meta-analysis of training students." *Psychological Bulletin*, 1329, 352-402.

Velez, J., Mahood, C., Ewoldsen, D., & Moyer-Guse, E.(2012). "Ingroup versus outgroup conflict in the context of violent video game play: The effect of cooperation on increased helping and decreased aggression." *Communication Research*, 39(6), 1-20.

Williams, D., Caplan, S., & Xiong, L.(2007). "Can you hear me now? The impact of voice in an online gaming community." *Human Communication Research*, 33, 427-449.

*53*

제 2 장   게임은 모두 나쁜가: 게임의 긍정적 효과에 대한 논의

Yee, N.(2006). "Motivations for play in online games." *CyberPsychology & Behavior*, 9(6), 772–775.

청소년에게 게임을 허하라

# 저자 약력

**임 소 혜**

스탠퍼드대학교 커뮤니케이션학 박사

현  이화여자대학교 커뮤니케이션·미디어학부 교수

〈주요 논문〉

「환경보호인식을 위한 기능성게임의 효과연구」(2014, 공저)

「게임플랫폼에 따른 이용동기가 게임중독에 미치는 영향」(2013, 공저)

「모바일게임의 장르적 특성 및 소셜네트워크 플랫폼 연계성이 시장성과
　　에 미치는 영향에 관한 고찰」(2013, 공저)

# 청소년이 게임에 쉽게 빠져드는 이유

이 숙 정

　왜 게임을 하는가? 왜 게임에 빠지는가? '재미'있기 때문이다. 게임을 하는 것이 왜 재미있는가? 이용자의 욕구를 충족시켜주기 때문이다. 어떤 욕구를 충족시켜주는가? 이 장에서는 자기결정성 이론, 발달심리학적 관점, 이용과 충족 이론, 몰입 이론에 근거하여 청소년들의 디지털게임 이용동기를 살펴보았다. 자기결정성 이론은 이용자의 기본심리욕구를 충족시켜주는 내재적 동기에 의한 활동으로서 청소년들의 게임 이용을 이해하는 데 도움이 된다. 발달심리학적 관점은 청소년의 발달적 특성을 이해하고, 발달심리적 욕구에 근거한 게임 이용동기를 이해하는 데 유용하다. 이용과 충족 이론은 게임 이용동기를 귀납적으로 도출하여 유형화하고, 게임 이용동기 유형에 따라 그에 상응하는 충족과 의도된 또는 의도되지 않은 결과를 이해하는 데 도움이 된다. 나아가 몰입 이론은 이용자의 관점에서 게임 이용경험이 어떤 의미인지, 몰입 경험에 영향을 주는 게임의 요소가 무엇인지를 이해하는 데 도움이 된다. 이 장에서는 이용자의 이용동기 차원과 게임의 구성요소 차원에서 청소년이 왜 게임에 빠지는지를 살펴보았다.

# 1. 게임과 청소년의 기본심리욕구 충족

청소년의 게임 이용을 이해하기 위해서는 우선 게임이 청소년의 내재동기에 의한 활동이라는 점을 인식하고 인정해야 한다. 자기결정성 이론에 따르면(Deci & Ryan 2000; Ryan & Deci, 2000), 내재동기는 자신의 능력을 발휘하고 확장하고자 하는, 스스로 탐색하고 배우고자 하는, 새로움과 도전을 추구하는 인간의 타고난 경향성을 말한다. 내재동기에 의한 활동은 그 자체가 즐거움이고 재미이다. 내재동기는 특별한 외재적 보상 없이도 그 활동을 신나게 지속할 수 있는 원동력이다.

그러나 인간이 타고난 경향성으로서 내재동기를 갖고 있다고 할지라도 인간의 모든 활동이 내재동기에 의한 활동은 아니다. 내재동기에 의한 활동은 인간의 기본심리욕구, 즉 자율성, 유능성, 관계성을 충족시켜주는 것으로 지속되는 활동이다. 사람들은 스스로 선택하고 결정하고 싶은 욕구(자율성), 더 잘하고 싶은 욕구(유능성), 남들과 어울리고 싶은 욕구(관계성)를 가지고 있다. 이러한 욕구들을 충족시켜주는 활동을 내재적으로 동기화된 활동이라고 한다.

펜실베이니아대학교 와튼스쿨의 케빈 워바흐(Kevin Webach)와 댄 헌터(Dan Hunter)는 그들의 저서 『게임하듯 승리하라(For the Win)』에서 게임이야말로 인간의 내재동기를 촉진시키는 활동이며 게임 디자이너의 사고방식을 배울 필요가 있다고 주장한다. 심리학자와 미디어학자들은 자기결정성 이론에 근거하여 이용자들의 내재동기를 촉진시키는 게임의 특성들을 밝히고 있다(Peng, Lin, Pfeiffer, & Winn, 2012; Przybylski, Rigby, & Ryan, 2010; Ryan, Rigby, & Przybylski, 2006). 청소년의 자율성, 유능성, 관계성 욕구를 이해하고 게임이 어떻게 이들의 기본심리욕구를 충족시켜 내재동기를 촉진시키는지 살펴보자.

## 1) 게임과 자율성 욕구

자율성은 자유의지와 관련된 개념으로 자기 자신이 대상 행동에 대한 주체이자 근원이 되고자 하는 욕구이다. 사람들은 행동의 주체가 자신이라고 느끼기를 원하고, 스스로 목표를 세우고 행동을 조절하기를 원한다. 또한 자신이 중요하고 가치 있다고 생각하는 것을 스스로 결정할 수 있기를 원한다. 이러한 자율성의 욕구는 청소년기에 급상승한다. 청소년들은 신체적·인지적·정서적 발달과정을 경험하면서 부모로부터 벗어나 독립된 인격체로서 자신을 바라보기 시작한다. 자신의 사회적 환경을 구축하고 그 속에서 스스로 선택하고 통제하기를 원한다.

게임은 이러한 청소년의 자율성 욕구를 충족시켜주는 활동이다. 게임은 상호작용적 인터페이스를 바탕으로 이용자에게 다양한 기능을 제시하고, 이용자들은 다양한 기능 중 자신이 원하는 것을 선택함으로써 자신이 행동의 주체임을 느낀다. 또한 게임의 레벨을 높이기 위해 스스로 목표를 세우고 전략을 짜는 일련의 과정은 이용자의 자율성 욕구를 충족시켜준다. 무엇보다 게임 캐릭터를 선택하고 자신의 선호에 맞춰 나이, 신체변화, 역할, 파워 등 캐릭터를 커스터마이징하는 과정을 통해서도 그들의 자율성 욕구는 충족된다. 비록 게임 인터페이스가 제공하는 선택 범위 내에서 이루어지는 자율성일 뿐이지만, 이용자들이 느끼는 자율성 욕구 충족은 게임 이용에 대한 내재동기를 촉진시킨다.

청소년에게 게임을 허하라

## 2) 게임과 유능성 욕구

유능성은 사회적 환경과 지속적이고 효과적으로 상호작용하면서, 자신의 능력과 기술을 사용할 기회를 가지고, 성공적인 결과를 경험하고자 하는 욕구이다. 행위자가 대상 행동을 수행하는 과정에서 자신감과 효율성을 느끼고 그 행동이 자신의 발전을 위해 필요하다고 지각한다면, 그 행동을 지속하고자 하는 내재적 동기가 발현된다. 유능성은 대상 활동을 수행하는 능력 그 이상을 의미하는 것으로, 그 활동이 자신에게 미치는 영향력 및 중요성을 인식하고 가치 있는 결과를 얻고자 하는 욕구를 말한다.

사회적 활동이 제한되어 있는 청소년의 경우, 그들의 유능성을 충족시켜주는 활동 또한 제한적일 수밖에 없다. 게임은 이들에게 유능성 욕구 충족의 기회를 제공한다. 지각된 유능성은 명확하고 일관된 규칙 및 가이드라인, 도전 가능한 적정 수준의 활동 제시, 충분한 연습시간과 기회 제공, 활동을 위한 다양한 정보 및 자원 제공, 긍정적 피드백 제공이 이루어질 때 높아진다. 게임은 일정한 규칙을 기반으로 도전 가능한 다양한 레벨을 제시한다. 게이머는 레벨별로 주어진 과제를 성공하고 다음 단계로 올라가는 경험을 통해 유능감을 느끼게 된다.

유능감을 충족시켜주는 또 다른 게임의 요소에는 게이머의 입력 동작이 컴퓨터 화면에 즉각적으로 반영되고 게이머의 게임 실행에 대한 결과를 즉각적으로 확인할 수 있는 피드백 시스템이 있다. 그리고 성공의 결과로 얻게 되는 배지나 포인트 또한 유능감 욕구를 충족시켜준다. 게이머가 게임을 통해 유능감을 경험하면 할수록 게임이 더 재미있게 느껴진다.

*61*

### 3) 게임과 관계성 욕구

관계성은 자신이 살고 있는 사회적 환경 내에서 타인과 안정적이고 만족스러운 관계를 형성하고 연결되어 있음을 느끼고자 하는 욕구이다. 타인과 서로 관심을 주고받고, 나아가 사회적 집단에 소속되어 있음을 느끼고자 한다. 가족 및 가까운 친구들과의 상호작용으로 충족되었던 아동기의 관계성 욕구는 청소년기에 들어서면서 더 다양한 집단과의 상호작용 및 소속감 욕구로 확장된다. 청소년기에 확대되는 인지적·정서적 능력은 그들의 자율성 욕구와 관계성 욕구를 증가시킨다. 이 시기에도 부모와의 친밀한 관계와 상호작용은 자녀의 발달과정에 중요한 역할을 한다.

그러나 부모의 지나친 관여는 때로 청소년의 자율성 욕구를 좌절시킨다. 청소년은 그들의 자율성을 저해하는 부모와의 상호작용을 줄이는 대신, 또래집단이나 다른 어른들과의 관계 속에서 그들의 관계성 욕구를 충족시켜나가는 것이다. 청소년들은 관심사가 유사한 이들과 새로운 관계를 맺고 같은 관심사를 바탕으로 집단을 형성하거나 집단에 소속되고자 하는데, 이때 게임은 그들의 주된 공통 관심사이다.

게임은 고립된 활동이 아니다. 게임 내 주어진 과제를 함께 해결하고, 게임과 관련된 정보를 공유하고 게임 전략을 서로 가르쳐주고, 서로의 게임 실력을 인정해주는 과정에서 경험하게 되는 친밀감은 청소년 이용자들의 관계성 욕구를 충족시켜준다. 부모와의 관계성 충족이 감소하고 외로움이라는 감정이 급격히 증가하는 청소년 시기에, 게임을 매개로 한 사회적 상호작용은 그들의 관계성 욕구를 충족시켜준다. 게임을 통한 관계성 욕구 충족에 대한 기대는 게임의 이용동기로 작용한다.

청소년에게 게임을 허하라

**4) 게이머의 기본심리욕구를 충족시키는 게임의 특성**

동기는 특정 활동에 관여하게 하는 심리적 기제이다. 동기는 내재동기와 외재동기로 구분된다.

외재동기는 금전적 보상 등 외적인 보상이 있기 때문에 특정 활동에 관여하는 동기 유형인 반면에, 내재동기는 그 활동 자체에서 얻게 될 것으로 기대하는 즐거움 및 만족감 때문에 그 활동을 지속하고자 하는 심리적 원동력이다. 자기결정성 이론에 따르면, 특정 활동이 행위자의 자율성, 유능성, 관계성 욕구를 충족시켜주면 내적동기가 촉진된다. 게이머의 이러한 욕구를 충족시켜주는 게임의 특성은 〈표 3.1〉로 정리될 수 있다.

▌표 3.1 ▌ 게이머의 기본심리욕구를 충족시키는 게임의 특성

| 기본심리욕구 | 게임의 특성 |
|---|---|
| 자율성 | − 전략 및 과제 선택<br>− 성공의 결과로 얻게 되는 보상 종류 선택<br>− 반복적이고 다양한 시도 가능<br>− 캐릭터 커스터마이징 |
| 유능성 | − 명확한 규칙 제시<br>− 도전 가능한 다양한 레벨의 과제 제시<br>− 게이머의 실행에 즉각적인 피드백 제시<br>− 성공의 결과로 제공되는 배지 |
| 관계성 | − 공동으로 과제 해결<br>− 정보 및 전략 공유<br>− 과제 성공 및 레벨 상승에 대한 사회적 지지<br>− 사회적 상호작용 |

# 2. 게임과 청소년의 발달심리적 욕구 충족

청소년기는 급격한 신체적 변화와 함께 인지적·정서적·사회적 발달이 급격히 이루어지는 시기이다. 인지적 측면에서, 청소년기는 아동기에 비해 논리적 원리에 의한 추상적 사고가 발달하는 시기이다. 인과관계에 관한 가설을 설정하고 이를 검증해보려는 시도를 통해 사회현상을 이해하는 가설연역적 사고가 발달한다. 사회에 대한 관심 및 이해의 증가와 함께 자아에 대한 관심과 탐색도 증가하는 시기이다. 정서적 측면에서, 청소년기의 정서 체험은 민감하고 강렬하다. 민감해지고 강렬해지는 정서적 발달로 인해 감정 변화의 폭이 크고 불안정하다. 사회적 발달 측면에서, 청소년은 독립의 욕구가 강하게 나타나면서 동시에 집단에 소속되고자 하는 욕구가 강해진다(Shaffer & Kipp, 2013). 게임은 이와 같은 청소년의 발달적 특성과 관련된 심리적 욕구를 충족시켜주기 때문에 청소년은 게임에 빠져든다.

## 1) 사회적 동기

### (1) 친구와 시간 보내기

청소년기는 친구 및 또래의 중요성이 두드러지는 시기이다. 그들의 관계 욕구를 충족시켜주는 대상은 부모에서 친구로 옮겨간다. 비디오게임은 청소년들, 특히 남자 청소년들의 친구 관계 형성 및 유지에 결정적인 역할을 한다. 퓨리서치센터의 2014년 서베이 결과에 따르면, 미

청소년에게 게임을 허하라

국 10대 청소년들의 72%가 컴퓨터게임을 하고 있다. 남자 청소년의 경우 84%, 여자 청소년의 경우 59%가 게임을 한다. 게임은 사회적 부적응 상태에 있는 청소년들의 고립된 활동이 아니다. 면대면으로(83%) 또는 온라인으로(75%) 친구들과 함께 게임을 한다. 그들은 게임을 같이 하는 친구들에게 더 친밀감을 느낀다. 같이 게임을 하지 않더라도 게임과 관련된 정보와 개인적 경험은 일상적인 대화거리이다. 게임과 관련된 이야기를 나누면서 새로운 게임을 추천해주고 같이 게임을 할 시간을 정한다. 게임은 청소년이 친구와 함께 시간을 보내고 친구와의 친밀감 강화에 도움이 되는 대화의 소재이며 여가 활동이다.

## (2) 경쟁의 즐거움

게임에서의 경쟁은 청소년의 주된 게임 이용동기로 나타난다. 특히 중학교 고학년과 고등학교 저학년 남자 청소년에게서 두드러지게 나타난다는 연구결과가 있다(Greeenberg et al., 2008). 경쟁하여 이길 기회를 갖게 되는 것과 경쟁의 결과로 얻게 되는 외적 보상이 게임 이용동기로 작용하는 것이다. 현실에서 청소년들은 다른 사람과 경쟁하여 이길 수 있는 기회를 갖는 것이 쉽지 않다. 특히, 학업의 영역에서 청소년들은 또래와 경쟁하여 좌절하는 경험을 더 많이 한다. 그러나 게임 내에서는 자신의 실력에 견주어 도전 가능한 과제를 선택할 수 있고 또 자신의 실력과 유사한 게이머들과의 플레이를 선택할 수 있기 때문에 경쟁의 결과로 얻게 되는 보상이 긍정적일 가능성이 높다. 청소년들은 경쟁하여 다른 게이머를 이겼다는 사실로부터 성취감과 자신에 대한 유능감을 경험한다.

*65*

### (3) 서로 서로 가르쳐주기

청소년들은 공통의 관심사를 바탕으로 또래집단을 형성한다. 오늘날 청소년들에게 공통의 관심사 중 하나는 게임이다. 그들은 새로운 게임을 서로 추천해주고, 플레이하는 방법과 이길 수 있는 전략들을 알려준다. 게임을 소재로 한 또래집단과의 상호작용은 그들의 인기, 명성, 지위를 드러낼 수 있는 기회가 된다. 또래집단과의 동일시 및 또래집단으로부터의 인정은 청소년의 사회적 정체성 및 자아존중감에 긍정적인 영향을 준다. 오프라인 또래집단 외에도 온라인게임 카페에 가입하여 게임 전술을 서로 가르쳐주고 배우는 즐거움을 경험한다.

### (4) 새로운 친구 사귀기

새로운 친구를 사귀고 싶은 욕구가 게임 이용의 주된 동기는 아니라 할지라도, 청소년들은 모르는 사람과 함께 게임하는 즐거움을 경험한다. 퓨리서치센터의 2014년 조사결과에 따르면, 미국 10대들의 64%가 소셜 네트워크 사이트를 통해 친구를 사귀고 있다. 그들은 주로 소셜 네트워크 사이트(64%)와 온라인 비디오게임 사이트(39%)를 통해 새로운 친구를 사귄다고 한다.

## 2) 정서적 동기

### (1) 부정적 감정 해소

청소년기는 급격한 신체적·정서적 발달로 인해 긴장과 불안을 경험하며 부모와 또래 간에 갈등이 증가하는 시기이다. 청소년들은 학업으로 인한 스트레스를 해소하고, 일상생활에서 발생하는 갈등으로 인한 짜증과 분노 등을 완화하고자 게임을 한다. 2014년 한국콘텐츠진흥원의 한 보고서에 따르면, 만 10~18세 청소년의 83%가 게임을 통해서 스트레스를 해소하고 있다고 한다(한국콘텐츠진흥원, 2014). 한국콘텐츠진흥원의 과몰입종합실태조사에서도 스트레스 해소를 위해 게임을 한다는 비율이 가장 높게 나타났다(한국콘텐츠진흥원, 2015).

### (2) 쾌락적 자극 추구

부정적 감정을 해소하기 위해서 게임을 하기도 하고, 한편으로 지루한 상태를 벗어나 새로운 자극을 원하거나 쾌락적 욕구를 추구하기 위해서도 게임을 한다. 청소년기의 두드러진 특징 중 하나는 자극 추구 성향이다. 권태감이나 지루함을 못 견뎌 하고 스릴이나 모험, 새로운 감각적 경험을 추구하는 성향이 강하다. 이러한 쾌락적 자극 추구 성향은 게임 이용동기로 작용한다. 국내 전체 게임 이용자의 59.7%, 특히 만 10~18세 청소년의 92.5%가 게임으로 인해 생활의 활력이 생겼다고 응답한 결과에서도 쾌락 및 즐거움 추구가 청소년의 주된 게임 이용동기 중 하나임을 알 수 있다(한국콘텐츠진흥원, 2014).

### (3) 몰입을 통한 즐거움 추구

몰입은 특정 활동에 완전히 빠져 있는 상태에서 느끼는 최상의 즐거움을 의미한다. 다른 외적인 보상이 아니라, 그 활동 자체에서 즐거움을 느끼는 경험을 몰입이라고 한다. 스트레스나 부정적 감정을 유발하는 상황에서 벗어나 특정 활동에 몰입함으로써 최상의 즐거움을 느끼고자 하는 것이다. 청소년의 77.4%가 게임을 통해서 몰입을 경험하고 있다고 한다(한국콘텐츠진흥원, 2014).

## 3) 인지적 동기

### (1) 도전과 숙달

청소년기의 인지적 발달은 추상적 사고, 전략적 사고, 정보처리능력의 급격한 증가를 그 특징으로 한다. 이러한 인지적 발달로 인해 청소년들은 새로운 과제나 다소 복잡해 보이는 과제에도 쉽게 도전할 수 있으며 성공을 경험할 가능성도 크다. 게임은 이용자들에게 도전적 과제를 제공해주며, 이용자들은 주어진 퀘스트를 다양한 전략으로 해결해나가고 싶어 한다. 다소 어려워 보이는 단계를 성공하고 다음 단계로 넘어가거나 레벨이 상승하는 과정에서 그들은 유능감을 느끼게 된다. 인지적 노력이 요구되지 않는 게임은 긴장을 풀어주는 기능을 하지만 몰입 경험에 의한 즐거움은 낮다. 반면에 자신의 능력을 시험해볼 수 있는 도전적인 게임은 게임에 대한 몰입도를 증가시키고 이는 정서적 즐거움 지각으로 이어진다.

*68*

## (2) 자아 탐색

게임 캐릭터를 커스터마이징하는 것 또한 게임의 즐거움 중 하나이다. 자신과 유사한 또는 이상적 자아를 투영할 수 있는 캐릭터로 커스터마이징하거나 때로는 자신을 완전히 숨길 수 있는 캐릭터로 자신을 드러내기도 한다. 이용자들은 게임 캐릭터를 통해 유명해지거나 강력해지는 경험을 즐긴다. 게임 내 가상 역할 수행을 통해 자신의 선호, 장점 및 단점 등을 파악해볼 수 있다.

## (3) 가상 체험

게임은 현실세계에서 할 수 없는 일들을 실제로 하고 있는 것처럼 느끼게 하는 가상 현실을 제공한다. 예를 들어, 현실에서 총을 쏠 수는 없지만, 게임은 이용자가 직접 리모컨을 조작하거나 버튼을 누르거나 화면을 향해 방아쇠를 당김으로써 이용자 자신이 총을 쏜 것과 같은 느낌을 갖게 한다. 또는 게임 내에서는 자신이 원하는 마을을 실제 마을처럼 구상하고 시장의 역할을 해볼 수 있다. 한편, 실제 현실에서 즐기고 있는 활동들의 연장으로서 게임의 종류를 선택하기도 한다. 예를 들어, 스포츠 게임의 경우, 게임 캐릭터를 통해 실제 축구를 하는 것과 같은 경험을 하며 때로는 현실에서 발휘하지 못한 기술들을 게임 캐릭터를 통해 보여줌으로써 대리만족을 느낀다. 물리적 제약이 없는 가상 공간에서 다양한 활동 및 역할을 직접 체험하는 느낌을 갖게 하는 실재감은 게임의 즐거움을 증가시킨다.

# 3. 이용과 충족 관점에서 본 게임 이용동기

이용과 충족 이론은 미디어 이용자를 능동적 선택자로 간주하고 자신의 욕구를 충족시키기 위해 특정 미디어를 선택한다고 본다. 이용과 충족 연구는 특정 욕구가 발현되는 이용자의 사회적 상황과 심리적 상태를 밝히고, 욕구를 충족시키고자 하는 이용동기가 미디어 이용방식과 이용결과에 어떤 영향을 주는지를 살펴본다. 미디어 이용동기는 이용자의 욕구를 반영한 것이고, 미디어 이용을 통한 욕구충족은 미디어의 기능이자 효과이다. 그러나 욕구충족이라는 기대된 결과 외에도 의도되지 않은 결과가 유발되기도 한다.

미디어 이용동기는 이용자가 추구하는 환경감시의 욕구, 개인적 정체성 욕구, 사회적 관계 욕구, 기분전환 욕구를 충족시키기 위해 미디어를 선택 및 이용하는 심리적 기제이다. 환경감시의 욕구충족은 미디어 이용자가 자신의 주위에서 일어나는 일이나 자신에게 영향을 줄 것으로 예상되는 일과 관련된 정보를 얻고 이해하기 위해 미디어를 이용하는 동기이다. 개인적 정체성 욕구충족은 미디어 이용자가 자신의 가치를 확인하고 자신의 정체성을 탐색 및 표현하기 위해 미디어를 이용하는 동기이다. 사회적 관계 욕구충족은 미디어를 사회적 관계 형성 및 유지를 위한 수단으로 사용하고자 하는 동기이다. 기분전환 욕구충족은 일상이나 현실의 문제에서 벗어나 정서적인 해방감을 얻기 위해 미디어를 이용하고자 하는 동기이다.

게이머가 추구하는 욕구충족 유형은 게이머의 특정한 게임 방식에 영향을 준다. 게이머가 선호하는 게임 방식에 따라 바틀(Bartle, 1996)

청소년에게 게임을 허하라

은 게이머의 유형을 성취형, 탐구형, 친교형, 킬러형으로 구분하였다. 성취형은 포인트나 아이템을 얻고 레벨을 높이고 주어진 과제를 달성하는 데 관심이 있다. 이들의 주된 게임 이용동기는 개인적 정체성 강화 욕구라고 할 수 있다. 탐구형은 게임 내 숨겨진 것들을 발견하고 지도를 그려보고 새로운 사실들을 탐색하는 방식으로 게임을 한다. 이러한 게임 방식은 게이머의 환경감시 욕구에서 비롯된다. 친교형은 게임 자체를 즐기기보다는 게임을 통해 사람들을 만나는 것을 더 즐기는 유형으로 사회적 관계 욕구가 강하다. 킬러형은 다른 플레이어들과 경쟁하고 싸우고 파괴하는 것을 즐기는 유형이다. 킬러형의 주된 게임 이용동기는 기분전환 욕구 충족과 관련 있다고 할 수 있다.

게임 이용동기 모델을 찾아내는 데 중점을 두는 연구들은 구체적이고 세부적인, 그러나 연구들마다 명칭이 상이한, 동기 유형들을 제시한다. 예를 들어, 백지숙(2005) 연구는 온라인게임 이용동기로 환상, 시간 보내기, 경쟁, 사회적 관계, 실리, 순응을 제시하였다. 김양은과 박상호(2007) 연구에서는 회피 추구, 여가문화 추구, 커뮤니티 추구, 캐릭터/보상, 성취/만족 추구, 오락 추구, 시간 보내기로 유형화되었다.

한편, 특정 미디어에 대한 이용동기는 이용자 집단의 특성에 따라 특정 동기 유형이 제외되기도 하고 부각되기도 한다. 예를 들어, 게임중독적 성향을 보이는 이용자들을 심층 인터뷰한 성윤숙(2004)은 그들의 게임 이용동기에 시간 때우기, 현실도피, 오락, 스트레스 해소, 동조, 승부, 이상실현, 폭력, 대리만족, 정보, 이성교제 욕구, 관계 욕구, 지위향상 욕구, 한탕주의 욕구, 소비 욕구 등이 있음을 발견하였다. 또한 초·중·고등학생을 대상으로 살펴본 안동근(2005) 연구에서는 캐릭터 매력, 오락, 현실도피, 외로움 달래기, 시간 때우기 등이 주된 게임 이용동기로 나타났다. 특히 가정의 경제력에 대한 만족도가 낮은 어린이의 경우, 오락·현실도피·시간 때우기 동기가 강한 것으로 나타났다.

　　게임 이용동기에 따라 이용자들이 게임을 통해 얻게 되는 만족감 및 결과가 달라진다. 특정한 이용동기는 게이머의 특정 욕구를 충족시켜 줄 뿐 아니라 이용 경험과 이용 결과에도 영향을 준다. 예를 들어, 주지혁과 조영기(2007)는 고등학생의 MMORPG 이용동기로 게임의 아이템 경쟁과 아이템 현거래, 기분전환과 시간 때우기, 도전과 성취, 현실회피, 공격욕구해소가 있다는 것을 발견하였고 이러한 이용동기가 게임 몰입, 게임 중독, 이용자의 공격성에 어떤 영향을 미치는지 살펴보았다. 그 결과, 도전 및 성취 동기와 아이템 경쟁 및 현거래 동기가 강할수록 게임 몰입 정도가 높고, 공격욕구해소 동기가 높을수록 게임중독이 높은 것으로 나타났다. 그리고 아이템 경쟁 및 현거래 동기, 공격욕구 해소 동기, 게임 중독은 공격성으로 이어지는 것으로 나타났다. 이용동기에 따른 긍정적 결과를 살펴본 연구도 있다. 김슬이와 정용국(2013)은 MMORPG 이용동기와 게임 내 리더십 경험 간의 관계를 살펴보았는데, 사회적 관계 동기와 캐릭터 설정·탐사 동기가 높은 이용자들이 게임 내 리더십 경험을 더 많이 하고 있었다. 게임 내 리더십 경험을 통해 이용자들은 실생활에서 자신의 리더십 기술이 향상된 것으로 지각하고 있었다. 즉, 게임 이용에 대한 특정 이용동기가 게임 내 경험에 영향을 주고, 이는 실생활에도 영향을 줄 수 있음을 보여준다.

| 표 3.2 | 선행연구에 제시된 게임 이용동기

| | 이야기 | 파괴 | 흥분 | 사회적 | 경쟁 | 도피 | 도전 | 창작 | 성취 | 호기심 | 기분전환 | 공상 |
|---|---|---|---|---|---|---|---|---|---|---|---|---|
| Hilgard et al. (2013) | * | * | * | * | | * | * | * | * | * | | |
| Rigby et al. (2006) | | | | * | | | * | | * | * | | |
| Bartle (1996) | | | | * | * | | | | * | * | | |
| Sherry et al. (2006) | | | * | * | * | | * | | | | * | * |
| LeBlanc (2004) | * | | * | * | | | * | | * | * | * | * |
| Steinkuehler (2005) | | | * | * | | * | * | * | * | | | |
| Yee (2006) | * | | | * | * | * | | | | * | | |
| Caillois & Barash (1961) | * | | * | | * | | | * | | | | |
| Griffiths (1991, 1993) | | | * | * | | * | * | | | | * | |
| Myers (1990) | | | * | | | | * | | | * | | * |
| Jansz & Tanis (2007) | | | * | * | * | | * | | | | | * |
| Lee et al. (2012) | | | * | | | * | * | | | | * | * |
| Lazarro (2004) | | | * | * | | | * | | | * | * | |
| Malone et al. (1987) | | | | * | * | | * | | | * | | * |

출처: Yee(2015).

제 3 장  청소년이 게임에 쉽게 빠져드는 이유

# 4. 게임 몰입 경험과 즐거움

몰입(flow, immersion)은 게이머가 게임의 재미와 즐거움을 느끼고 게임을 지속하게 만드는 중요한 심리적 기제이다(윤태진, 2007). 몰입은 이용자가 게임에 완전히 빠져 있는 심리적 상태를 말한다. 몰입의 개념은 게임 연구에서 플로우(flow)와 이머전(immersion)으로 설명되는데, 이들은 서로 중복되는 측면이 있으면서 한편으로는 구분되는 특성이 있다. 칙센트미하이(Csikszentmihalyi, 1990)가 제시한 몰입, 즉 플로우는 행위자의 능력 및 기술과 과제의 도전 수준이 서로 상응하여 활동에 높은 집중을 보이며 완전한 통제력을 느끼는 상태를 말한다. 주로 창의적 활동, 재능 개발 활동, 학습적 활동 영역에서 사용되는 개념으로 활동 자체가 목적이 되며, 정신적 집중과 노력의 결과로 얻게 되고, 생산적 에너지를 증대시켜 사회적 결과물을 생산할 수 있는 긍정적인 경험이다. 단순히 재미있다는 수준 이상의 총체적인 만족감을 수반하기 때문에 최적의 경험으로 표현된다. 주어진 도전을 해결할 수 있는 능력 및 기술, 명확한 목표, 분명한 규칙, 즉각적이고 적절한 피드백이 있을 경우에 플로우를 경험할 가능성이 크다. 이러한 조건은 게임 상황에도 적용될 수 있다. 게이머의 능력에 따라 조절되는 다양한 도전 수준, 게이머의 기술과 전략을 향상시킬 수 있는 정보 및 인터페이스, 분명하게 제시되는 게임 규칙과 성취 목표, 게이머의 성취도 및 레벨과 관련된 정보와 보상을 제공하는 게임일 경우, 이용자의 몰입 가능성은 높아진다.

한편, 일부 학자들은 게임에 빠져 있는 상태를 플로우 대신에 이머전의 개념으로 설명하고자 한다(Cairns, Cox, & Nordin, 2014; Ermi & Mäyrä,

청소년에게 게임을 허하라

2005). 이머전은 게임 속에 들어가 있는 것처럼 느껴지는 상태를 의미한다. 게임에 빠져드는 경험은 책이나 영화에 빠져드는 경험과 차이가 있는데, 이는 게임의 상호작용성에서 비롯된다. 게이머는 본인이 행위의 주체임을 경험하게 된다. 마우스와 키보드를 조작하는 게이머의 물리적 동작과 컴퓨터 화면의 반응이 동시에 일어나기 때문에 게이머들은 본인이 게임의 상황을 통제하고 있다는 착각을 하게 된다. 또한 게임 상황에서 다른 게이머와 함께 주어진 과제를 해결하거나 서로 경쟁하거나 대립하게 될 때 더욱 몰입하게 된다. 책이나 영화와 달리, 게임에서는 컴퓨터와의 물리적 상호작용성과 다른 게이머와의 사회적 상호작용성이 가능하다. 이러한 상호작용은 게임의 몰입을 증가시킨다.

한 선행연구는 어린이와의 인터뷰를 통해 어린이 이용자 관점에서 게임 몰입 및 즐거움을 어떻게 경험하고 있는지를 살펴보았다(Ermi & Mäyrä, 2005). 〈그림 3.1〉은 게임 몰입 관련 요소에 관한 어린이 이용자의 인터뷰 결과를 구조화한 것이다. 인터뷰 결과에 따르면, 오디오 및 비디오의 품질과 스타일은 게임 경험을 즐겁게 하는 중요한 요소 중 하나였다. 예를 들어, 생생한 그래픽이나 적절한 카메라 앵글은 게임을 더 즐기게 하는 요소였다. 다양한 레벨의 도전적 과제를 선택하고 이를 성공적으로 해결하는 경험, 게임 레벨 상승, 최종 결과에 대한 불확실 등 도전적 경험 또한 게임을 더욱 즐겁게 만드는 요소였다. 마지막으로 어린이들은 게임 캐릭터, 사건 배경, 스토리라인 등 그들의 상상과 공상을 자극하는 요소들로 인해 게임을 더욱 즐기고 있었다.

연구자들은 어린이 이용자와의 인터뷰 결과를 바탕으로 게임경험 모델을 제시하였다. 게임경험의 첫 번째 차원은 감각적 이머전이다. 이는 음악, 사운드, 그래픽 등 오디오·비디오의 품질과 스타일에 의해 일어나

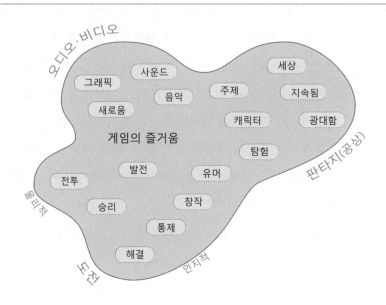

출처: Ermi & Mäyra(2005).

▌그림 3.1 ▌  게임 몰입의 요소에 관한 어린이와의 인터뷰 결과

는 몰입 경험이다. 두 번째 차원인 도전적 이머전은 주어진 과제의 도전
수준과 게이머의 기술 수준이 균형을 이룰 때 게이머가 느끼는 몰입 경험
이다. 세 번째 몰입 경험 차원은 상상적 이머전이다. 이는 게임의 내러티
브나 캐릭터에 의해 발생하는 것으로, 게임의 판타지를 즐기거나 자신의
상상력을 더 발휘하거나 캐릭터에 공감하는 경험을 말한다. 즉, 게임 내
오디오·비디오의 품질 및 스타일, 과제의 도전 수준과 기술 수준의 균
형, 상상력을 자극하는 내러티브와 캐릭터와의 동일시가 게이머의 몰입
경험을 증가시킨다고 할 수 있다.

청소년에게 게임을 허하라

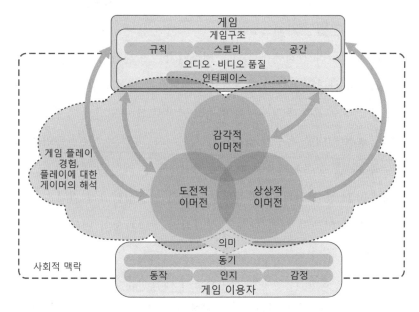

게임

게임구조

| 규칙 | 스토리 | 공간 |

오디오 · 비디오 품질

인터페이스

감각적
이머전

도전적
이머전

상상적
이머전

게임 플레이
경험,
플레이에 대한
게이머의 해석

사회적 맥락

의미

동기

| 동작 | 인지 | 감정 |

게임 이용자

출처: Ermi & Mäyra(2005).

┃ 그림 3.2 ┃　게임 몰입(immersion) 경험 모델

# *5.* 소결

이 장에서는 청소년들이 게임에 빠져드는 이유를 자기결정성 이론, 발달심리학적 관점, 이용과 충족 이론, 몰입 이론의 관점에서 살펴보았다. 자기결정성 이론의 관점에서 보면, 사람들은 결정 및 통제의 주체가 되고자 하는 욕구, 자신의 능력을 확인하고 성공적인 결과를 경험하고자 하는 욕구, 사람들과 정서적 관계를 맺고 소속되고자 하는 욕구를 기

제 3 장　청소년이 게임에 쉽게 빠져드는 이유

본적으로 가지고 있는데, 이를 충족시켜 주는 활동에 대해서는 내재동기가 활성화되어 활동 자체로부터 재미를 느끼며 그 활동을 지속하고자 한다. 발달심리학적 관점에서 볼 때, 청소년기는 또래관계 강화와 사회적 관계 확장과 관련된 욕구가 강해지고 정서적으로 부정적 감정 해소 및 쾌락적 자극 추구 욕구가 강해지며 인지적 발달로 인해 도전적 과제 수행을 즐기며 성취에 대한 욕구가 강해지는 시기이다. 게임은 청소년들의 이와 같은 욕구들을 충족시켜주기 때문에, 청소년들은 게임을 재미있게 느끼며 계속하고 싶어 한다. 자기결정성 이론과 발달심리학적 관점은 청소년들의 게임 이용과 게임 몰입을 정상적인 발달과정의 일부로 이해하는 데 도움이 된다.

이용과 충족 이론 또한 청소년들의 게임 이용동기를 이해하는 데 도움이 된다. 그들의 사회심리적 맥락에서 비롯된 동기들을 귀납적으로 도출해냄으로써 게임이라는 특정 미디어와 청소년이라는 이용자의 특성이 반영된 이용동기를 유형화해볼 수 있다. 현재 일반 이용자들을 대상으로 한 이용동기 모형에 대한 연구는 상당히 진척된 상태이다. 그러나 청소년의 디지털게임 이용동기에 관한 연구는 아직 체계화되지 못한 상태이다. 청소년과의 디지털게임 이용동기를 체계화하는 작업과 함께, 가정의 사회경제적 지위 등 청소년들의 특성에 따른 이용동기의 차이점도 파악해볼 필요가 있다. 이용동기는 이용에 따른 의도된 그리고 의도되지 않은 결과를 예측하는 데 중요한 요인이기 때문이다.

몰입 이론은 이용자들이 게임에 빠져드는 경험을 설명하는 이론으로, 몰입이라는 심리적 상태로 빠져드는 경험의 조건들을 제시한다. 게이머의 실력에 상응하는 게임의 난이도, 게이머의 집중력, 주어진 과제나 미션의 목표, 신속하고 직접적인 피드백 등이 게이머의 몰입을 증가시키

청소년에게 게임을 허하라

는 요소들이다. 게임 개발자들은 이용자들의 완전 몰입 경험을 제공할 수 있는 게임 구성요소들을 디자인하고 있다. 그러나 현실적으로 완전 몰입 상태나 최적의 경험을 하는 것은 빈번하게 일어나지 않기 때문에 연구자들은 플로우보다 낮은 수준의 경험으로서 이머전이라는 개념을 사용하고 있다. 이머전은 마치 게임 속으로 들어가 있는 것 같은 느낌 정도의 심리적 상태를 의미하며, 게임의 감각적 요소, 게임의 도전 수준, 게임의 내러티브의 특성들이 이용자의 몰입(immersion)에 영향을 준다고 본다. 이용자의 몰입을 향상시킬 수 있는 게임 구성요소 개발로 인해 이용자들은 더욱 게임에 빠져들게 된다. 게임 이용경험과 이용경험을 둘러싼 맥락적 조건에 관한 청소년 이용자 중심의 심층적인 연구들이 더욱 필요하다.

# 참고문헌

김슬이 · 정용국(2013). 「MMORPG 이용과 온라인 및 오프라인 리더십 경험에 관한 연구」. 『한국언론학보』, 57(1), 54-80.

김양은 · 박상호(2007). 「온라인게임 이용이 게임 몰입 및 중독에 미치는 영향에 관한 연구」. 『한국언론학보』, 51(1), 355-377.

백지숙(2005). 「인터넷게임 동기 유형에 따른 대학적응과 인터넷게임 중독」. 『아동학회지』, 26(1), 31-46.

성윤숙(2004). 「청소년의 온라인게임과 사이버 일탈에 관한 연구」. 『한국가정관리학회지』, 22(2), 37-57.

안동근(2005). 「청소년의 인터넷 이용행태가 삶의 질에 미치는 영향」. 『한국정책과학학회보』, 9(4), 259-285.

윤태진(2007). 「텍스트로서의 게임, 참여자로서의 게이머」. 『언론과 사회』, 15(3), 96-130.

주지혁 · 조영기(2007). 「온라인게임이 청소년의 공격성에 미치는 영향 연구」. 『사이버커뮤니케이션 학보』, 24, 79-115.

한국콘텐츠진흥원(2014). 『2014 한일게임이용자조사보고서』.

한국콘텐츠진흥원(2015). 『2015 게임과몰입종합실태조사』.

Bartle, R.(1996). "Hearts, clubs, diamonds, spades: Players who suit MUDs." *Journal of MUD research*, 1(1), 19.

Cairns, P., Cox, A., & Nordin, A. I.(2014). "Immersion in digital games: review of gaming experience research." Handbook of digital games, 339-361.

Csikszentmihalyi, M.(1990). *Flow: The psychology of optimal per-formance.* NY: Cambridge UniversityPress.

Deci, E. L., & Ryan, R. M.(2000). "The 'what' and 'why' of goal pursuits: Human needs and the self-determination of behavior." *Psychological inquiry,* 11(4), 227-268.

Ermi, L & Mäyra, F.(2005). "Fundamental Components of the Gameplay Experience: Analyzing Immersion." *Worlds in play: International perspectives on digital games research,* 37(2).

Peng, W., Lin, J. H., Pfeiffer, K. A., & Winn, B.(2012). "Need satisfaction supportive game features as motivational determinants: An experimental study of a self-determination theory guided exergame." *Media Psychology,* 15(2), 175-196.

Pew Research Center(2015). *Teens, Technology, Friendships.*

Przybylski, A. K., Rigby, C. S., & Ryan, R. M.(2010). "A motivational model of video game engagement." *Review of general psychology,* 14(2), 154.

Ryan, R. M., & Deci, E. L.(2000). "Self-determination theory and the facilitation of intrinsic motivation, social development, and well-being." *American psychologist,* 55(1), 68.

Ryan, R. M., Rigby, C. S., & Przybylski, A.(2006). "The motivational pull of video games: A self-determination theory approach." *Motivation and emotion,* 30(4), 344-360.

Shaffer, D. R., & Kipp, K.(2013). *Developmental psychology: Childhood and adolescence.* Belmont, CA: Cengage Learning.

Werbach, K., & Hunter, D.(2012). *For the Win: How Game Thinking Can Revolutionize Your Business.* PA: Wharton Digital Press.

Yee, N.(2015). *How we created the Gamer Motivation Profile.* http://

quanticfoundry.com/2015/06/18/how-we-created-the-gamer-motivation-profile/

청소년에게 게임을 허하라

# 저자 약력

## 이 숙 정

텍사스주립대학교 언론학 박사
현  중앙대학교 미디어커뮤니케이션학부 부교수

〈주요 논문〉
「스마트폰 중독방지 앱의 자기결정성 동기화 속성에 관한 내용분석: 자
　기결정성 이론을 중심으로」(2016)
「트위터 유력자와의 의견일치여부가 의견표명에 미치는 영향: 유력자 유
　형의 상호작용효과를 중심으로」(2016, 공저)

〈주요 저서〉
『뉴미디어 뉴커뮤니케이션』(2014, 공저)

# 심리학으로 본 게임과 게임을 하는 청소년

이 장 주

    게임은 인간의 문명과 함께 해왔다(Huizinga, 1993). 어려울 때나 즐거울 때나 인간은 게임을 통해 그런 시기들을 지내며 현재에 이르렀다(McGonigal, 2012). 또한 게임은 아동의 성장과정에서 빼놓을 수 없는 중요한 인지적·사회적 발달 과업이기도 하다(Piaget, 1962/2013). 정상적으로 발달한 아이가 게임을 하지 않는다는 것을 기대하기 어렵다는 의미이다. 인류사적으로나 개인사적으로 게임이 해온 기능과 역할의 중요성을 고려할 때, 게임이 없는 인류의 미래는 상상할 수 없다.

    문화의 변화는 게임의 형태와 양상을 변화시켰다. 인터넷과 스마트폰이 대중화되면서 디지털게임의 사용인구는 폭발적으로 증가해왔다. 특히 모바일게임의 경우 2017년까지 성장률이 8.4%로 예상된다(문화체육관광부, 2015). 한국은행이 발표한 2015년 우리나라 경제 성장률이 2.6%였던 것과 비교하면 3배 이상 빠르게 성장하는 유망 경제영역인 것이다. 빠르게 조숙하는 것이 신체적 건강이나 미적으로 바람직한 것이 아닌 것처럼, 빠른 디지털게임의 확산과 보급은 그렇게 바람직해보이지 않는 부작용(게임중독 혹은 과몰입 현상)들도 낳았다. 지난 10여 년간 국내에서 디지털게

임과 관련된 정책은 주로 게임의 부작용을 예방하거나 차단한다는 명분으로 억제중심의 강력한 정책이 펼쳐졌다.[*]

게임을 왜 해야 하는지에 대해 배운 적이 없음에도 불구하고 누구나 자연스럽게 게임을 할 수 있다는 것은 걷기나 말하기의 성격과 매우 유사하다. 그러나 게임과 걷기 혹은 말하기는 다른 점이 분명하게 있다. 걷거나 말하기는 어떻게 걷고, 어떻게 말을 해야 하는지에 대한 세밀한 사회적 규칙이 있는 반면, 게임은 어떻게 해야 하는지에 대한 세밀한 규칙이 아직 존재하지 않는다. 그 이유는 최근에 등장한 사회적 현상이란 점도 있지만, 좀 더 본질적으로는 사회적으로 놀이라는 것을 어떻게 수용할지에 대한 합의가 이루어지지 않았기 때문에 일어나는 과도기적 현상으로 보인다(한국여가문화학회, 2008).

게임에 대한 사회적 합의를 이루기 위해서는 게임으로 인한 현상을 두고 논쟁하기보다는 게임과 게임을 하는 사람들이 왜 게임을 하는지, 그리고 왜 게임을 하면 즐거운지, 또는 왜 문제가 될 정도로 빠지게 되는지에 대한 심리학적 접근이 선행되어야 한다. 그래야 게임을 하는 사람도, 게임을 제지하는 사람도 현실적으로 납득할 만한 대안이 나올 수 있기 때문이다. 이 글은 게임이 유익하다, 무익하다를 넘어선 심리학적 측면을 고찰함으로써 게임이 사회문화적 존재로서 인간에게 어떤 의미와 기능을 하는지에 대한 조망을 목적으로 한다.

---

[*] 2016년 6월 28일 (사)한국게임학회가 개최한 '제5회 대한민국 게임포럼'의 주제가 '대한민국 성인에 게임의 자유를 허하라'였다. 게임의 규제는 미성년자인 청소년에 국한된 것이 아니라, 성인을 포함한 게임을 하는 모든 사람에게 적용된다는 점에서 과도한 규제라는 주장이 최근에 강하게 제기되고 있다.

# 1. 게임: 사람을 만물의 영장으로 만들다

　　게임은 놀이 중 가장 나중에 나타나는 발전된 형태이다. 놀이는 아동의 신체, 인지, 사회성 발달과 밀접한 관련이 있는 활동이다. 놀이는 개인의 성장과 발달, 그리고 사회적 연대와 결속을 위해 인류의 역사와 함께 떼려야 뗄 수 없는 중요 문화적 활동이 되었다. 예를 들면, 러시아 역사문화심리학자인 비고츠키(Vygotsky, 1978)와 그의 동료들은 놀이를 활용하여 아이들의 인내심과 학습능력을 향상시킬 수 있음을 실험을 통해 밝혀냈다. 이 실험에서, 오랫동안 가만히 있지 못하는 아이들도 자신이 경비 역할이라고 생각하면 인내심이 강해졌다. 그리고 상점에 가서 사올 물건을 외운다고 생각하면 단어를 외우는 것이 훨씬 더 쉬워진다는 점을 발견하기도 하였다.

　　아동의 성장과 함께 놀이도 따라서 복잡해진다. 피아제(Piaget, 1962/2013)는 아동이 발달하면서 놀이도 함께 발달한다고 주장하였다. 그 첫 번째가 연습놀이로 자신의 신체를 움직이는 과정을 통해 세상을 배워나간다. 대체로 몸을 반복적으로 움직이거나 신체의 감각운동을 연습하면서 즐거움을 추구하는 영아들의 놀이형태이다. 좀 더 자란 2~7세가량 아이들은 소꿉놀이와 같은 상징놀이들을 한다. 아동은 물 마시는 척하기, 잠자는 척하기, 먹는 척하기 등과 같은 행동과 관련되는 가작화(pretending)의 초기행동에서 점차 다른 사람이나 사물에 대한 가작화로 발전해가며 타인과 세상을 놀이를 통해 이해하게 된다. 이런 아이가 자라서 초등학교에 갈 무렵이면, 놀이는 또 다른 국면에 이른다. 규칙이 있는 놀이, 즉 게임이 나타난다. 이미 정해진 내용대로 놀이규칙을 적용하거나

*87*

자기들끼리 합의하여 놀이규칙을 정하기도 한다. 놀이로서 게임은 아동들에게 집단의식과 도덕적 규칙뿐 아니라 세계를 구성하고 있는 원리와 이런 원리를 다양한 방식으로 적용해보는 연습의 계기가 된다.

놀이는 고등동물들의 유아기에 공통적으로 나타난다는 점에서, 인간만이 가지는 고유활동이라고 보기 어렵다(Brown, 2009). 그러나 놀이 중, 복잡하고 정밀한 규칙을 공유해야 가능한 게임은 인간만이 가능한 활동이다. 즉 놀이는 사람과 동물이 함께 할 수 있지만, 게임은 사람끼리만 할 수 있다. 놀이 연구자인 서튼스미스(Sutton-Smith, 2009)는 놀이를 적응 잠재성(adaptive potentiation)의 개념으로 보았다. 적응 잠재성이란 놀이를 통해 다양한 선택이나 대안들을 고려할 수 있는 능력으로 융통성을 키워준다고 보았다. 이런 적응 잠재성의 개념은 후기에 놀이의 적응 가변성(adaptive variability)이란 개념을 통해 더욱 확장된다. 적응 가변성은 신경과학을 기반으로 한 뇌 발달이론과 진화론에 기초한 것으로, 인간의 진화에서 가장 중요한 특성이 생리학적, 행동적 가변성인데, 이 점이 놀이의 가변성과 유사하다는 것이다. 즉 놀이가 뛰어난 적응력을 보유한 현생 인류를 만들었다는 의미가 된다. 그리고 그 정점에 게임이 있다는 의미와 일맥상통한다. 연구들이 축적될수록, 게임은 우리가 생각하는 것보다 훨씬 더 깊은 영역에서 더 중요한 역할을 수행하고 있다는 점이 반복적으로 드러나고 있다. 그리고 게임의 이런 중요한 기능은 디지털 시대에도 여전히 유효하다. 이제 어지러운 현상들에 현혹되기보다는 이런 현상을 만들어내는 심층적인 심리로 눈길을 돌릴 때가 된 것이다.

청소년에게 게임을 허하라

# 2. 게임의 심층심리학

## 1) 인간의 발달과 게임

게임은 '재미'라는 긍정적인 경험하기 위한 대표적인 활동이다. 재미를 포함하고 있는 쾌감은 사람의 적응에서 아주 중요한 안내자의 역할을 수행한다. 20세기 초 프로이트(S. Freud)가 '리비도(libido)'라고도 부른 쾌감은 아주 어릴 적부터 움직임을 이끄는 에너지이며, 쾌감의 충족과 불충족의 역사에 따라 개인의 성격이 형성된다는 이론을 주장했다. 그리고 이런 이론은 근대의 진화심리학을 통해서 반복적으로 입증되고 있다 (Buss, 2015).

카바낙(Cabanac, 1992)은 쾌감을 뇌의 성장과 발육에 필요한 '보편통화(the common currency)'라고 불렀다. 아기들은 무엇이 보기 좋고, 듣기 좋으며, 만지기 좋고, 맛이 좋고, 냄새가 좋은지 아주 잘 구별한다. 이런 세부적인 것들은 모두 보편적 통화, 즉 쾌감을 통해 안내된다. 보편통화 쾌감으로 인해 아무리 미숙한 아기도 정상적인 뇌 발생을 촉진하기 가장 좋은 감각 경험을 찾아낸다. 그리고 이런 경향은 성인이 된 후에도 지속되며, 성인의 인지와 행동에 근본적 영향을 미치는 강화물들의 체계를 형성한다(Wallenstein, 2008).

이와 관련된 연구 하나를 소개한다. 10일 동안 하루에 1시간씩 액션 게임을 한 대학생들은 다양한 과제를 수행할 때 기억력과 집중력이 향상되는 것으로 보고되었다. 특히 게임 점수가 높은 사람들은 게임 외적 상황에서도 높은 집중력과 기억력을 유지하였다(Green & Bavelier, 2003).

또 다른 연구(Durkin & Barber, 2002)에 따르면, 게임을 적당히 한 학생들은 게임을 전혀 하지 않는 학생들이나, 지나치게 많이 하는 학생들에 비해 학업 성적이 더 좋았는데, 흥미로운 점은 게임을 전혀 하지 않는 학생들의 학업 성취도가 가장 낮았다는 것이다. 게임에서 목표를 달성하면, 쾌감에 작용하는 신경전달물질인 도파민(dopamine)이 사람의 몸에서 분비된다. 그리고 도파민이 분비된 활동은 생리적으로 강화가 되어 비슷한 상황에서 자연스럽게 반복하도록 유도된다.

그러나 쾌감은 숙달되면 사라진다는 점에서 역설적이다(Koster, 2004). 게임은 숙달되기 전까지만 재미가 있다. 반대로 숙달되어 언제나 이기는 게임은 재미가 반감된다. 게임을 통해 경험하는 재미는 새로운 상황에 대처하는 새로운 기술과 능력을 배우고 익히는 즐거움인 것이다. 공자가 논어에서 말한 '배우고 익히니 어찌 즐겁지 아니한가'[1]라던 구절이 떠오른다. 게임도 마찬가지이다.

### 2) 사회적 인간과 게임

게임은 기본적으로 사회적이다. 게임을 할 때는 거의 대부분 실제적이건, 가상적이건 함께 할 상대나 동료가 필요하다. 게임의 특성 중 하나는 상대를 압도하지 않는다는 것이다. 흔히 게임의 실력 차이가 나면 잘하는 사람에게 핸디캡을 적용하는 방식으로 서로 대등한 게임이 될 수 있는 상태에서 시작한다(Brown, 2009). 또한 서로 대등한 관계가 되기 어

---

1 學而時習之 不亦說乎(『論語』, 「學而」)

려운 상황에서는 '게임이 되지 않는다'라는 표현 역시 흔하게 사용한다. 그리고 게임을 흠뻑 즐기고 난 사람들은 이전과는 다른 친밀함을 느끼게 된다. 그래서 청소년기 아이들이나 친밀한 비즈니스 관계를 원하는 사람들은 어떤 게임이든 찾게 된다.

그런데 승자와 패자가 갈리는 게임은 어떻게 사람을 친하게 만들까? 승자야 그렇다고 쳐도, 게임에 져서 약이 오른 패자에게 어떤 심리적인 효과가 승자와 친밀함을 느끼도록 만드는가에 대해서는 '사회적 백신(vaccine)'으로 설명할 수 있다(Keltner, 2009). 즉 승패가 갈리는 과정에서 나타나는 승자의 약 올리기는 미약하게 패자의 화를 돋우거나 기분을 상하게 만든다. 하지만 이런 미약한 자극은 두 가지의 점에서 백신처럼 긍정적인 효과를 발휘한다. 하나는 서로 신뢰를 확인하는 효과가 있다. 약 올리기는 상처를 줄 능력이 있음을 보여주는 동시에 상처를 줄 의사가 없음을 표시하는 이중적 행위다. 또한 다른 사람이 나를 약 올리도록 허락하는 행위 역시 기꺼이 약자가 되겠다는 의미로 상대에 대한 강한 신뢰의 표시가 된다. 두 번째는 게임에 승리해서 우월해진 상대는 패자에게 긍정적인 감정을 갖게 만든다. 나를 승자로 높여주는 사람을 마다할 사람이 어디 있겠는가? 그래서 게임은 승자와 패자 모두에게 더욱 친밀해지는 계기로 작용한다.

이런 게임 행위는 무의식적으로 진행된다. 그것은 게임 행위가 일어나고 나면 서로 친해진다는 것은 알지만 왜 이런 일이 일어나는지 명확하게 설명하지 못하는 것에서도 알 수 있다. 게임이 사람들의 의식적인 경계를 벗어버리고 무의식적 차원에서 교류를 하는 경험을 주기에 그 효과가 깊고 오래간다고 볼 수도 있다. 그리고 이런 행위는 여자보다 남자에게 더 강력한 효과가 있을 것으로 추론된다(권석만, 2004). 남자와 여자가 생각하는 친밀한 친구의 특성 차이 때문인데 여자가 비밀을 공유하는 사이를 친밀하게 느끼는 반면 남자는 같은 활동을 하는 사이를 친밀하다고 생각한다는 점에서 그렇다. 그래서 많은 남자 청소년들이 집을 놔두고 PC방에서 무리를 지어 게임을 하면서 서로의 우정을 확인하는 것이다.

### 3) 치유와 게임

사람이 왜 게임을 하는가? 아무것도 하지 않았을 때 불행해지기 때문인지도 모른다. 우리가 가장 두려워하는 것은 불안이나 공포가 아니라, '지루함'이라고 일본의 철학자 고이치로(功一郎, 2014)는 주장한다. 그는 자신의 저서 『인간은 언제부터 지루해했을까?』에서 파스칼의 유명한 은유를 끌어들인다. 토끼를 사냥하러 가는 사람은 토끼를 원하는 것이 아니라 지루함을 피하고자 하는 것이 주된 목적이다. 만일 토끼를 필요로 했다면 토끼를 받으면 사냥을 단념해야 하는데, 사냥꾼에게 토끼는 진정한 목적이 아니기에 토끼를 받지 않거나, 토끼를 받아도 사냥을 하러 떠나게 된다는 것이다. 사냥꾼은 지루함, 즉 뭔가를 하고 싶은데 할 수 없는 감정이나 기분을 피하기 위한 방편으로 사냥을 나선 것이다.

게임을 하는 이유 중 '스트레스 해소'라는 응답은 전형적으로 지루함을 벗어나고자 하는 행위이다. 그리고 이런 행위는 정신질환에 대한 치유 효과가 있는 것으로 보고된다. 비디오게임은 8주 만에 정신분열증(조현병) 환자의 망상 증세를 완화시키는 효과를 보였다(Han et al., 2008). 또한 자폐스펙트럼장애가 있는 청소년을 대상으로 한 실험 결과를 보면 6주 동안의 친사회적 게임을 한 뒤 촬영한 뇌 영상에서 감정적인 단어와

**┃ 그림 4.1 ┃ 뇌졸중 환자의 재활로 활용되기도 한 스마트폰 게임 '푸르트 닌자'**

감정에 대한 뚜렷한 반응이 있었다(Bavelier et al., 2011). 그리고 '푸르트 닌자(Fruit Ninja)'와 같은 스마트폰 게임은 뇌졸중 환자 재활에 이용되기도 하였다.[2]

게임이 치유와 관련이 있다는 것은 '놀이치료'의 이론을 통해서도 확인이 가능하다. 기본적으로 놀이치료는 '놀이를 매개로 자기의 감정, 사고, 경험, 행동을 탐색하고 충분히 표현하도록 하여 안전한 관계의 발달을 촉진하는 정신치료의 한 방법'[3]이라고 정의할 수 있다. 게임은 이렇듯 정신장애를 가지고 있는 환자들에게 자신의 해소되지 못한 갈등을 치유하는 효과를 발휘한다. 팔이 아픈 사람이 자신의 팔을 주무르듯, 강박

---

2  http://www.theaustralian.com.au/news/health-science/hi-tech-stimuli-help-to-dull-the-pain/story-e6frg8y6-1226113730661

3  네이버 지식백과, 심리학 용어사전(http://terms.naver.com/entry.nhn?docId=2118662&cid=41991&categoryId=41991) 참조.

제 4 장  심리학으로 본 게임과 게임을 하는 청소년

적 게임 이용은 심리적인 불편함을 해소하기 위한 자가치유(Self-Healing)의 행위일 가능성이 시사된다. 즉 게임은 심신의 문제를 일으키는 원인이 아니라, 심신의 문제를 해결하기 위한 치유적 행위일 수 있다.

## 3. 게이머의 게임 이용동기

심리학의 주요 접근 중 행동의 근원적 원인을 다루는 동기의 차원에서 게이머를 분석하고자 한다. 동기에 대한 정의는 다양하지만, '인간의 행동을 추진하는 심리적 요인'이라는 정의가 가장 널리 사용되고 있다. 게임은 대표적인 내재적 동기(intrinsic motivation)의 사례이다. 즉 외부에서 무언가가 제공되기 때문에 한다기보다는 그 행위 자체가 재미있어서 한다는 입장이다. 여기서는 대표적인 내재적 동기이론인 몰입(flow) 이론과 자기결정성 이론(self-determination theory)을 통해 게이머들이 왜 게임을 하는지를 동기심리학적 차원에서 살펴보겠다.

### 1) 몰입 이론

몰입(flow)은 '무언가에 흠뻑 빠져 있는 심리적 상태'를 의미한다. 몰입 이론은 크로아티아 태생 미국 심리학자인 칙센트미하이(Csikszent-mihalyi, 1997)에 의해 주도된 이론으로 행복과 관련된 긍정심리학의 핵심 이론이기도 하다.

청소년에게 게임을 허하라

몰입은 다섯 가지의 측면에서 독특한 심리적 현상이 발생되는데, 이것을 게임에 대입해 설명하겠다. 첫째, 몰입상태에서는 현재 수행 중인 게임에 대한 강력한 주의집중이 일어난다. 이런 주의집중은 억지로 노력해서 일어나는 것이 아니라 수행 중인 게임에 대한 흥미와 즐거움으로 인해 자발적으로 발생한다. 둘째, 몰입상태에서는 행위와 인식의 융합이 일어난다. 흔히 무아지경이라고 부르는 경지로 게임상의 캐릭터와 내가 하나가 된 듯한 느낌을 받는다. 셋째, 몰입상태에서는 시간의 흐름을 망각한다. 게임을 하다 보면 시간이 빠르게 지나감을 느끼는 것을 통해 나타난다. 넷째, 현재 게임에 대한 강하고 완전한 통제감을 느낀다. 게임의 승패에 대한 걱정이 사라지고 주의집중이 일어남에 따라 모든 것을 내가 주도하는 듯한 느낌을 갖게 된다. 마지막 다섯째, 몰입은 자기충족적 속성을 지닌다. 즉 다른 목적을 위한 것이 아니라 게임 자체가 재미있어서 즐긴다는 것이다. 대체로 이런 경험을 할 때, 논리적인 사고와 관련된 좌뇌의 활동수준은 낮아지는 반면 공간 지각력과 관련된 우뇌의 활성화가 일어난다.

몰입은 개인의 성격특성보다는 과제대상의 특성이나 조건에 더 많은 영향을 받는다. 이런 조건에는 크게 분명한 목표, 즉각적인 피드백(feedback), 그리고 과제와 난이도의 적절한 균형 등의 세 가지 요인이 있다.

우선 목표는 게임 플레이어가 성취해야 하는 구체적인 결과이다. 그런데 게임에는 목표와 함께 규칙이 존재한다. 이 규칙은 주로 목표를 쉽게 달성하지 못하게 만드는 제약의 기능을 한다. 이런 제약들로 인해 창의성이 발휘되고 전략적 사고가 활성화된다. 두 번째는 즉각적인 피드백이다. 게임에서 피드백은 플레이어가 목표에 얼마나 다가갔는지를 알려주는 점수, 레벨, 진행률 등의 형태로 나타난다. 세 번째는 플레이어의 능력(skill) 수준과 게임의 난이도가 적절한 균형을 이루어야 한다. 초보자는 쉬운 레벨일 때 몰입이 일어나고, 고수는 어려운 레벨일 때 몰입이 쉽게 일어난다. 만일 초보자가 자신의 수준보다 높은 레벨의 게임을 하게 되면 '불안'을 경험하고, 반대로 수준이 높은 사람이 낮은 레벨의 게임을 하면 '권태'를 느끼게 된다.

몰입 이론은 게이머들이 왜 게임에 몰입하는지뿐만 아니라 게이머들이 왜 게임을 그만두는지를 함께 설명해준다. 목표가 불분명하거나 새로운 목표를 제시되지 못할 때 재미가 떨어진다. 그뿐만 아니라 목표를 달성하는 규칙이 명확하고, 공평해야 한다. 만일 규칙이 게이머들에게 공평하게 적용된다고 여기지 못하면 몰입이 발생하지 못한다. 즉각적인 피드백 역시 중요하다. 피드백이 일어나지 않거나 기간이 지체되면 몰입이 일어나기 어렵다. 특히 온라인게임의 경우 운영과 관련된 피드백은 이용자들의 충성도와 밀접한 관련이 있다. 마지막으로 수준과 난이도 균형이다. 게이머가 더 이상 수준이 올라가지 못하는 정체상태나 최고레벨까지 수준이 올라갔음에도 불구하고 그에 상응하는 레벨의 과제가 제공되지 못하는 경우가 있다.

### 2) 자기결정성 이론

몰입 이론이 게임에서 경험하는 재미의 구조적 특성을 설명한 반면 게이머의 특성을 반영하는 것에는 한계가 있었다. 이런 한계를 극복한 자기결정성 이론은 라이언과 데시(Ryan & Deci, 2000)에 의해 주도되었다.

청소년에게 게임을 허하라

자기결정성 이론(Self-determination theory)의 주요 가정은 다음과 같다. 인간은 성장하고 통합하려는 선천적인 경향성을 지니며, 이와 관련된 내재적 동기(유능성, 관계성, 자율성)를 지닌다. 이런 내재적 동기가 만족될 때 자신의 삶과 행위를 스스로 결정한다는 자기결정감의 동기가 유발된다. 자기결정성 이론은 내재적 동기를 증진하는 심리적 과정을 설명하기 위해 기본심리욕구 이론, 인지적 평가 이론, 유기체적 통합 이론, 원인방향성 이론 등 4개의 작은 이론들로 구성되어 있다. 게임을 적용해 이론의 자세한 내용을 살펴보기로 한다.

## (1) 기본심리욕구 이론

자기결정성 이론은 유능성, 관계성, 자율성의 세 가지 내재적 동기가 인간의 가장 근본적인 동기라는 가정에 기반하고 있다. 우선 유능성(competence)은 환경에 효과적으로 대응할 수 있는 숙달된 경험을 추구하는 성향이다. 게임의 경우 레벨이나 실력 혹은 영향력 등이 늘어가는 느낌이 유능성에 해당된다. 두 번째는 관계성(relatedness)이다. 서로에게 지지적인 성향을 가지고 있는 인간관계를 맺게 되었을 때 재미를 느끼게 된다. 게임성은 좋지만 이용자가 드물다면 관계성의 측면에서 그 게임은 재미가 반감될 가능성이 높다. 세 번째로 자율성(autonomy)이다. 삶의 중요한 문제에 독자적인 결정을 내리고자 하는 성향이다. 즉 누가 시켜서 하거나 의무로 하는 것은 재미가 없는 이유가 된다.

### (2) 인지적 평가 이론

동기는 인지적 평가에 영향을 받는다. 즉 어떻게 사고하고 판단하느냐에 따라 똑같은 행위도 동기가 달라질 수 있다는 것이다. 특히 유능감의 경우, 내가 잘할 수 있고 믿는 과제에 내재적 동기 즉 재미를 더 느끼게 된다는 것이다. 인지적 평가 이론(cognitive evaluation theory)은 단순하게 어떻게 하는가 방법이나 결과를 보여주는 것만으로 재미가 일어나는 데 한계가 있음을 알려준다. 게임의 조작이 너무 어려워 따라 하기 어렵다면 재미를 느끼기 힘들다. 그래서 좋은 게임의 속성인 '입문은 쉽게, 숙달은 어렵게(easy to learn, hard to master)'라는 슬로건은 게임을 바라보는 유저의 수준에 따른 인지적 평가가 어떠해야 하는지를 상징적으로 보여준다.

### (3) 유기체적 통합 이론

유기체적 통합 이론(organismic integration theory)은 내재적 동기가 어떻게 점진적으로 발달하는지에 대한 설명을 보여준다. 내재적 동기는 처음부터 발생하는 것이 아니라 '동기의 결여-외재적 동기-내재적 동기'로 이어지는 일련의 과정을 통해 형성된다. 먼저 자신과 무관하게 결정된 행동에 대해서는 전혀 동기를 못 느끼는 '동기의 결여' 상태가 나타난다. 그다음 '외재적 동기' 단계로 '외부적 조절', '내사된 조절', '동일시 조절', '통합된 조절' 등의 단계를 거쳐 내재적 동기인 '내재적 조절'로 변환된다. 이를 게임 상황에 적용시켜보면, '처음 출시된 게임'은 '동기 결여 상태'에서 출발해서 다른 친구들이 하니까 함께 어울리려고 하는 '외부적 조절'이 나타난다. 그리고 조금 익숙해지면 다른 친구들보다 못하면 창피

98

하니까 열심히 하게 되는 '내사된 조절', 그리고 다른 친구들보다 조금 더 잘하고 싶은 욕망이 커지는 '동일시된 조절', 그리고 다른 친구들에게 자랑할 만한 수준의 '통합된 조절', 마지막으로 누가 있든, 없든 그 자체가 재미있어 즐기게 되는 '내재적 조절' 단계로 이행하게 된다.

여기서 시사점은 순수한 내재적 동기가 존재한다기보다는 외재적 동기가 내면화된 형태로 변화된 내재적 동기를 가지고 있을 가능성이다. 즉 처음부터 재미있어서 게임을 즐긴다기보다는 하다 보니 재미있어서 게임을 즐긴다는 설명이 가능하다.

### (4) 원인 방향성 이론

원인 방향성(causuality orientation)이란 자신이 스스로 결정한 것인지, 아니면 외부적 영향에 의해 결정된 것으로 여기는지에 대한 태도를 말한다. 즉 어떤 행동이 스스로의 결정에 의해서 했다고 여기면 내재적 동기가 강해지는 반면, 누군가 시켜서 했다고 생각하면 내재적 동기가 낮아진다는 것이다. 이것은 역설적으로 '금지'하는 행위가 내재적 동기를 높일 가능성을 시사한다. '금지'하는 행위를 하는 것은 전적으로 자신이 결정했기 때문이다. 반대로 스스로 하고 있는 것을 누군가가 시키면 내재적 동기가 급격히 약화될 가능성이 높다. 이런 맥락에서, 게임을 학교에서 가르치고 시험을 보는 게임교육은 게임을 하는 원인의 방향성을 스스로가 아닌 외부의 압력에 의해 결정되었다고 느끼기에, 이제까지 하던 게임이 재미없어질 가능성이 높다. 뒤집어 설명하자면, 게임이 청소년에게 인기가 높은 가장 주된 이유는 교사와 부모의 게임에 대한 반감이 큰 공헌을 했음에 틀림없다. 최소한 이 이론에 의하면 말이다.

### 3) 비싼 신호 이론

게임이 재미있다고 해서 모두 인기를 얻는 데 성공하는 것은 아니다. 청소년이 열광하는 게임은 다른 친구들이 많이 하는 게임이다. '내가 재미있어서 게임을 한다기보다는 다른 친구들이 재미있어 하는 것을 나도 한다'고 표현하는 것이 더 적합하다. 이런 점에서 단순히 게임과 게이머의 관계가 아니라, 게임머와 게이머 간의 관계 속에 재미의 더 본질적인 측면이 숨어 있는 것 같다.

이런 현상에 대해서 진화심리학은 '비싼 신호 이론(Costly signaling theory)'으로 설명한다(Zahavi, 1975). 수컷 공작새가 화려한 깃털을 가지게 된 것은 천적들에게 들켜 먹이가 되는 위험보다 암컷에게 매력적으로 보여 선택을 받는 것이 장기적으로 이득이기 때문에 진화되어왔다는 것이 설명의 요지이다. 여기서 핵심은 수컷의 우월함을 알려주는 비싼 신호는 경쟁자들보다 유능하다는 것을 알려주는 심층적 동기(deep motivation)이다.

비싼 신호 이론은 청소년들, 특히 남자 청소년이 왜 일부 게임에만 열광하는가를 잘 설명해준다. 친구들 사이에서 인기 있는 게임을 잘해서 또래친구들보다 더 우월하다는 것을 보여주기 위함이다. 특히 청소년들은 자기가 잘하는 게임을 지속하기보다는 인기를 끄는 새로운 게임으로 몰리는 경향이 강하다. 뿐만 아니라 자기의 게임실력과는 상관없이 게임상에서 드러나는 신호인 '높은 레벨'을 얻기 위한 '대리 게임'이나 '핵'이라고 흔히 불리는 부정프로그램(abusing program)의 사용이 문제가 되는 것도 이 이론으로 설명된다. 또한 짝짓기가 끝나는 연령이 되면, 경쟁 게임에 몰두하는 성향이 낮아지는 것 역시 비싼 신호 이론으로 설명할 수

청소년에게 게임을 허하라

있다.

비싼 신호로서의 게임은 과거 청소년들의 과시용 비싼 신호였던 비행행동들(예를 들면, 오토바이 폭주, 본드 흡입, 패싸움 등)과 비교하면 매우 안전하면서도 저렴한 것으로 바뀌었음을 알 수 있다. 이런 점에서 청소년들의 생활을 관리하는 교사와 부모들이 게임에 감사해야 할 이유가 충분하다. 적어도 진화심리학적 관점으로 보았을 때 그렇다는 의미이다.

# 4. 게임포비아: 게임중독과 규제의 심리학적 기반

게임에 대한 심리학적 연구의 중요 축은 게임에 대한 역기능 연구이다. 이러한 연구들은 주로 게임과 관련된 병리적 현상이나 사회적 문제에 초점을 맞추어 연구를 진행하는 특성이 있다. 여기서는 크게 뇌의 생리적인 측면에서 접근하는 '중독 뇌'의 접근과 부적응적인 성격의 특성에 초점을 맞추어 접근하는 '충동성'의 측면에서 연구의 경향과 논쟁을 살펴보고자 한다.

## 1) 게임 뇌

일본 학자 모리 아키오가 2002년 저서 『게임 뇌의 공포』에서 주장한 신조어로 간단하게 정리하면, 게임 등의 화상 정보를 다량으로 접하는 인간의 뇌파가 치매 환자와 같이 된다는 가설이다. 국내에서도 이와 비슷한 맥락의 연구가 진행된 적이 있는데, 게임중독자가 코카인중독자처럼 뇌 안와전두피질의 기능에 이상이 생겨 미래를 생각하지 못하고 당장의 이득만 추구하게 된다고 주장하였다(Park, et al., 2010). 또 다른 사례로 유럽 14세 청소년 154명 뇌를 촬영한 결과 일주일에 9시간(평균치) 이상 게임을 한 청소년의 뇌는 왼쪽 줄무늬체가 훨씬 더 커져 있었다(Kuhn et al., 2011). 이 부분은 쾌락을 요구하는 뇌의 보상중추로, 마약중독에 빠지면 그것이 커진다고 한다.

하지만 이런 연구들은 게임의 유해성을 입증하는 것이 아니라는 반론도 만만치 않게 제기되고 있다. 우선 뇌에서 쾌감과 관련된 부위는 돈이나 맛있는 음식, 즐거움을 경험할 때도 활성화되는 보상의 일반 중추이기 때문에 게임 뇌가 마약 뇌와 같다는 설명을 무색하게 한다. 즉 게임 뇌와 마약 뇌가 같다는 설명은 마약 뇌와 음식 뇌가 같으니 음식이 위험하다거나 반대로 마약 뇌가 정상이라는 설명과 다르지 않기 때문이다. 그뿐만 아니라 선후관계에서 장시간 게임이 뇌를 그렇게 만들었는지, 아니면 뇌의 그 부위가 큰 사람이 장시간 게임을 하는지 역시 분명하지 않기에 게임 뇌는 단편적인 사실을 보여주는 수준에 머물고 있다(Greenfield, 2015). 반대로 게임과 뇌 이상과 관련이 없다는 연구 역시 제시되고 있다는 점에서 게임 뇌의 이론이 과학적인 검증이 완료되었다고 판단하기는 어렵다.


**2) 충동성**

게임중독의 주된 증상으로서 충동성은 크게 폭력성과 주의력 결

청소년에게 게임을 허하라

핍 등의 제어 능력에 문제가 발생된다는 의견이 지배적이다(예를 들면, Anderson et al., 2010; Griffiths, 1999). 그러나 앞의 게임 뇌와 마찬가지로 반대되는 연구결과들 역시 많이 있다. 최근의 한 연구(Ferguson & Garza, 2011)에서는 부모가 자녀의 게임 관련 행동에 관심을 갖고 지켜보는 경우, 자녀가 게임을 많이 할수록 그 자녀가 더 친사회적 태도를 보였다는 것이 밝혀졌다. 반대로 부모가 자녀가 어떤 게임을 하는지, 얼마나 하는지 등에 별 관심이 없으면 이러한 효과는 일어나지 않았다. 또한 폭력적 게임을 많이 하는 청소년일수록 오히려 온라인에서의 친사회적 행동은 증가한 것으로 밝혀졌는데, 이는 폭력적 게임들이라 할지라도 어느 정도의 협동을 요구하는 최근의 경향에 비추어보았을 때 근거가 있는 것으로 보인다.

퍼거슨(Ferguson, 2010)은 게임이 공격 행동을 유발한다는 주장에 대해 폭넓게 검토한 결과, 폭력적 게임이 본격적으로 유행하기 시작한 1990년대 중반 이후 살인율은 오히려 지속적으로 감소해왔는데, 이는 폭력적 게임이 공격 행동을 유발한다는 주장이 경험적으로 지지받지 못함을 시사한다.

# 5. 결론: 게임은 문제의 원인인가, 결과인가

인간의 고유한 정신기능을 반영하는 문화적 산물이자, 적응기제였던 게임이 왜 문제가 되었는가? 그리고 최근의 청소년들은 왜 게임에 몰두하는가? 앞서 검토한 심리학적 결과들을 볼 때 게임이 유해하다는 분명한 증거는 나타나지 않았다. 반대로 게임이 학습과 치료 그리고 사회적 유대 등 많은 적응적 기능을 보여주는 사례는 풍부하게 많았다.

그렇다면 게임이 문제가 아니라 게임을 할 수밖에 없도록 만든 현대 사회의 조건들을 의심해볼 필요가 있다. 이런 상황을 충분히 의심해볼 만한 실험을 마지막으로 소개한다. 알렉산더 교수는 '쥐 공원(Rat Park)'이라는 연구를 실시해 유명해졌다(Alexander & Hadaway, 1982). 이 연구는 작은 우리에 격리하여 가둬놓은 쥐들이 스트레스를 해소할 목적으로 모르핀을 사용했을 수도 있다는 의심에서 시작되었다. 그래서 쥐들에게 스트레스를 전혀 주지 않는 쾌적한 '쥐 공원'을 만들고 실험한 결과를 기존의 연구와 비교해보았다. 결과는 놀라웠다. 격리되어 스트레스를 받은 쥐들은 모두 '마약중독자'가 되었지만 쾌적한 '쥐 공원'에서 살던 쥐는 모르핀을 선택하는 경우가 매우 적었던 것이다. 즉 중독은 세포 수준의 생리적인 문제가 아니라 사회문화적인 환경과 더 밀접한 관련이 있다는 점이 시사된다.

이런 연구를 현재 게임에 몰두하는 청소년들에게 그대로 대입해도 무리가 없다고 판단된다. 학교 공부도 부족해서, 학원에 과외로 내몰리는 학생들에게 자율성의 욕구를 충족시켜줄 수 있는 현실적인 대안은 게임 외에 없다. 그리고 취업, 결혼, 자녀 포기라는 N포 세대에게 좌절감을 극복하고 유능성과 관계성을 회복할 수 있는 현실적인 창구가 게임일 수도 있음을 고려할 때가 왔다. 이제 게임에만 집중했던 시선을 게임을 하는 청소년의 심리와 그 청소년의 생활 환경에까지 확장시켜야 한다. 그래야 현재보다 더 합리적이고, 현실적인 문제의 원인과 해결방안을 모색할 가능성이 높아지기 때문이다.

청소년에게 게임을 허하라

# 참고문헌

권석만(2004). 『젊은이를 위한 인간관계의 심리학』. 학지사.

문화체육관광부 · 한국콘텐츠진흥원(2015). 『2015 대한민국 게임백서』.

한국여가문화학회(2008). 『현대 여가연구의 이슈들』. 한올출판사.

고쿠분 고이치로(国分功一郎, 2014) 『인간은 언제부터 지루해했을까?: 한가함과 지루함의 윤리학』(최재혁 옮김). 한권의책.

모리 아키오(森昭雄, 2002). 『게임 뇌의 공포』(이윤정 옮김). 사람과책.

Alexander, B. K., & Hadaway, P. F.(1982). "Opiate addiction: The case for an adaptive orientation." *Psychological Bulletin*, 92(2), 367.

Anderson, C. A., Shibuya, A., Ihori, N., Swing, E. L., Bushman, B. J., Sakamoto, A., & Saleem, M.(2010). "Violent video game effects on aggression, empathy, and prosocial behavior in eastern and western countries: a meta-analytic review." *Psychological bulletin*, 136(2), 151.

Bavelier, D., Green, C. S., Han, D. H., Renshaw, P. F., Merzenich, M. M., & Gentile, D. A.(2011). "Brains on video games." *Nature Reviews Neuroscience*, 12(12), 763-768.

Brown, S. L.(2009). 『플레이, 즐거움의 발견(*Play: How it shapes the brain, opens the imagination, and invigorates the soul*)』(윤미나

제 4 장  심리학으로 본 게임과 게임을 하는 청소년

옮김). 흐름출판.

Buss, D.(2011). *Evolutionary psychology: The new science of the mind.* Psychology Press.

Cabanac, M.(1992). "Pleasure: the common currency." *Journal of theoretical Biology*, 155(2), 173-200.

Csikszentmihalyi, M.(1997). *Finding flow: The psychology of engagement with everyday life.* Basic Books.

Durkin, K., & Barber, B.(2002). "Not so doomed: Computer game play and positive adolescent development." *Journal of applied developmental psychology*, 23(4), 373-392.

Ferguson, C. J.(2010). "Blazing angels or resident evil? Can violent video games be a force for good?." *Review of General Psychology*, 14(2), 68.

Ferguson, C. J., & Garza, A.(2011). "Call of(civic) duty: Action games and civic behavior in a large sample of youth." *Computers in Human Behavior*, 27(2), 770-775.

Green, C. S., & Bavelier, D.(2003). "Action video game modifies visual selective attention." *Nature*, 423(6939), 534-537.

Greenfield, S.(2015). 『마인드 체인지(*Mind change: How digital technologies are leaving their mark on our brains*)』(이한음 옮김). 북라이프.

Griffiths, M.(1999). "Violent video games and aggression: A review of the literature." *Aggression and violent behavior*, 4(2), 203-212.

Han, D. H., Sim, M. E., Kim, J. I., Arenella, L. S., Lyoo, I. K., & Renshaw, P. F.(2008). "The effect of internet video game play on clinical and extrapyramidal symptoms in patients with schizophrenia." *Schizophrenia research*, 103(1), 338-340.

청소년에게 게임을 허하라

Huizinga, J.(1993). 『호모루덴스(*A Study of the Play Element in Culture*)』(김윤수 옮김). 도서출판 까치.

Keltner, D.(2009). *Born to be good: The science of a meaningful life.* WW Norton & Company.

Koster, R.(2004). 『라프 코스터의 재미이론(*Theory of Fun for Game Design*)』(안소현 옮김). 디지털미디어리서치.

Kühn, S., Romanowski, A., Schilling, C., Lorenz, R., Mörsen, C., Seiferth, N., … & Conrod, P. J.(2011). "The neural basis of video gaming." *Translational psychiatry*, 1(11), e53.

McGonigal, J.(2012). 『누구나 게임을 한다(*Reality is broken: Why games make us better and how they can change the world*)』(김고명 옮김). 알에이치코리아.

Park, H. S., Kim, S. H., Bang, S. A., un Yoon, E., Cho, S. S., & Kim, S. E.(2010). "Altered Regional Cerebral Glucose Metabolism in Internet Game Overusers: A 18 F-fluorodeoxyglucose Positron Emission Tomography Study." *CNS Spectrums: The International Journal of Neuropsychiatric Medicine*, 15(3).

Piaget, J.(1962/2013). *Play, dreams and imitation in childhood*(Vol. 25). Routledge.

Ryan, R. M., & Deci, E. L.(2000). "Self-determination theory and the facilitation of intrinsic motivation, social development, and well-being." *American psychologist*, 55(1), 68.

Sutton-Smith, B.(2009). *The ambiguity of play.* Harvard University Press.

Vygotsky, L. S.(1978). "The role of play in development." *Mind in society*, 92-104.

Wallenstein, G.(2008). 『쾌감본능: 우리는 왜 초콜릿과 음악, 모험, 페

로몬에 열광하는가(*The pleasure instinct: why we crave adventure, chocolate, pheromones, and music*)』(김한영 옮김). 은행나무.

Zahave, A.(975). "Mate selection: a selection for a handicap." *Journal of theoretical Biology*, 53(1), 205-214.

# 저자 약력

**이 장 주**

중앙대학교 심리학 박사

현    이락디지털문화연구소 소장

〈주요 논문〉

「초연결사회 속의 인간관계 특성 탐색: 웰니스(well-ness), 고독, 사회관
    계 피로의 피로를 중심으로」(2015)

「온라인게임에 대한 인식 유형과 그 특성에 대한 연구」(2013)

〈주요 저서〉

『사회심리학』(2016)

『여자와 남자는 왜 늘 평행선인 걸까』(2016)

『현대 여가연구의 이슈들』(2008)

# 남학생의 게임, 여학생의 게임

원 일 석

  청소년에게 있어 온라인게임과 스마트폰 게임은 이미 생활의 일부가 되었다. 부모님이나 선생님의 시각으로 볼 때 청소년은 이미 우리가 모르는 여러 게임을 거의 다 해보았으며, 남학생과 여학생 구별 없이 비슷비슷한 게임을 즐기는 것 같아 보인다. 그러나 자세히 살펴보면 남학생과 여학생이 하는 게임들은 장르에서부터 형식까지 대단히 많은 차이점을 가지고 있다. 이 장에서는 향후 올바른 게임 습관을 지도하기 위한 정보가 될 수 있도록 청소년기의 남학생과 여학생이 하는 게임의 차이점을 알아보고, 남학생과 여학생이 선호하는 게임들의 종류에 대해서 살펴보고자 한다. 이를 위해서 강북과 강서 인터넷 중독예방 상담센터의 설문조사 결과와 한국콘텐츠진흥원의 게임 백서 조사결과를 기반으로 남학생과 여학생의 게임 관련 특징을 찾아내고자 한다. 그리고 여러 기존 문헌과 경험을 통해 남녀 게임 성향에 대한 차이와 각자 즐기는 게임에 대하여 게임 장르와 이름들을 함께 확인해본다. 마지막으로 여학생들의 게임 문화의 변화에 대해 살펴보고자 한다.

# 1. 남녀 생활의 어떠한 차이가 게임 문화의 차이를 부르는가

먼저 청소년의 게임 문화에 영향을 끼칠 수 있는 특징을 찾기 위해 청소년들이 어떤 생활을 하고 있으며, 어떤 생각을 하고 있는지 알아본다. 〈표 5.1〉은 청소년 남녀 응답자별 친구와의 대화시간에 대해 알 수 있는 조사결과이다. 이와 함께 〈표 5.2〉에서 다룬 부모님과의 대화시간에 대한 조사결과를 함께 비교해보자. 남녀 청소년 모두 '1시간 이상 친구들과 대화'하는 비율이 '부모님과 1시간 이상 대화'하는 비율보다도 많다. 이렇듯 우리 청소년은 부모님보다도 친구들과 더 많은 시간 동안 대화를 한다고 볼 수 있다. 이를 조금 더 깊이 생각해보자. 자녀들은 부모님과 '생활에 필요한 중요 대화'를 제외한다면 공통 관심사나 취미 등 다른

┃표 5.1 ┃ 청소년 응답자 남녀별 친구의 대화시간(N=6,061, 단위: %)

| 구분 | | 거의 없음 | 10분 미만 | 10~ 20분 | 20~ 30분 | 30~ 60분 | 1시간 이상 | 2시간 이상 | 무응답 |
|---|---|---|---|---|---|---|---|---|---|
| 성별 | 남자 | 2.9 | 3.6 | 7.2 | 12.2 | 15.2 | 26.2 | 31.5 | 1.2 |
| | 여자 | 1.2 | 2.1 | 5.4 | 11 | 16.8 | 28.7 | 34.1 | 0.7 |

출처: 강북인터넷중독예방상담센터/강서인터넷중독예방상담센터(2015), 37쪽.

┃표 5.2 ┃ 청소년과 부모님 간 하루 동안 할 수 있는 대화시간(N=6,061, 단위: %)

| 구분 | | 거의 없음 | 10분 미만 | 10~ 20분 | 20~ 30분 | 30~ 60분 | 1시간 이상 | 2시간 이상 | 무응답 |
|---|---|---|---|---|---|---|---|---|---|
| 성별 | 남자 | 4.3 | 7.8 | 14.9 | 21.1 | 19.6 | 17.9 | 14.1 | 0.4 |
| | 여자 | 2.3 | 5.9 | 13.4 | 21.1 | 21.9 | 18.3 | 16.7 | 0.5 |

출처: 강북인터넷중독예방상담센터/강서인터넷중독예방상담센터(2015), 50쪽.

*113*

제 5 장  남학생의 게임, 여학생의 게임

주제에 대해 대화할 시간이 없으며, 이런 이야기들은 친구들과 나눌 수밖에 없다. 이로 인해 친구 간 결속력이 커지며, 함께 즐기는 자신들만의 문화가 생겨난다. 결국 청소년의 여가생활, 놀이문화 등은 또래 문화로 비밀스러워지고, 부모님은 자녀들의 놀이문화에 대해 이해할 수 없는 장벽이 만들어져 접근하기도, 이해하기도 힘들다는 것을 알 수 있다. 많은 부모님들은 아이들의 여가생활이나 놀이문화에 대해 깊게 이해하고 싶겠지만, 대화의 부족이 이를 가로막고 있는 실정이다.

또한 남학생과 여학생의 대화와 관련된 흥미로운 차이를 〈표 5.1〉과 〈표 5.2〉에서 찾아볼 수 있다. 남학생과 비교하여 여학생이 친구들과 대화하는 시간, 부모와 대화하는 시간 모두 다소 더 높다는 점이다. 여학생이 가족과의 대화와 소통에 좀 더 열린 자세를 가지고 있다고 판단된다. 그러나 그 대화시간에 친구와 함께 하고 있는 게임이나 놀이문화에

▌표 5.3 ▌ 청소년 응답자는 자신이 '외롭다'라고 생각하는가(N=6,061, 단위: %)

| 구분 | | 매우 외롭다 | 약간 외롭다 | 보통 이다 | 별로 외롭지 않다 | 외롭지 않다 | 무응답 |
|---|---|---|---|---|---|---|---|
| 성별 | 남자 | 3.7 | 12.0 | 18.0 | 29.9 | 34.6 | 1.7 |
| | 여자 | 3.9 | 18.6 | 23.4 | 32.1 | 21.3 | 0.6 |

출처: 강북인터넷중독예방상담센터/강서인터넷중독예방상담센터(2015), 79쪽.

▌표 5.4 ▌ 청소년 응답자는 자신이 '심심하다'라고 생각하는가(N=6,061, 단위: %)

| 구분 | | 매우 심심하다 | 약간 심심하다 | 보통 이다 | 별로 심심하지 않다 | 전혀 심심하지 않다 | 무응답 |
|---|---|---|---|---|---|---|---|
| 성별 | 남자 | 8.8 | 23.8 | 28.6 | 23.9 | 13.1 | 1.8 |
| | 여자 | 7.4 | 25.4 | 30.7 | 26.1 | 9.7 | 0.7 |

출처: 강북인터넷중독예방상담센터/강서인터넷중독예방상담센터(2015), 82쪽.

청소년에게 게임을 허하라

대해서 부모님과 마음을 터놓고 이야기할 수 있는 여유가 충분하리라고 보기는 힘들 것이다.

　이런 생활 속에서 과연 청소년 스스로는 자신의 생활을 어떻게 평가하고 있을지가 궁금해진다. 이는 〈표 5.3〉와 〈표 5.4〉에서 청소년에게 스스로가 '외롭다' 또는 '심심하다'라고 생각하는지에 대해 조사한 결과를 통해 약간이나마 그 대답을 엿볼 수 있다. 흥미롭게도 〈표 5.3〉의 내용에서 알 수 있듯이 외롭지 않다고 하는 청소년이 더 많다. 그리고 〈표 5.4〉의 답변을 보면 심심하다고 말하는 청소년은 보통이거나 심심하지 않다는 비율과 유사한 것을 알 수 있다. 즉, 우리 청소년들은 '외롭지는 않지만, 조금은 심심한' 나날을 보내고 있다. 함께 지낼 수 있는 친구들과 가족이 있어 외롭지는 않다. 그렇지만 공부 외의 문화, 특히 학교에서 학원, 그리고 집으로 이동하는 아주 잠시 동안의 시간에 제한된 공간에서만 놀아야 하는 것이 우리 청소년 놀이문화의 현재 상황이라고 할 수 있다.

　하지만 여기에서도 남학생과 여학생의 차이를 발견할 수 있다. 남학생은 다소 '외롭지 않다'라는 비율이 높은 데 반해, 여학생은 보통이거나 외롭다는 비율이 남학생 대비 다소 높은 편이다. 이렇듯 남녀 간의 미묘한 차이는 '심심하다'라는 답변에서도 비슷하게 나타난다. 이런 차이는 자신의 외롭고 심심함을 채울 수 있는 놀이문화가 단지 남학생의 전유물이 아니라는 것을 의미한다. 남학생만큼이나 여학생 또한 놀이문화와 여가 시간에 집중할 수 있는 흥밋거리를 원하고 있으며 그 정도에 있어서는 남녀 간 큰 차이가 없다는 것을 이 내용을 통해 설명할 수 있다.

　인터넷과 스마트폰은 이렇게 심심해하는 청소년들에게 흥미롭고

제 5 장　남학생의 게임, 여학생의 게임

재미있는 시간을 보내는 제일 빠르고 확실한 방법일 것이다. 또한 인터넷과 스마트폰은 정보에 접근하기에 저렴하고 손쉬우면서도 즉시 사용자에게 다양한 미디어를 이용한 반응을 보여준다.

그렇다면 청소년들은 인터넷과 스마트폰으로 매일 무엇을 하고 있을지 궁금해진다. 〈표 5.5〉는 청소년들이 인터넷을 할 때 무엇을 제일 많이 하는지를 조사한 내용이다. 남학생들의 경우 단연 게임(73.0%)이 인터넷의 중요 용도이다. 이에 반해 여학생들은 게임(27.1%)보다도 정보검색이나 음악 듣기, SNS 등 인터넷의 기능들을 더 폭넓게 사용하고 있다. 그뿐만 아니다. 〈표 5.6〉의 스마트폰 이용 용도도 마찬가지로 남학생의 스마트폰 게임 비율(50.9%)이 높으며, 여학생들은 스마트폰 게임 비율은 다른 용도에 대비하여 낮은 편(28.7%)이다.

여기에서 흥미로운 부분은 〈표 5.6〉에서 나타난 여학생들의 SNS 이용 비율(72.1%)이다. 여학생들의 경우 남학생들보다 더 활발한 SNS 소통

▌표 5.5 ▌ 청소년 응답자 남녀별 인터넷 이용 용도(N=6,061, 복수응답, 단위: %)

| 구분 | | 정보검색 | 게임 | 음악듣기 | 웹툰소설 | 동영상 | SNS | 학습 | 뉴스보기 |
|---|---|---|---|---|---|---|---|---|---|
| 성별 | 남자 | 54.1 | 73.0 | 38.0 | 38.7 | 36.5 | 28.3 | 18.0 | 16.9 |
| | 여자 | 66.3 | 27.1 | 44.7 | 40.5 | 40.6 | 42.2 | 26.8 | 15.3 |

출처: 강북인터넷중독예방상담센터/강서인터넷중독예방상담센터(2015), 101쪽.

▌표 5.6 ▌ 청소년 응답자 남녀별 스마트폰 이용 용도(N=6,061, 복수응답, 단위: %)

| 구분 | | SNS | 음악듣기 | 정보검색 | 게임 | 웹툰소설 | 동영상 | 뉴스 | 학습 |
|---|---|---|---|---|---|---|---|---|---|
| 성별 | 남자 | 55.7 | 46.8 | 41.6 | 50.9 | 38.2 | 33.1 | 14.4 | 7.5 |
| | 여자 | 72.1 | 55.4 | 45.1 | 28.7 | 37.9 | 36.1 | 13.7 | 10.2 |

출처: 강북인터넷중독예방상담센터/강서인터넷중독예방상담센터(2015), 121쪽.

청소년에게 게임을 허하라

을 하고 있다는 것을 알 수 있다. SNS가 가지고 있는 소셜과 커뮤니케이션이라는 요인이 여학생들에게 게임보다도 더 중요한 매력을 주고 있다는 의미라고 생각된다.

결국, 〈표 5.5〉와 〈표 5.6〉을 청소년의 게임 문화와 관련된 입장에서 생각해보면 남학생들이 여학생들에 비해 상당히 많이 게임에 빠져 있다는 것을 알 수 있다. 이미, 교육현장과 가정에서 많이 체험하고 있겠지만 일부 예외적인 상황을 제외한다면 게임에 심하게 빠진 청소년들은 남학생들이 많아 보인다.

이를 실제 증명하는 〈표 5.7〉은 조사를 진행한 대상 청소년 인원들 중에서 평가된 게임중독의 잠재적 위험자와 고위험자의 비율이다. 이미 충분히 예측했듯이, 게임중독 위험군(잠재적 위험과 고위험을 포함한 인원)에 달해 있는 인원은 남학생 비율(5.1%, 10.5%)이 여학생 비율(1.4%, 3.1%)의 세 배에서 네 배에 이른다. 즉, 청소년 남학생들이 양적으로는 상당히 많이 게임에 중독되어 있다는 것이다.

단, 상담과 지도를 통해 알게 되었던 중독 위험군의 여학생들의 경우 중독 위험군 남학생들과 비교하였을 때 즐기는 게임의 종류와 그 성향이 큰 차이를 보이지는 않았다. 개인적인 경험과 향후 인용되는 연구 조사결과 등을 통해 이후에 다룰 '청소년 여학생의 게임'은 '일반 사용자'군이 하는 게임에 집중해서 설명하고자 한다.

| 표 5.7 | 청소년 응답자 남녀별 게임중독 현황(N=5,920, 단위: %)

| 구분 | | 고위험 | 잠재적 위험 | 일반사용자 |
|---|---|---|---|---|
| 성별 | 남자 | 5.1 | 10.5 | 84.4 |
| | 여자 | 1.4 | 3.1 | 95.5 |

출처: 강북인터넷중독예방상담센터/강서인터넷중독예방상담센터(2015), 165쪽.

제 5 장   남학생의 게임, 여학생의 게임

## 2. 남녀 게임 성향의 차이는 그들의 게임 문화를 어떻게 바꾸는가

　　이제는 우리가 다루는 주제에 접근하여 남녀 청소년의 게임 성향 차이를 알아보자. 먼저 청소년들이 게임을 접하는 시기의 차이는 어떨까? 〈표 5.8〉의 최초 온라인게임 이용 시기와 관련된 내용을 보면 남학생 (45.8%, 31.6%)과 여학생(44.2%, 33.3%) 모두 동일하게 초등학교 시기에 게임을 대부분 시작한다. 특히 친구들과 직접적인 소통이 생긴다는 점에서 커뮤니티를 중요시하는 온라인게임의 특성상 초등학교 저학년 때부터 급격히 늘어난다는 것은 게임이 또래의 문화에서 얼마나 중요한지를 말하는 것이라고 할 수 있다.

　　〈표 5.8〉에서 흥미롭게 봐야 할 것은 취학연령 이전의 3~6세 사이의 남자아이가 온라인게임을 시작하는 비율(13.1%)이 예상외로 높다는 것이다. 아직 한글 읽기가 힘들지도 모르는 아이들이 영어이름의 마법과 무기를 쓰는 온라인게임을 한다는 점은 게임이라는 매체의 특수성이 만들어낸 재미있는 현상이다.

　　청소년 남학생과 여학생의 게임 성향의 큰 차이는 게임을 하는 이

┃표 5.8┃ **청소년 응답자 남녀별 최초 온라인게임 이용 시기**(N=6,061, 단위: %)

| 구분 | | 2세 이하 | 3~6세 | 초등 학교 1~3년 | 초등 학교 4~6년 | 중학교 | 고등 학교 | 안함 | 무응답 |
|---|---|---|---|---|---|---|---|---|---|
| 성별 | 남자 | 0.7 | 13.1 | 45.8 | 31.6 | 4.0 | 1.1 | 1.8 | 1.8 |
| | 여자 | 0.3 | 9.3 | 44.2 | 33.3 | 4.6 | 1.2 | 3.3 | 3.7 |

출처: 강북인터넷중독예방상담센터/강서인터넷중독예방상담센터(2015), 144쪽.

청소년에게 게임을 허하라

| 표 5.9 | 청소년 응답자 남녀별 온라인게임을 하는 이유 (N=6,061, 복수응답, 단위: %)

| 구분 | | 즐겁기 위해서 | 심심해서 | 스트레스 해소용 | 친구와 어울리기 | 스릴을 느끼기 | 가정/학교 고민도피 | 자랑하려고 |
|---|---|---|---|---|---|---|---|---|
| 성별 | 남자 | 63.9 | 44.9 | 44.1 | 24.9 | 18.4 | 3.0 | 2.6 |
| | 여자 | 39.8 | 36.0 | 20.7 | 6.6 | 7.1 | 1.6 | 0.8 |

출처: 강북인터넷중독예방상담센터/강서인터넷중독예방상담센터(2015), 154쪽.

유에서 드러난다. 청소년들이 게임을 하는 이유로, 남학생들은 '즐겁기 위해서'라는 답변(63.9%)이 상당히 많고, '심심해서'(44.9%), '스트레스 해소'(44.1%)로 이어지는 것에 비해 여학생들은 '즐겁기 위해서'(39.8%), '심심해서'(36.0%)가 대부분을 차지하였다(〈표 5.9〉참조). 모두가 재미있고 즐겁기 위해 게임을 하지만, 남학생들은 스트레스 해소 목적으로 게임을 하는 이유가 다소 많다고 할 수 있다.

〈표 5.9〉에서 특이하게 볼 수 있는 게임 문화의 남녀 간 차이는 '친구와 어울리기' 위해서 게임을 하는 비율인데, 남학생(24.9%)이 여학생(6.6%)보다도 더 크다. 여학생들이 소통과 커뮤니티를 중요시한다고 앞에서 설명한 바와 다른 결과를 보이는 것 같지만, 이러한 결과는 다음 절에서 다루는 남녀의 게임 종류의 차이와 밀접한 관계를 가진다. 남학생들은 '스타크래프트'와 같은 전략 시뮬레이션 게임과 '서든어택'과 같은 일인칭 슈팅 게임, 그리고 '리그 오브 레전드'와 같은 AOS 게임을 많이 즐기고 있다. 이런 게임들의 특징은 여러 사람이 함께 무리를 지어 근거리에 모여서(특히 PC방 등에서) 서로 소통하며 즐기는 게임 장르이다. 남학생들이 선호하는 게임 장르의 형식적 차이로 인해 '친구와 어울리기'라는 이유가 유독 큰 비중을 차지한다고 볼 수 있다.

청소년 남학생과 여학생은 게임 지출 성향에서도 큰 차이를 보인다. 〈표 5.10〉에서 볼 수 있듯이 아이템을 구매하는 비중이 남학생(58.6%)

**┃ 표 5.10 ┃** 청소년 응답자 남녀별 아이템 구매 경험(N=6,061, 단위: %)

| 구분 | | 경험 있음 | 경험 없음 | 무응답 |
|---|---|---|---|---|
| 성별 | 남자 | 58.6 | 40.1 | 1.3 |
| | 여자 | 28.1 | 70.5 | 1.5 |

출처: 강북인터넷중독예방상담센터/강서인터넷중독예방상담센터(2015), 165쪽.

**┃ 표 5.11 ┃** 청소년 응답자 남녀별 최초 게임머니나 아이템 구매 시기
(N=2,682, 단위: %)

| 구분 | | 2세 이하 | 3~6세 | 초등학교 1~3년 | 초등학교 4~6년 | 중학교 | 고등학교 | 안 함 | 무응답 |
|---|---|---|---|---|---|---|---|---|---|
| 성별 | 남자 | 0.7 | 1.8 | 18.2 | 49.0 | 23.9 | 4.6 | 0.4 | 1.3 |
| | 여자 | 0.3 | 1.3 | 19.6 | 56.4 | 16.2 | 4.1 | 0.4 | 1.8 |

출처: 강북인터넷중독예방상담센터/강서인터넷중독예방상담센터(2015), 171쪽.

이 여학생(28.1%)에 비해 높다. 또한 게임머니나 아이템을 언제부터 구입하였는지에 대한 답변을 다룬 〈표 5.11〉을 보면 여학생들은 초등학교 고학년(56.4%) 이후에는 지출이 급격히 줄어들지만 남학생은 초등학교 고학년(49.0%)과 중학교(23.9%)를 거치며 게임 관련 물품을 계속 구입하는 것을 알 수 있다.

그리고 〈표 5.12〉의 게임 아이템 평균 구매비용에서 알 수 있는 바와 같이 남학생(49.0%)과 여학생(39.1%) 모두 1회당 5,000~10,000원 사이의 금액을 지출하는 비중이 제일 높다. 전반적으로 보면 여학생들은 1회당 2,000~10,000원 사이의 금액을 쓰는 비율이 다소 높고, 남학생들은 1회당 5,000원 이상의 금액을 지불하는 비율이 다소 높다는 것이다. 즉, 게임에서 아이템을 구입하는 경우 5,000원~10,000원을 기준으로 여학생은 조금 덜 쓰고, 남학생은 조금 더 쓰는 데 익숙하다고 볼 수 있다.

청소년에게 게임을 허하라

(N=2,682, 단위: %)

| 구분 | | 2,000원<br>미만 | 2,000~<br>5,000원 | 5,000~<br>10,000원 | 10,000~<br>20,000원 | 20,000~<br>30,000원 | 30,000원<br>이상 | 없다 | 무응답 |
|---|---|---|---|---|---|---|---|---|---|
| 성별 | 남자 | 8.6 | 15.3 | 49.0 | 16.4 | 5.3 | 3.6 | 0.1 | 1.7 |
| | 여자 | 18.3 | 24.2 | 39.1 | 10.1 | 2.8 | 1.3 | 1.0 | 3.3 |

출처: 강북인터넷중독예방상담센터/강서인터넷중독예방상담센터(2015), 184쪽.

# 3. 남성과 여성이 하는 게임은 어떤 차이가 있는가

최근 청소년들이 하는 게임들의 특성을 살펴보면 '사이퍼즈'나 '세 븐나이츠' 같이 남녀 모두 비슷한 스타일의 게임을 선호하는 경우도 있지 만, 전반적으로 남성과 여성이 선호하는 게임 장르의 차이는 매우 크다는 것을 알 수 있다. 여성 게이머가 게임을 하면서 원하는 목표와 재미요소 들이 남성 게이머와 분명 다르다는 것은 이미 기존 연구들(Green & Adam, 1998)에서 밝혀진 바가 있다. 또한 게임 장르 선호도에 있어서 남성과 여 성 간에 차이가 생기는 이유는 게임의 내용과 형식으로 인해 생긴다고 할 수 있다. 초기 온라인게임들은 전투와 경쟁 등이 주된 게임 진행의 핵심 이었고 이런 갈등 상황에서 문제해결 방법으로 폭력이 수반되는 경우가 많았는데, 이러한 폭력을 남성성으로 받아들이고 여성성에 상반된다는 관념으로 인해 폭력이 문제해결의 도구가 되는 게임 장르일수록 남녀 게 이머들에 의해 그 선호도의 양상이 달라졌다(Dietz, 1998)는 주장이 있다.

*121*

특히, 게임 이용 방식이나 게임 장르 자체에 대한 남성과 여성의 선호도 차이는 해당 게임이 어떤 내용을 다루느냐에 따라 차이가 날 경우도 있다. 남성 게이머가 선호하는 빠른 진행과 전투, 흥미로운 실력 상승 등의 요소보다도 여성 게이머는 시나리오나 게임 분위기를 배경으로 하여 이를 반영한 동영상과 그래픽, 그리고 게임 내부에서 찾아볼 수 있는 목표 달성과 난이도 등 좀 더 복합적이고 다양한 선호요인을 가진다(김민규 외, 2007)는 것이다. 여학생 게이머와 남학생 게이머도 그 차이는 크게 다르지 않을 것이다. 이에 기존 조사결과에서 나오는 남성과 여성의 게임 장르 선호도의 차이를 통해서 청소년 남학생과 여학생이 선호하는 게임 장르의 차이를 짐작해보고자 한다.

남성과 여성의 게임 선호도 차이에서 먼저 생각해봐야 할 것은 선호하는 게임 실행 환경이다. 〈표 5.13〉은 남성과 여성이 어떤 게임 실행 하드웨어 환경을 더 선호하는가에 대한 조사결과이다. 남성의 경우 모바일게임(49.2%)와 온라인게임(36.8%)의 두 하드웨어 플랫폼을 모두 선호하는 데 비해, 여성의 경우 모바일게임(71.0%)이 압도적으로 높다. 물론 온라인게임(21.9%)도 낮은 비율은 아니지만, 여성 게이머의 경우 스마트 미디어와 같은 모바일 하드웨어 플랫폼을 주로 선호한다는 것을 알 수 있다.

┃표 5.13 ┃ 남녀별 게임 분야별 이용 비율(N=1,500, 단위: %)

| 구분 | | 모바일 게임 | 온라인 게임 | PC 패키지 | 휴대용 콘솔 | 비디오 콘솔 | 아케이드 |
|---|---|---|---|---|---|---|---|
| 성별 | 남자 | 354 | 36.8 | 8.6 | 1.6 | 2.2 | 1.5 |
| | 여자 | 71.0 | 21.9 | 3.0 | 2.0 | 1.0 | 1.1 |

출처: 한국콘텐츠진흥원(2015), 354쪽.

청소년에게 게임을 허하라

그렇다면 이러한 하드웨어 선호도 차이를 직접적으로 확인해볼 수 있도록 실제 남성과 여성이 어떤 게임기상에서 어떤 게임을 더 많이 하는지 살펴보자. 〈표 5.14〉를 보면 남성과 여성의 하드웨어 플랫폼별 선호 게임 차이를 볼 수 있다. 남성의 경우 선호하는 게임이 스마트폰에서 할 수 있는 퍼즐 게임(13.9%), 스포츠나 레이싱 게임(12.2%), PC상에서 하는 웹보드 게임(11.0%)이나 AOS 게임(9.4%) 등인 데 반해서, 여성은 스마트폰에서 하는 퍼즐 게임(38.5%), 스포츠나 레이싱 게임(17.2%), 웹보드 게임(10.8%)이 주류를 차지한다. '웹보드 게임'은 카드 등을 이용하는 게임이나 블루마블 형식의 게임과 같은 장르로, 전반적으로 남녀노소가 모두 즐기는 편인 게임임을 고려하면 남성은 스마트폰으로 즐기는 퍼즐 게임과 PC로 즐기는 AOS 장르로 선호도가 편중된다고 볼 수 있다. 특히 AOS 장르의 경우 '리그 오브 레전드'(청소년들은 줄여서 '롤'이라고 부른다)와 같은 게임 장르를 말하는 것으로, 최근 남성들이 많이 하고 있는 게임이다. 여성 게이머의 경우 스마트폰을 통해 즐기는 퍼즐 게임의 선호도가 압도적으로 높으며, 그다음으로는 스마트폰을 이용한 스포츠나 레이싱 게임의 선호도가 높은데, 이는 '다함께 붕붕붕'이나 '다함께 차차차'와 같은 양손 터치의 단순 조종으로도 운전을 할 수 있는 기록경신 게임의 경우 진행이

**┃표 5.14┃ 남녀별 주 이용 게임–실행 기기 구분**(1순위 모음, 5% 이상, 단위: %)

| 구분 | | 퍼즐 (S) | 스포츠/ 레이싱 (S) | 스포츠/ 레이싱 (PC) | 웹보드 게임 (PC) | 웹보드 게임 (S) | AOS (PC) | 액션/ 슈팅 (S) | 롤 플레잉 (PC) | FPS (PC) | RTS (PC) |
|---|---|---|---|---|---|---|---|---|---|---|---|
| 성별 | 남자 | 13.9 | 12.2 | 6.4 | 11.0 | 7.7 | 9.4 | 6.7 | 8.2 | 8.2 | 8.3 |
| | 여자 | 38.5 | 17.2 | 3.2 | 6.8 | 10.8 | 1.0 | 4.7 | 2.2 | 2.0 | 1.7 |

주: (S)스마트미디어(스마트폰과 태블릿)용 게임, (PC) 데스크탑용 게임.
출처: 미래창조과학부·한국정보화진흥원(2014), 67쪽.

제 5 장  남학생의 게임, 여학생의 게임

단순하고 여성들이 플레이하기에 편리하기 때문으로 판단된다.

　　이러한 조사결과로, 최근의 게임 경향은 남성과 여성 모두 스마트폰을 이용한 게임을 많이 하는 것으로 판단할 수 있다. 그렇다면 스마트폰으로 하는 게임들 중에서 게임의 형식 또는 장르상 선호하는 게임의 차이는 없을지에 대해 〈표 5.15〉의 내용을 살펴보자. 남성과 여성의 스마트폰 게임의 형식과 장르상 선호도는 비슷하지만 여성 게이머의 경우 '기록경신 게임'(37.1%)이 남성 게이머에 비해 다소 선호도가 높은 편이고, 남성 게이머의 경우 '대전 게임'(18.1%)이 여성 게이머에 비해 다소 선호도가 높다. 해당 게임 장르의 내용이 어떻게 이루어져 있는지 생각해보면 이러한 선호도 차이가 생기는 이유를 알 수 있다.

　　'혼자서 즐기는 게임'이란 것은 네트워크 연결 없이 스마트폰에서 다운로드를 받은 이후에는 인터넷 접속 없이 즐길 수 있는 게임으로 '앵그리버드'와 같은 슈팅을 조합한 퍼즐 장르나 '아스팔트'와 같이 접속자들 사이의 대결 구도가 필요 없도록 만든 레이싱 게임들이 여기에 속한다. '기록경신 게임'이란 게임을 플레이하고 난 뒤 해당 기록을, 카카오톡이나 페이스북 등의 SNS(Social Network Service)에 올려 친구나 지인의 기록과 비교해가면서 경쟁을 하는 게임인데, 우리에게 친숙한 '애니팡' 같은 퍼즐 게임이나 '쿠키런', '윈드러너'와 같이 얼마나 멀리 달려갔는지

**┃표 5.15 ┃ 남녀별 모바일게임 분야별 이용 비율**(N=1,293, 단위: %)

| 구분 | | 혼자서 즐기는 게임 | 기록경신 게임 | 육성 시뮬레이션 | 대전 게임 | 기타 |
|---|---|---|---|---|---|---|
| 성별 | 남자 | 31.9 | 26.7 | 19.9 | 18.1 | 3.4 |
| | 여자 | 32.8 | 37.1 | 16.5 | 12.4 | 1.3 |

출처: 한국콘텐츠진흥원(2015), 383쪽.

청소년에게 게임을 허하라

기록을 비교하는 러닝 게임 장르의 경우가 이에 해당된다. 스마트폰에서의 '육성 시뮬레이션 게임'은 캐릭터나 회사 또는 도시 등을 키우면서 발전시키고 돈을 버는 게임인데 '타이니팜'이나 '아이러브커피' 그리고 '애브리타운'과 같은 경영 요소가 많은 게임들이 여기에 해당된다. 마지막으로 '대전 게임'은 인터넷 접속을 통해 상대방과 일대일 또는 다수와 경쟁하는 게임으로 '맞고'나 '모두의 마블' 같은 장르가 이에 속한다.

그렇다면 일반 데스크탑 PC를 이용한 온라인게임과 모바일게임의 두 부류로 나눠서 생각해본다면 남성과 여성의 장르 차이는 어떠할까? 남성과 여성이 선호하는 PC용 온라인게임을 조사한 〈표 5.16〉과 모바일게임을 조사한 〈표 5.17〉의 차이점을 살펴보자. PC용 온라인게임의 경우 남성(30.2%)과 여성(27.2%) 모두 전반적으로 롤플레잉 게임(RPG)의 선호도가 높다. 그 외의 차이를 알아보면 남성의 경우 RTS(23.7%)와 스포츠 게임(12.3%)이 여성 대비 높으며, 여성의 경우 웹/보드 게임(20.4%), 레이싱 게임(13.8%)이 남성 대비 높은 것을 알 수 있다.

롤플레잉 게임은 '리니지'나 '아이온'과 같은 전통적으로 국내 시장에서 많은 사람들에게 플레이되어왔던 형식에서부터 시작하여 '메이플스토리', '던전 앤 파이터'나 '엘소드' 등 청소년들이 많이 하고 있는 귀여운 캐릭터를 간단하게 조작하여 짧은 시간 동안 조작할 수 있는 게임 등

┃표 5.16 ┃ 남녀별 PC용 온라인게임 주 이용 장르(N=904, 단위: %)

| 구분 | | RPG | RTS | 웹/보드 | FPS | 스포츠 | 퍼즐 | 레이싱 | 슈팅 | 액션 | 리듬게임 |
|---|---|---|---|---|---|---|---|---|---|---|---|
| 성별 | 남자 | 30.2 | 23.7 | 10.4 | 11.1 | 12.3 | 3.7 | 2.1 | 3.0 | 3.7 | 0.0 |
| | 여자 | 27.2 | 5.7 | 20.4 | 8.1 | 2.4 | 13.5 | 13.8 | 5.4 | 2.7 | 0.9 |

출처: 한국콘텐츠진흥원(2015), 375쪽.

제 5 장   남학생의 게임, 여학생의 게임

을 말한다.

RTS는 실시간 전략 시뮬레이션 게임을 말하며 대표적으로 '스타크래프트'가 있다. 그런데 〈표 5.16〉에서 이루어진 한국콘텐츠진흥원(2015)의 조사결과는 RTS에 '리그 오브 레전드'의 AOS 장르를 함께 넣은 것으로 명시되어 있기 때문에 두 장르 간의 선호도 차이를 알기는 힘들 것으로 보인다. 그러나 전반적으로 남성 게이머가 일반 PC에서 즐기는 게임 중에서 '스타크래프트'나 '리그 오브 레전드'의 비율은 상당히 높기 때문에 RPG 다음으로 남성들이 많이 하는 게임이라고 할 수 있을 것이다.

FPS 게임은 일인칭 슈팅 게임을 말하는 것으로 '서든어택', '크로스파이어', '카운터 스트라이크', '건즈 온라인' 등과 같은 밀리터리 총싸움 게임이 주를 이룬다. 그런데 〈표 5.16〉에서도 알 수 있듯이 전체 대비 선호비율은 높지 않으나 남성(11.1%)과 여성(8.1%)이 즐기는 비율에 큰 차이가 없다. 이는 최근 FPS 게임이 최대한 쉬운 조종을 사용하고, 현실의 연예인을 이용한 마케팅을 시도하는 점 등 여성층에 친숙하게 다가가는 여러 활동에 기인하는 것으로 판단된다.

퍼즐 게임은 인터넷에 브라우저를 이용해 접속하여 즐길 수 있는 '퍼즐버블', '캐치마인드', '사천성' 등 플래시로 만들어져 있거나 전용 프로그램이 있는 게임으로 쉽고 재미있는 진행이 특징이다. 이러한 퍼즐 게임의 특징으로 인해 여성층이 쉽고 간편하게 게임에 접할 수 있다.

여기에서 〈표 5.16〉의 리듬 게임 장르를 보자. 전체 대비 적은 비율이지만, 여성(0.9%)이 남성(0.0%)보다 많다. 리듬 게임은 '오디션', '이지투 온'과 같이 음악에 따라 캐릭터를 움직이는 게임이다. 단순히 그것만으로 그치지 않고 최신 유행곡의 음원을 사용하는 등 여성의 관심사를 끌 수 있도록 만들고, 본 게임내용을 전후하여 게이머들이 로비에 모여 대화

청소년에게 게임을 허하라

| 표 5.17 | 남녀별 모바일게임 주 이용 장르 비율(N=1,293, 단위: %)

| 구분 | | 퍼즐 | RPG | 경영건설육성 | 웹보드 | RTS | 스포츠 | 러닝게임 | 슈팅 | 아케이드 | 리듬 | 어드벤처 | FPS | 레이싱 |
|---|---|---|---|---|---|---|---|---|---|---|---|---|---|---|
| 성별 | 남자 | 19.2 | 20.2 | 6.9 | 9.7 | 12.4 | 11.4 | 3.4 | 4.0 | 4.2 | 1.3 | 2.5 | 2.7 | 1.8 |
| | 여자 | 45.2 | 6.1 | 14.5 | 10.7 | 4.0 | 1.0 | 6.4 | 4.5 | 4.0 | 2.2 | 0.8 | 0.3 | 0.3 |

출처: 한국콘텐츠진흥원(2015), 390쪽.

를 하거나 이성 친구를 사귈 수 있는 등 커뮤니티 요소도 추가되어 있는 경우가 많다.

PC플랫폼 온라인게임과 비교되는 모바일(스마트폰)게임에서의 남성과 여성의 선호도 차이를 알기 위해 〈표 5.17〉을 보자. 스마트폰에서는 단연 '애니팡'이나 '캔디크러쉬 사가' 같은 퍼즐 게임이 남성(19.2%)과 여성(45.2%) 모두에게 큰 비율을 차지한다. 이것은 휴대가 쉬운 스마트폰에서 게임의 중요한 입력 인터페이스인 터치를 이용, 손쉽고 빠른 조종이 가능하고 장르의 특성상 귀엽고 재미있는 캐릭터가 지속적으로 노출되는 것 때문이라고 판단된다.

그 외 남성의 경우 RPG(20.2%), RTS(12.4%), 스포츠(11.4%)가 여성 대비 높은 선호도를 가지고 있다. 이에 반해 여성은 경영/건설/육성 시뮬레이션 게임(14.5%)이나 러닝 게임(6.4%)이 남성 대비 높은 선호도를 가지고 있다.

남성이 선호하는 스마트폰 RPG 게임은 '레이븐', '세븐나이츠' 등 액션이 포함된 롤플레잉 게임들로 구성되어 있으며, RTS 게임에서는 '클래시 오브 클랜'이나 '클래시 오브 킹즈'와 같이 게이머 각각이 운영하고 있는 국가나 기지 간의 전쟁이나 전투를 스마트폰의 실시간 기능이나 턴 기능을 이용해 지시하고 전략을 세우는 게임들로 구성되어 있다. 스포츠

제 5 장  남학생의 게임, 여학생의 게임

게임의 경우 '마구마구'나 '이사만루' 등 스마트폰에서 자신이 좋아하는 야구팀을 직접 조종하여 진행할 수 있는 소위 남성 스포츠 팬들의 '팬심'을 이용한 게임들이 상당수이다.

이에 반해 여성이 선호하는 스마트폰 게임은 경영/건설/육성 시뮬레이션 게임인 '에브리타운', '팜빌', '아이러브커피', '두근두근 레스토랑' 등 카카오톡의 인맥을 이용해서 서로 소통하고 협조하는 SNG(Social Network Game)이 주를 이루고 있다. 여성 게이머들은 게임 속에서 커뮤니티의 즐거움을 즐기려고 하고 있으며, 이를 통해 만들어진 소속감의 결합체인 소셜 네트워크를 유지하려고 노력한다(전경란, 2007). 여성들은 주변 사람들과 함께 시작한 게임으로 만들어진 관계를 지속하려고 하기 때문에 이런 형식의 게임들은 일단 여성 게이머들의 소셜 네트워크가 연결된다면 상당히 오랜 기간 동안 플레이된다. 또한 러닝 게임이라는 장르는 '윈드러너', '쿠키런', '템플런'과 같이 귀엽고 재미있는 캐릭터들이 얼마나 멀리 갈 수 있는지를 겨루는 〈표 5.15〉의 기록경신 게임과 동일한 개념으로 달리기와 점프 등의 단순 동작만을 이용해 얼마나 멀리 달려갈 수 있는지 기록한 뒤 친구들과 SNS를 통해 우열을 가리는 게임 장르이다.

이렇게 남성과 여성의 게임 선호도 차이를 살펴보면 각자가 선호하는 PC 온라인게임과 스마트폰 게임들이 장르별로 확실한 차이를 보이는 것을 알 수 있다. 이는 각자의 취향 문제일 수도 있지만, 각자의 생활 패턴이나 게임을 하게 되는 환경의 차이에 기인할 수도 있다고 판단된다.

# 4. 청소년 여성 게이머의 '룩템'에서 '여성향'까지의 변화

그렇다면 여학생의 게임 문화는 어떻게 변화되고 있을까? 2000년 대 초반부터 빠르게 발전하는 온라인게임 문화는 기존 게임 문화에서 마이너로 소외받던 여성 계층으로 빠르게 퍼지고 있다(장윤경, 2005). 또한 롤플레잉 게임을 즐기는 여성의 수가 늘어나고, 남성 전용이라고 여겨지던 '서든 어택'과 같은 밀리터리 FPS 게임에도 여성 게이머의 비율이 늘어나는 등 기존 남성 위주의 것으로만 생각하던 게임 문화나 e-sports 문화가 여성 시장으로 확대되면서 여성 게이머와 관련된 다양한 현상이 생겨나고 있다. 또한 소셜 네트워크 게임이라는 육성 또는 경영 시뮬레이션 모바일게임 장르의 빠른 확산은 여성을 대상으로 하는 게임의 새로운 시장 형성이라는 상업적 필요성이 그 원인으로 보인다. 그렇지만 이렇게 서서히 여성 시장이 확대되는 게임 문화의 흐름에도 불구하고 국내의 산업적인 움직임은 매우 미온적(전경란, 2007)이며, 이미 여성용 게임시장이 활발하게 발전하고 있는 일본의 여성향 게임 문화가 들어오는 원인이 되고 있다.

여학생들은 그래픽과 캐릭터가 아기자기하고 귀여운 스타일을 선호한다. 물론 조작하기 쉽고, 소재가 친숙한 것도 중요하지만 무엇보다 시각적인 요인들을 중요시한다(오현주, 2005). 또한 감정 표현과 이를 위한 다양한 행동 표출을 할 수 있는 게임을 좋아하며 이를 통해 커뮤니티에서 자신의 감정을 표현하려고 애쓴다. 또한 이런 표현을 외부에 보일 수 있는 아바타를 장식하기 위한 아이템들이 많은 게임을 선호한다(이해선,

*129*

2008). 특히 여학생들이 게임에 참여하는 초기 과정에서는 남에게 보여주기 위한 아이템인 '룩템(look item의 약자)'의 존재가 영향을 끼친다. 룩템이란 타인에게 자신의 위력을 과시하거나 멋있게 보여주기 위한 아이템들 또는 캐릭터의 외형을 변화시키는 아이템 등을 말한다. 그렇지만 여학생들이 어느 정도 게임에 대해 전문성을 가지게 되면 자신의 취향에 맞는 게임을 스스로 찾게 되며, 상당수의 여학생들은 '여성향' 게임에 관심을 가진다.

넓은 의미의 '여성향' 게임이란 여성적 관심사와 감수성을 만족시킬 수 있는 게임(Laurel, 1998)이라고 말할 수 있다. 그렇지만 좀 더 좁은 의미의 '여성향'을 설명한다면 미소년과 미청년이 나오는 BL(Boys Love) 풍의 게임들에서부터 단순히 캐릭터뿐만 아니라 여학생 게이머의 취향에 맞는 소재로 장기간 플레이할 수 있는 스토리텔링과 게임 디자인을 가진 마니아용 게임까지 포함할 수 있다. 대표적으로 프린세스 메이커 풍의 육성 시뮬레이션 게임인 '어이쿠 왕자님'이나 일본의 복합 장르형 수집 육성 대전 게임인 '도검난무', 스마트폰 미소년 아이돌 육성 게임인 '앙상블 스타즈!' 등이 대표적인 여성향 게임이라고 볼 수 있다. 이런 게임의 공통점은 여학생들이 많은 비용을 들여 아이템 카드 뽑기를 한다는 점, 그리고 일단 빠져들면 상당히 오랜 기간 동안 마니아로 활동한다는 것이다. 그러나 국내에서는 정식으로 나온 게임이 많지 않아 대부분 일본 게임을 직접 해야 한다는 문제점이 있다. 이런 측면에서 국내의 게임업체들이 서서히 여성향 게임에 관심을 가지고 여학생 게이머의 취향과 지향성에 맞는 게임을 제작하여 여성 시장을 지속적으로 유지하려고 하는 움직임이 보이고 있다.

청소년에게 게임을 허하라

# **5.** 소결

앞서 설문조사 결과에서 나타났듯이, 청소년은 부모보다도 친구와의 대화시간이 더 많은 등 친구와 교류하며 소통하는 경향이 커지고 있다. 또한 남학생이 더 많이 게임에 빠져 있으며 남녀 전반적으로 심심함을 해결하고 즐겁기 위해 게임을 시작하지만, 남학생은 특히 스트레스 해소 목적으로 게임을 한다는 것을 알 수 있다. 이러한 결과는 청소년의 게임 문화가 이미 또래 간의 문화로 정착되었으며, 현재 게임을 제외하고 학교와 가정이 제공하는 놀이문화가 청소년의 스트레스 해소에 부족한 상황이라는 것을 시사해주고 있다. 이런 상황에서 학생과 가정, 학생과 학교 간의 소통이 활성화되지 않는 한 청소년의 놀이문화에 대해 지도하기 힘들 것이며, 청소년(특히 남학생)의 스트레스 해소를 위한 건전한 놀이문화 도입과 개선이 없는 한 게임중독에 대한 청소년 지도가 어려울 것이라는 점을 알 수 있다.

청소년 남학생과 여학생의 게임 선호를 미루어 알기 위해 남성과 여성 게이머의 선호 게임들에 대한 기존 설문조사 결과를 분석해본 결과 여성은 퍼즐 게임을 더 선호하며, 온라인게임의 경우 남녀 모두 롤플레잉 게임을 선호하지만 남성은 전략 시뮬레이션과 FPS, 스포츠 게임의 순으로 선호하고, 여성은 웹/보드 게임과 퍼즐 게임을 선호한다. 또한 스마트폰 게임의 경우 남성은 롤플레잉과 퍼즐, 전략 시뮬레이션, 스포츠 게임의 순으로 선호하지만 여성은 퍼즐, 경영/건설/육성 시뮬레이션 게임(특히 SNG)의 순으로 선호한다는 것을 알 수 있다. 즉, 게임을 선택하고 선호하는 성향은 남학생과 여학생이 서로 다르며 그 장르에서도 큰 차이가 있

*131*

제 5 장 남학생의 게임, 여학생의 게임

다는 것을 알 수 있다. 그렇기 때문에 청소년 학생의 게임중독이나 게임 생활지도를 현장에서 할 경우 남학생과 여학생의 선호하는 장르 차이를 이용하여 개별적으로 지도하여야 하며, 이러한 남학생과 여학생의 차이를 고려하면 짧은 시간 내에 높은 지도효과를 기대할 수 있을 것이다.

특히 여학생의 경우 그들이 선호하는 취향의 여성향 게임이 있으며, 이 '여성향' 게임 문화가 확대되고 있는 현 상황에서 여학생을 대상으로 올바른 게임 습관의 지도와 교육을 위해서는 이를 이해하고 여학생들만의 게임 문화에 대해 관심을 가지는 자세가 필요하다고 할 수 있다.

남학생과 여학생의 선호 게임 장르와 게임 문화에서는 차이가 있을 수 있다. 그러나 청소년의 게임 문화라는 측면에서 모두 합쳐보면 청소년들은 항상 즐겁고 재미있는 여가선용을 원하고 있다. 그러나 입시 위주의 교육과 청소년 여가선용 문화의 부족이 청소년들이 게임에 빠지게 하는 원인이 되고 있다. 지금이야말로 청소년이 게임 외에 즐길 수 있는 놀이문화와 여가선용방법의 개발, 그리고 그것이 가능한 시간과 공간 확보를 위한 청소년 정책의 변화가 필요한 시기라고 할 수 있다.

청소년에게 게임을 허하라

# 참고문헌

강북인터넷중독예방상담센터/강서인터넷중독예방상담센터(2015). 『서울시 청소년 사이버 갬블링, 스마트폰 중독 실태조사』.

김민규·홍유진·이지영(2007). 「성별 및 게임장르별 게임 이용방식과 선호요인 비교분석」. 『HCI2007』, 2007(2), 1725-1730.

이해선(2008). 「여성게이머 공략을 위한 게임 디자인 언어 도출 및 게임 체험 키트 개발」. 이화여자대학교 석사학위 논문.

오현주(2005). 「다양한 게임콘텐츠 요구현황에 따른 효율적 개발방향 연구」. 『한국콘텐츠학회 추계종합학술대회 논문집』, 3(2), 149-152.

장윤경(2005). 「온라인게임 캐릭터구성을 통한 젠더정체성」. 숙명여자대학교 석사학위 논문.

전경란(2007). 「여성게이머의 게임하기와 그 문화적 의미에 대한 연구: 고레벨 여성 게이머의 게임하기를 중심으로」. 『사이버커뮤니케이션 학보』, 22, 83.

한국콘텐츠진흥원(2015). 『2015 게임백서』.

Dietz, T.L,(1998). "An examination of violence and gender role portrayals in video games: Implications for gender socialization and aggressive behavior." *Sex Roles*, 38, 425-442.

Green, E. & Adam, A.(1998). "Online leisure: gender and ICTs in the home." *Information Communication & Society*, I(3), 291-312.

Laurel, B.(1998). "An interview with Brenda Laurel." In J. Cassel & H. Jenkins(Eds.), *From Barbie to Mortal Kombat*. The MIT Press, 118-135.

# 저자 약력

**원 일 석**

상명대학교 게임학 박사

현  광운대학교 인제니움학부 강사

〈주요 논문〉

「스마트폰 게임사운드가 게임점수 획득에 미치는 영향 런닝 어드벤처 게
    임 윈드러너 중심으로」(2013, 공저)

「발달 장애 가족의 정서적 역량 강화를 위한 기능성 모바일게임 개발」
    (2011, 공저)

「게임 시나리오의 필수요소와 사건과 시공간의 체계적인 표현방법에 대
    한 연구」(2009, 공저)

〈주요 저서〉

『인터넷 중독의 특성과 쟁점』(2015, 공저)

# 교육용 게임의 기능 및 효과

이 재 진

교육용 게임(Educational games)은 교육적 목적을 가지고 제작된 게임들을 총칭하는 용어로, 이 정의는 일반적인 엔터테인먼트 게임을 교육적 목적으로 활용해 교육적 효과를 내는 게임의 활용 형태를 폭넓게 포함한다. 이 장은 교육용 게임 연구에 대한 사회적 기대와 가치를 재정립하기 위해 게임의 기능과 교육적 가치를 소개하고자 집필되었다. 이 장에서는 교육용 게임의 다양한 정의를 살피고, 게임의 기능과 특성들을 살펴봄으로써 교육용 게임과 게임을 교육적으로 활용하려는 시도들의 효용성에 대해 고찰해보고자 한다. 그리고 교육용 게임의 효과에 대하여 경험과학적 연구 성과들을 정리하여 게임을 통해 향상된 성과를 인지적·동기적·행동적 영역으로 나누어 살펴보고자 한다.

# *1.* 서론

    게임과 게임기반 교육은 수십 년간 교육의 중요한 연구 영역이었다. 컴퓨터와 디지털 기술의 발달은 게임의 교육적 가치를 획기적으로 향상시키는 기회가 되었으며, 새로운 시대를 반영하여 다양한 형태의 디지털게임이 개발되었다.

    게임의 역사에서 교육에 활용된 게임의 형태는 카드게임이나 보드게임과 같은 전통적인 게임을 시작으로 닌텐도(Nintendo) 게임기, 소니사의 플레이스테이션(Playstation)이나 마이크로소프트사의 엑스박스(XBox) 같은 콘솔게임, PC 전용 게임 등으로 다양하다. 최근 들어 3D 영상기술, 네트워크, 모바일 테크놀로지 등과 융합되면서, 게임은 사회 전반에 걸쳐 다양한 영향을 주고 있으며, 특히 교육 부문에서 전통적인 수업방식을 개선할 수 있는 대안적 교수학습 방법의 일환으로 그 가치를 인정받고 있다. 「Horizon 리포트 K-12」에 따르면, 게임, 게이미피케이션(gamification),[1] 게임기반 교육은 2010년 초반부터 현재까지 지속적으로 등장하고 있는 대안적이고 혁신적인 교수학습 방법이다(Johnson, Adams, & Cummins, 2013; Johnson, Adams, Cummins, Estrada, Freeman, & Ludgate, 2013; Johnson, Krueger, Becker, & Cummins, 2015; Johnson, Smith, Willis, Levine, & Haywood, 2011). 게임기반 학습은 학습자들로 하여금 명확한 목표를 설정하게 하여 목표지향적 학습과정을 유도하고, 개인의 경험 수준과 지식

---

[1]  사용자의 참여를 유도하기 위해 게임과 무관한 웹 사이트나 애플리케이션에서 게임과 연관된 개념을 활용하는 것.

*139*

제 6 장  교육용 게임의 기능 및 효과

에 맞추어 조절이 가능한 학습 성취과정을 현실세계에서는 불가능한 간접 경험을 통해 제공함으로써 학습동기를 향상시킨다. 또한 게임을 교육활동에 사용하는 것은 다양한 상호작용 기제를 통해 개인의 경험을 사회적 경험으로 확장시키고, 직접적인 참여와 조작의 재미를 통해 학습의 기쁨을 경험하게 한다는 장점이 있다.

그러나 게임의 긍정적인 측면에도 불구하고 우리나라 교육현장에서는 게임의 활용이 제한적인 상황이다. 먼저, 우리 사회는 게임중독과 인터넷중독이라는 사회적 문제를 가지고 있다(문성호, 2013; 이철현 · 정계환, 2005; 홍율표 · 임성문, 2010). 대중화된 모바일 기기들은 많은 청소년과 성인이 언제 어디서나 인터넷에 접속하여 정보를 이용할 수 있다는 편의성을 제공한 반면, 쉴 새 없이 인터넷과 모바일 게임 등에 노출되어 언제 어디서나 인터넷과 게임에 몰입하고 더 나아가 중독될 수 있는 환경을 구축하게 되었다(문성호, 2013; 이정훈, 2015). 또한, 이러한 게임 몰입에 대한 정신의학적 접근은 우리나라의 게임중독 담론에서 게임의 교육적 활용에 대한 논의조차 어려운 사회적 분위기를 조성하는 결과를 가져왔다. 우리는 상업용 게임과 사행성 게임에의 중독과 진단, 치료에 심각한 집중을 한 나머지 게임의 교육적 효과를 차분히 생각하고, 사회적 문제를 일으키지 않으면서도 게임의 몰입적 속성과 경험을 교육 및 훈련 과정에 활용할 방법을 모색하는 데 충분한 시간을 할애하지 못하였다.

따라서 이 장은 교육용 게임에 대한 사회적 기대와 교육적 가치를 재정립하기 위한 기반 연구적 성격으로 논의를 진행하였다. 이 장에서는 교육용 게임의 다양한 정의를 살피고, 게임의 기능과 특성들을 살펴봄으로써 교육용 게임과 게임을 교육적으로 활용하려는 시도들의 교육적 효용성에 대해 고찰해보고자 한다. 그리고 교육용 게임들의 효과에 대하여 경험과학적 연구 성과들을 정리하여 교육용 게임의 활용 분야별 효과를 살펴봄과 동시에, 교육용 게임을 통해 향상된 성과를 인지적·동기적·행동적 영역의 성과로 나누어 살펴보고자 한다. 이 장은 게임의 교육적 효과에 초점을 맞추어 그 가능성을 살펴보는 장이기 때문에 게임과 관련된 사회적 문제(게임중독, 인터넷중독 등)들은 논의의 범위 내에 포함시키지 않는다.

# 2. 교육용 게임과 관련 정의들

교육용 게임(Educational games)은 교육적 목적을 가지고 제작된 게임들을 총칭하는 용어로, 이 정의는 일반적인 엔터테인먼트 게임을 교육적 목적으로 활용해 교육적 효과를 내는 게임의 활용 형태를 폭넓게 포함한다(Educational game, 2016). 그러나 이러한 포괄적 정의만을 사용할 경우 다양한 형태로 존재하는 교육용 게임들 또는 교육에서 활용되는 게임들에 대한 개별적 특성을 설명하기에는 부족한 경우가 발생한다. 예를 들어, 교육용 게임 이외에, 교수용 컴퓨터게임(Instructional computer games), 디지털게임(Digital games), 기능성 게임(Serious games), 교육용 시뮬레이션(Educational simulations), 게임기반 학습(Game-based learning) 등과 같은 유사한 개념들은 게임의 제작 목적과 활용 방법 등에서 차이가 나타나고 활용 영역에서도 큰 차이를 보이지만, 명확한 구분 없이 혼용되어 교육자들의 개념적 혼란을 초래하고 있다(Connolly, Boyle, MacArthur, Hainey, & Boyle, 2012; Svingby & Nilsoson, 2011). 실제로 교육용 게임 연구자들은 교육용 게임을 정의하는 데 있어서 개념적 혼란이 있다고 지적하고 있다(Wilson et al., 2009). 이러한 혼란을 줄이기 위해 우선 교육용 게임과 관련된 정의들을 정리하고 그 차이를 구분해볼 필요가 있다. 현대 교육용 게임은 상업용 게임을 교육적 목적으로 사용하고 있는 형태와 교육적 활용을 전제하고 개발된 게임의 형태로 나누어볼 수 있다.

첫째, 상업용 엔터테인먼트 게임을 교육적 목적을 전제로 수업 등에 활용하려는 접근에서는 게임의 일반적인 정의들을 고려해야 한다. 먼저, 게임은 특수한 목적, 그러한 상황에 적용된 일련의 규칙과 제한사항들이 전제된 경쟁적이고 인위적인 활동이라고 정의된다(Hays, 2005). 게임을 자발적이고 여가를 즐기기 위한 활동으로 규정하면서, 현실 세상과 동떨어져 있으며, 비정형적이고, 비생산적인 특징을 가진, 규칙에 기반한 활동(Caillois & Barash, 1961)이라고 보는 정의와 게임을 하나 또는 여러 명의 플레이어를 포함한 일련의 활동들로, 목표, 제한사항, 보상, 결과를 포함하는 것으로 보는 정의(Dempsey, Haynes, Lucassen, & Casey, 2002)도 있다. 또한, 이들의 정의에서 게임이 규칙에 의해 플레이되어야 하며, 일부의 활동들은 인위적인 측면이 있고, 혼자 게임을 할 때도 경쟁하듯이 플레이해야 한다고 설명하고 있다.

대표적인 상업용 엔터테인먼트 게임인 비디오게임은 텔레비전 스크린이나 모니터와 같은 비디오 장비를 통해 시각적 의사소통을 가능하게 해주는 사용자 인터페이스를 통해 진행되는 전자 게임으로 정의된다(Video game, 2016). 비디오게임은 다른 게임들과는 달리 비디오게임 콘솔이라는 기기를 통해 플레이되는 것이 특징이다. 1980년대부터 꾸준히 유행한 닌텐도 게임기나, 소니 플레이스테이션, 마이크로소프트 엑스박스와 같은 가정용 게임기를 포함해, 동전을 넣고 게임을 하던 아케이드게임

청소년에게 게임을 허하라

기 등으로 대표되는 비디오게임 기기들과 전용 게임들은 설계 당시에는 순수하게 엔터테인먼트를 위해 제작된 것들이 대부분이었다. 그러나 이러한 상업적 게임들도 교육적 목적으로 활용됨에 따라 학교에서 이용하거나 이들 게임의 교육적 효과를 연구하기 시작하면서 게임기반 교육의 범주에 들어가는 개념이 되었다.

컴퓨터게임은 일종의 비디오게임이지만, 비디오게임 콘솔이나 아케이드게임 기계가 아닌 개인용 컴퓨터에서 즐기는 게임을 의미한다(PC game, 2016). 컴퓨터게임은 콘솔게임기와 같이 전문화된 게임기에 비해 컴퓨터의 입출력 기능들을 다양하게 사용할 수 있기 때문에 게임 컨트롤의 권한이 넓고, 컴퓨터의 대용량 정보처리 능력을 기반으로 보다 다양한 그래픽 기술과 정보처리 기술을 활용하여 게임에 몰입할 수 있는 장점이 있다.

다만, 이러한 비디오게임과 컴퓨터게임의 구분은 최근 네트워크와 모바일 기술의 발전으로 그 구분이 모호해지고 있으며, 많은 문헌에서도 그 차이를 구분하지 않고 사용하는 경우가 많다. 예를 들어, 시뮬레이션 게임과 컴퓨터 시뮬레이션을 구분 없이 사용하거나, 비디오게임과 컴퓨터게임을 통틀어 디지털게임이라고 부르고(Prensky, 2003), 비디오게임과 컴퓨터게임을 뭉뚱그려 사용하는(Kline, 2004) 등 각 명칭 간의 경계가 모호해지고 있으며, 각 용어의 특징들을 정형화하기 어려운 상황이 발생하기도 한다. 최근 개발되고 있는 교육용 게임들은 대부분 최신 디지털 기술을 활용한 게임들로서 이들을 통칭하기 위한 용어로 디지털게임(Digital games)이나 교육용 디지털게임(Digital educational games)을 사용하는데, 이들은 디지털 테크놀로지라는 학습환경을 적절히 반영한 용어라고 할 수 있다.

둘째, 교육적 활용을 전제하여 개발된 게임과 관련된 개념들에는 컴퓨터 시뮬레이션, 기능성 게임(Serious game), 교육용 게임 등이 있다. 먼저, 크로퍼드(Crawford, 1984)는 시뮬레이션을 어떠한 실제 현상을 재현하기 위해 특수한 알고리즘을 통해 단순한 작업에서부터 복잡한 문제해결 모형까지 목적지향적 시도를 하는 시스템으로 정의하고 있다. 시뮬레이션을 특정한 측면을 강조한 실제 세상의 재현으로 규정하는가 하면(Crookcall & Saunders, 1989), 어떠한 과정의 반복 가능한 재현이라고 규정하여(Tharikulwat, 1999) 시뮬레이션을 우리 주변에 존재하는 사회현상이나 과학연구 과정 등이 반복실행 가능하도록 구현해놓은 시스템으로 정의하고 있다.

이러한 시뮬레이션은 실제 위험이 있는 작업환경, 비용이 많이 드는 실험과정, 사용자가 훈련 중 실수에 대한 위험이 있는 작업환경에 적용했을 때 훌륭한 효과를 낸다는 장점이 있기 때문에 헬스케어, 의료, 군사훈련, 회사경영, 응급조치 훈련 등의 영역에서 꾸준히 사용되고 있다(Anderson & Lawton, 2009; Gaba et al., 2001; Oswart, 1993).

기능성 게임은 흥미와 재미보다는 특수한 목적을 두고 설계된 게임을 말한다(Serious game, 2016). 기능성 게임이라는 용어는 영어 'Serious game'을 번역한 것인데, 여기서 형용사 'serious'는 특수한 영역에서 쓰이는 제품이라는 뜻으로, 국방, 교육, 과학 탐사, 헬스 케어, 응급처지, 도시 설계, 공학, 정치학 등에서 사용되는 특수목적 게임을 의미한다. 기본적으로 기능성 게임은 시뮬레이션 요소를 포함하는 경우가 흔하다. 그렇기 때문에 기능성 게임은 실제 세계의 이벤트와 과정을 게임 환경에 구현하여 게임 참가자들에게 실제 문제해결 환경을 구축하고 그 과정을 경험하게 해주는 훈련 환경을 의미하는 경우가 있다(Abt, 1987; Djaouti, Alvarez,

*144*

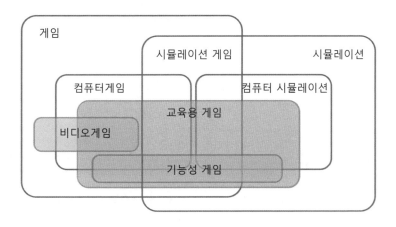

게임

시뮬레이션 게임

시뮬레이션

컴퓨터게임

컴퓨터 시뮬레이션

교육용 게임

비디오게임

기능성 게임

출처: Hainley et al.(2011)의 다이어그램을 변형

**┃그림 6.1 ┃  교육용 게임 관련 정의들**

Jessel, & Rampnoux, 2011). 따라서 기능성 게임은 주요 적용 영역이나 특정 기능에 제한되어 활동되어 온 협의의 개념이라고 할 수 있다.

위키피디아의 정의(Educational game, 2016)에 의하면, 교육용 게임은 인간에게 어떤 내용이나 기술을 가르치기 위해 설계된 게임을 말한다. 교육용 게임은 스토리를 기반으로 상호작용 게임 플레이를 통해 게임의 목표, 규칙, 적응적 기술, 문제 해결 등을 가르치는 교육 훈련 시스템이라고 할 수 있는데, 이 정의는 명확한 교육적 목적을 상정하고 개발한 게임과 우연 또는 부수적으로 활용하게 되어 교육적 효과가 발생한 게임을 모두 포함하고 있다. 위키피디아의 교육용 게임의 정의는 광의의 정의라고 할 수 있는데, 이 정의에 의하면 교육용 게임은 전통적 보드게임이나 비디오 게임 등을 모두 포함하는 매우 다양한 형태를 지닐 수 있으며, 특수 목적을 가진 기능성 게임과 분명한 차이를 보인다.

*145*

제 6 장  교육용 게임의 기능 및 효과

# *3.* 디지털게임의 특성

앞서 정의한 개념 중 디지털게임은 컴퓨터게임과 컴퓨터 시뮬레이션, 교육용 게임 전반의 다양한 형태들을 포괄하는 개념이다. 현대 컴퓨터 테크놀로지가 게임에 적용되면서 전통적 게임들과 디지털게임들의 차이가 보다 명확하게 구분되고 있다. 교육 현장에서 활용되는 교육용 게임과 최근 개발되고 있는 상업적 게임 대부분이 디지털 기반이라는 점에서 디지털게임의 특성을 보다 심층적으로 살펴볼 필요가 있다. 여기서는 먼저 디지털게임과 전통적 게임의 차이를 통해 현대의 디지털기반 교육용 게임의 특성을 알아보고, 이들의 일반적인 매체적 특성을 기반으로 교육용 디지털게임의 기능에 대해 논의하고자 한다.

## 1) 디지털게임과 전통적 게임의 구분

헤이니 등(Hainey, Connolly, Stansfield, & Boyle, 2011)의 구분에 따르면, 전통적 게임은 보드 게임, 카드 게임 등을 포함하는 놀이활동들로 가상 역할놀이도 이와 유사한 형태이다. 반면, 디지털게임은 컴퓨터게임이나 비디오게임을 포괄하는 것으로, 컴퓨터나 게임 콘솔과 같은 디지털 장치를 통해 진행되는 게임을 의미한다.

이들의 차이로는 첫째, 전통적 게임에서 규칙은 게임에 앞서 합의하되, 게임 참가자가 규칙을 변경하거나 자의적으로 결정하는 유연한 형태로 진행된다. 디지털게임은 게임의 개발단계에서 프로그래머가 코딩해

## 146

놓은 논리와 절차에 의해 진행되며 일부의 규칙이 추가되거나 변형될 수 있기는 하지만, 그 역시 프로그램이 허용한 범위 내에서만 가능하다. 따라서 디지털게임에서 규칙의 구조는 사전에 결정되어 변경이 불가능하고, 규칙을 따르거나 모니터링하는 것만이 가능하다.

둘째, 보드 게임과 같은 전통적 게임들에서 게임 중 참가자들의 역할은 그들의 상상력에 의존하지만, 컴퓨터에 기반한 디지털게임들에서 학습자의 역할은 다양한 멀티미디어 효과에 의해 역동적으로 변화된다. 디지털게임 환경에서는 다양한 그래픽 효과와 음향 요소가 가미된 게임 객체들이 게임 플레이어의 역할변화를 유도하며, 역동적이고 상호작용이 가능한 게임 플레이를 구성한다.

셋째, 디지털 기술을 활용한 교육용 게임은 멀티미디어 기능이 탑재된 게임 객체를 포함하고 있어서 학습자는 게임을 통해 다양한 상호작용을 할 수 있다. 디지털게임은 게임의 스토리가 게임 내에 등장하는 다양한 인물이나 객체의 역동적 관계에 의해 진행된다. 전통적 게임들과 달리 디지털게임 속에 등장하는 객체들은 사전에 설계된 프로그램에 따라 움직임을 보이거나, 정보를 제공하는 등 능동적인 반응을 함으로써 게임 플레이어와 함께 이야기를 만들어간다. 이러한 역동적 상호작용은 학습자들을 게임에 몰입시키고 학습 효과를 증진시키는 주요 요인이 된다.

넷째, 교육용 디지털게임은 이론적으로 사용자의 숫자와 상관없이 활용할 수 있다. 전통적 게임이나 역할극 게임의 경우 게임 참여자가 적어도 2명 이상이 되어야 게임을 진행할 수 있다. 그러나 디지털게임들은 기본적으로 개인이 혼자서 플레이할 수 있도록 설계되었을 뿐 아니라, 네트워크 기능을 활용하여 다양한 참가자들과 협동적 과제를 진행할 수도 있다. 디지털게임은 게임 플레이 과정에서 게임 플레이어의 반응에 적

*147*

| 표 6.1 | 디지털게임과 전통적 게임의 구분

|  | 디지털게임 | 전통적 게임/롤플레잉 게임 |
|---|---|---|
| 규칙의 강제성 | 프로그래밍 코드로 제한적 | 플레이어에 의해 변경, 제정 가능 |
| 규칙의 구조 | 개발 단계에서 고정, 학생과 교사가 모니터링 | 플레이어들에 의해 조율됨, 학생과 교사가 모니터링 |
| 플레이어의 역할 | 게임 상황에 맞는 명확한 역할 규정 수행 | 플레이어의 상상력에 의존한 역할, 개인의 해석에 의한 수행 |
| 게임 환경 | 역동적이며 모든 플레이어에게 동일하게 적용 | 정적이며 개별 플레이어의 상상력에 의한 재해석 |
| 게임 객체 | 자율적 상호작용 | 타율적이거나 기계적인 상호작용, 상상적 롤플레잉 |
| 게임에서의 상호작용 | 다양한 게임 실행 상황들에서 일관적임 | 전통적 게임에서는 일관적이지만, 롤플레잉에서는 다양함 |
| 플레이어 | 싱글/멀티 플레이어 모두 가능 | 복수의 참가자 필요 |

출처: Becker(2010).

응적으로 변화하는 개별화 문제해결 시스템임과 동시에 협동적 과제해결 과정도 지원할 수 있는 유연한 학습 체계이다.

### 2) 디지털게임의 매체적 속성

교육용 게임은 역사적 발전을 거듭하며 교육의 도구이자 메세지 전달의 매개체로서 그 개념을 꾸준히 변화시켜왔다. 따라서 게임의 각기 다른 제작 목적과 방식, 활용 유형들을 역사적 변천과정에 따라 구분해보

청소년에게 게임을 허하라

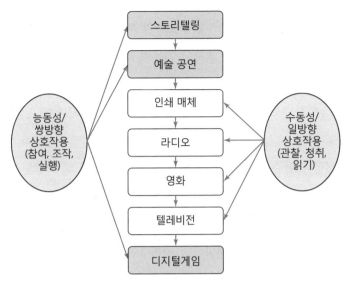

스토리텔링

예술 공연

인쇄 매체

라디오

영화

텔레비전

디지털게임

능동성/
쌍방향
상호작용
(참여, 조작,
실행)

수동성/
일방향
상호작용
(관찰, 청취,
읽기)

출처: Hainey et al.(2011)의 다이어그램을 변형

┃ 그림 6.2 ┃  교육용 게임 관련 정의들

는 것이 게임의 속성을 이해하는 데 도움을 줄 것이다.

　게임은 기본적으로 정보전달을 위한 매체의 하나로, 고도로 발달된 형태의 상호작용 엔터테인먼트 시스템이라고 할 수 있다. 게임은 시청각 매체의 상징체계로 구분하면, 텔레비전 영화와 같이 시각과 청각을 모두 활용하고 있는 시청각 매체의 속성을 띄고 있음과 동시에, 사용자가 조작과 게임 플레이를 통해 환상적 경험을 하게 해주는 상호작용적 속성을 가지고 있다. 〈그림 6.2〉와 같이 게임은 전통적인 시청각 매체인 텔레비전과 라디오, 영화가 표현해내는 시청각 효과를 모두 포괄하고 있는 융통성 있는 매체이다.

　게임은 스토리를 기반으로 그래픽과 음악효과와 같은 예술 작품으

*149*

로서의 가치를 가지고 있다(Dickey, 2011; Rogers, 2014; Thompson, Berbank-Green, & Cusworth, 2007), 게임 속에 포함된 예술적 저작물들은 게임 엔진의 애니메이션 기능을 통해 조작이 가능한 객체로 프로그래밍되어 비현실적 경험을 게임 요소의 조작을 통해 구체적 경험으로 변화시켜 실제적 경험을 유도한다. 다시 말해, 게임의 매체적 특성은 기존 교육환경에서 제공해줄 수 없는 실제적 경험(Authentic experience)을 하게 해준다.

게임은 학습의 측면에서 매우 유연하여 적응적 매체이다. 호반 매체 분류(Hoban, 1937)나 데일의 경험의 원추(Dale, 1946)에 따르면 게임은 거의 모든 형태의 매체를 다룰 수 있는 유연한 매체일 뿐 아니라, 학습자의 요구와 특성에 적합한 개별화된 경험을 가능하게 해준다. 게임은 신문이나 텔레비전과 같은 전통적 매체가 가지고 있는 표현의 양식에 제한을 받지 않는다. 이것은 게임이 컴퓨터 테크놀로지와 멀티미디어적 속성을 가지고 있기 때문인데, 동일한 학습내용도 컴퓨터기반 게임 환경에서는 학습자의 선택에 의해 다양한 형태의 정보로 변형되어 제공된다. 단편적인 음성과 그래픽으로 제공되는 게임 경험은 가상 환경으로 변환되거나 장애학생들에게 적합한 형태의 정보로 변환되어 제공되기도 한다. 조이스틱이나 3D 글래스, 스크린 확대경과 같은 다양한 액세서리들은 실제적 학습 경험을 다양한 학생 계층에 전달해줄 수 있는 보조적 수단을 제공한다.

디지털게임은 능동적 매체이며, 게임은 플레이어들에게 참여와 조작을 통해 참여의 즐거움과 통제감을 경험하게 해줌으로써 개개인에게 차별화된 학습 과정을 만들어갈 수 있도록 지원한다(Becker, 2010; Prensky, 2003). 게임연구자인 프렌스키는 게임의 장점을 이러한 조작성과 상호작용에 두어 설명하고 있다(Prensky, 2003). 학습자들은 게임 스토리, 객체들

*150*

의 조작과 상호작용을 통해 학습의 기쁨을 느끼고, 학습 과정에 대한 참여와 동기가 유지되며, 지속적인 자기주도적 학습 활동은 학습자의 창의성과 긍정적 사고에 영향을 미친다고 설명하고 있다. 게임의 조작성을 통해 찾는 재미와 참여는 인간이 학습을 통해 배워야 할 생물학적이고 진화론적으로 중요한 기능이라고 설명하고 있다.

## 3) 교육용 게임의 기능

앞서 논의한 디지털게임의 속성과 전통적 게임들과의 차이점을 토대로 게임의 기능과 역할을 크게 네 가지로 정리해볼 수 있다. 먼저, 게임은 학습 콘텐츠 제공 기능을 수행한다. 게임은 설계과정에서부터 문제해결 맥락과 게임의 목적, 공정한 플레이를 위한 규칙을 설정하여 학습자들의 게임 플레이 과정에서 다양한 정보를 습득할 수 있는 학습환경을 제공한다. 특히 교육적 목적을 전제하고 개발되는 교육용 게임이나 기능성 게임에는 교과과정이 실제 적용 맥락에 접목되어 있어서 학습자들은 게임을 통해 자연스럽게 학습 내용과 정보를 습득하고 이를 게임이 제시하는 문제해결에 동원한다. 따라서 게임을 통해 직접적으로 학습 내용을 전수하는 방식이 아니더라도 게임 플레이 자체는 중요한 정보제공원으로서 역할을 하게 된다.

둘째, 게임은 학습자들을 학습과정에 몰입시키고 참여시킬 수 있는 동기부여 기능을 한다. 게임에는 게임의 목표와 규칙, 다양한 멀티미디어 효과, 학습자 통제식 플레이와 참여 등과 같은 시청각적 자극과 자기주도형 문제 해결 과정이 설계되어 있다(Barab, Thomas, Dodge, Carteaux,

& Tuzun, 2005). 학습자는 멀티미디어 요소를 통해 학습 시작을 위한 자극을 받고, 그러한 시작 동기는 다양한 활동과 객체 조작을 통해 몰입과 지속 동기를 유발시키는 도구로 활용된다. 또한 게임의 몰입 경험은 학습의 공간과 시간을 확장하며, 유사한 게임을 통해 다양한 과제에 도전할 수 있는 지속 동기를 연계하는 역할을 할 수도 있다.

셋째, 게임은 상호작용 촉진 기능을 수행한다. 디지털게임은 학습자 홀로 플레이할 수 있는 자동화 시스템이기도 하지만, 동시에 다수의 플레이어가 협동적 문제 해결 과정을 진행할 수 있는 상호작용적 문제 해결 환경이기도 하다. 무어의 상호작용 이론에 따르면, 학습자들은 교육용 게임을 통해 프로그램상에 존재하는 자동화 시스템으로부터 다양한 정보를 수집하는 내용-학습자 간 상호작용을 하면서도, 동료들과 다양한 채널로 학습자-학습자 간 상호작용을 하기도 한다(Moore, 1989).

넷째, 게임은 학습자의 인지과정과 메타인지 능력을 지원하는 인지학습 툴 기능을 수행한다. 일반적 교육용 게임에는 다양한 인지도구들이 설계되어 운용된다(Barab, 2005; Clarke-Midura, Dede, Ketelhut, Nelson, & Bowman, 2006; Liu, 2004). 이러한 인지학습 툴은 게임 개발의 배경이 되는 교과영역이나 문제 상황에서 활용되는 실제 도구들을 시뮬레이션화한 것들을 포함해, 학습과정의 인지적 부하를 줄여주기 위한 학습보조 도구들을 지칭한다. 따라서 학습자들은 게임을 통해 문제해결 과정에 필요한 다양한 인지처리 과정을 지원받을 뿐 아니라 문제해결을 위한 메타인지 활동을 연습하고 적용해볼 수 있다.

청소년에게 게임을 허하라

# 4. 게임의 교육적 효과

게임을 활용한 학습과 그것의 성과를 검증하려는 연구는 게임을 교육에 활용하기 시작한 이후부터 꾸준히 진행되어왔다. 비교적 초기에 실시된 게임에 대한 연구들에서는 컴퓨터기반 교육용 게임은 학습을 촉진시키고 대부분의 연구 영역에서 교수시간을 단축시킨다고 보고하였다 (Randel et al., 1992; Van Sickle, 1986). 게임이 전반적으로 학습을 촉진시키고, 교수학습의 시간을 단축시킨다는 연구는 향후 밴 에크와 같은 게임 연구자들의 연구결과와도 일치한다(Van Eck, 2006).

게임의 효과에 대한 문헌연구를 실시한 헤이즈는 교육용 게임의 효과에 대한 연구들이 다음과 같은 특성을 보이고 있다고 정리하였다 (Hays, 2005). 첫째, 교육용 게임의 효과는 산발적인 형태를 띠고 있으며, 연구방법적인 문제와 잘못 정의된 용어들을 사용하고 있다. 둘째, 교육용 게임은 효과적인 학습을 유도하는 것으로 보고되고 있지만, 이는 교수활동에도 적용되는 것은 아니며, 일부 게임의 효과가 전체 게임의 효과를 대변해주지 않는다. 셋째, 게임은 교수학습 프로그램 속에 설계되어야 효과적이며, 교육용 게임의 학습효과는 반드시 복명(debriefing)이나 피드백을 포함하여 학습자들에게 현재 게임에서 무엇이 일어나고 있고, 이벤트들이 교수활동에 어떻게 연관되어 있는지 이해할 수 있도록 해야 한다. 넷째, 교육용 게임의 효과는 학습자들이 게임을 어떻게 진행하는지 설명해줄 때 증가한다.

헤이즈의 연구와 유사한 시기에 실시된 게임 효과에 대한 메타연구 (Vogel et al., 2006)에서는 교육용 게임의 활용이 학습과 동기 전반에 긍정적

제 6 장   교육용 게임의 기능 및 효과

인 변화를 가져온다는 연구결과가 보고되었다. 다양한 영역을 통틀어, 교육용 게임은 전통적 교실 수업에 비해 향상된 인지적 학습 성과를 내는 것으로 나타났으며, 학습에 대한 긍정적인 태도 변화를 유도하는 것으로 나타났다.

마지막으로 비교적 최근에 실시된 문헌 연구에서는 게임의 교육적 활용과 기능성 게임은 인간의 지각, 인지, 행동, 정서, 동기 등에 긍정적인 효과를 나타냈다고 보고하였다(Connolly, Boyle, & Hainey, 2012). 특히 게임이 효과를 나타내는 인간의 학습 영역 중에 정보의 습득, 내용의 학습, 정서와 동기의 발달과 관련된 효과들이 가장 많이 보고되고 있는 것으로 나타났다.

이상의 30여 년의 연구결과들은 동일하게 교육용 게임이나 교육을 위해 활용하는 컴퓨터게임이 학습의 다양한 영역에서 긍정적인 효과를 나타내고 있다고 보고하고 있다. 이러한 결과들은 많은 연구들(De Freitas & Levene, 2003; O'Neil, Wainess, & Baker, 2005; Wilson et al., 2009)에서 지적하고 있는 '교육용 게임의 효과에 대한 경험과학적 연구결과 부족'이라는 문제를 해결해주고 있다고 평가된다.

## 1) 교육용 게임의 활용 영역과 효과

문헌조사를 통해 컴퓨터게임의 교육적 활용 사례를 정리한 헤이니와 동료들은 교육용 게임이 의학, 경영, 군대 훈련, 과학, 수학 등 매우 다양한 영역에서 활용되고 있음을 보고하였다(Hainey et al., 2011).

이들의 문헌정리에 따르면, 먼저 게임은 의학 분야에서 시술의 실

청소년에게 게임을 허하라

패로 인한 생명의 위험이나 손상이 따르는 시술, 응급처치에 활용되어 의사의 수술 기능을 향상시키는 역할을 하는 것으로 보고되었다(Lennon, 2006; Roubidoux, 2005). 이러한 시술이나 응급처지 등에 사용되는 게임에는 시뮬레이션 요소를 적용하여 의료사고의 위험을 피하면서도 고가의 의료 소모품이나 어려운 시술 과정을 실제와 유사한 환경에서 연습할 수 있게 하여 교육적 효과를 증가시킨 것으로 평가되었다. 또한, 의학교육에 활용된 게임은 이러한 특수한 시술이나 위험이 있는 프로그램만 있는 것이 아니다. 게임을 통해 일반 의학기술과 지식을 습득하는 것이 가능할 뿐 아니라, 환자들에게 본인의 질병에 대한 지식을 게임의 형태로 제공하기도 하였다. 빌 등의 연구(Beale et al., 2007)에서는 암환자들에게 암 관련 지식을 게임의 형태로 제공하고 그 효과를 검증한 결과, 게임을 통해 암 관련 지식을 습득한 집단이 통제집단에 비해 지식 습득에 유리한 것으로 나타났다.

교육용 게임은 경영 시뮬레이션을 통해 기업경영의 노하우와 기업경영 리더십을 향상시키는 방법으로 활용되기도 하였다. 지의 저서에서는 'Virtual-U'(http://www.virtual-u.org, 현재는 서비스가 중단됨)라는 대학 경영 시뮬레이션 게임을 소개하고 있다(Gee, 2003). 학습자들은 이 게임을 통해 실제 대학 운영 과정에서 수집된 경영 데이터를 통해 대학 경영의 의사결정에 참여하면서 학교 경영 수업을 진행하여 긍정적인 학습성과를 이끌어냈다고 소개하고 있다. 이와 유사하게, 헤이니 등(Hainley, 2012)은 'Virtual Leader'(http://www.simulearn.net)라는 게임의 효과를 소개하였다. 'Virtual Leader'는 전통적 수업과 비교해 인지능력, 기억, 리더십 기술의 적용, 행동의 변화 측면에서 긍정적인 효과를 낸 것으로 보고되었다. 그러나 'Virtual-U'와 'Virtual Leader'의 경우, 게임의 교육적 효과에 대해

*155*

학술저널 등에 경험과학적 연구자료를 통해 결과가 보고된 것은 찾기가 힘들다는 문제점이 있다.

군사훈련에서 교육용 게임과 시뮬레이션은 그 활용의 역사가 매우 길다. 헤이니 등의 연구(Hainey et al., 2012, 재인용)에서는 'America's Army' 라는 게임을 통해 군사기술, 협력적 전술운영, 의사소통, 군사지역 탐색 등을 훈련하였던 사례를 소개하였다. 'America's Army' 관련 연구에서는 게임을 활용한 교육훈련이 팀 과제의 수행, 의사소통, 팀 구조 능력 향상에 연관되었음을 보고하였다. 반면, 'America's Army'의 교육적 효과를 다른 게임과 비교하여 분석한 연구에서는 시뮬레이션 게임의 긍정적인 교육적 효과가 나타나지 않았음을 보고하기도 했다(Schneider, Carley, & Moon, 2005).

마지막으로, 수학과 과학 교과에서는 게임을 활용하는 것이 비교적 긍정적이고 일관적인 효과를 보이는 것으로 나타났다. 'Super Charged'라는 게임을 중학교 과학교과에 적용하여 실험한 결과, 게임을 활용한 집단이 과학지식 습득에 좋은 성과를 보인 것으로 나타났다(Squire et al., 2004). 특히 이 연구에서는 게임의 효과가 성별의 차이에 영향을 받는지 검증했는데, 그 결과 성별은 게임의 교육적 효과에 영향을 미치지 못하는 것으로 나왔고, 게임의 활용은 과학교과에서 남녀를 구분하지 않고 효과적이라는 결론을 내렸다.

수학교과에서는 'SMILE'이라는 시각장애인을 위한 게임이 프로토타입 게임을 활용해서 연구를 진행했음에도, 게임의 활용이 학습자들의 몰입과 동기 향상에 긍정적인 영향을 미친 것으로 나타났다(Adamo-Villani & Wright, 2007). 또한 'Zombie Division'이라는 게임을 통해 게임 개

청소년에게 게임을 허하라

| 영역 | 연구 | 연구 내용 및 목적 | 결과 및 효과 |
|---|---|---|---|
| 의학 | Lennon(2006); Roubidoux, Champman, & Pionte(2002); Roudidoux(2005) | • 실제 수술이나 시술을 게임을 통해 실시. 실제 시술의 위험 부담 없이 의학교육 실시. 일반 기본 의학교육에서도 기본 처치 절차교육에 활용 | • 수술/시술 지식 향상<br>• 일반 의학지식 및 기본처치 관련 지식 향상 |
| | Beale et al.(2007); Kato & Beale(2006) | • 암환자 관련 지식 교육을 위해 375명의 암환자에게 Re-Mission이라는 게임을 사용하게 하고, 일반 상업용 게임과 비교함. 2006년 연구에서는 Re-Mission 그룹과 통제그룹을 비교함. | • 두 게임 사용자 모두 암 관련 지식이 증가하였고, Re-Mission 그룹의 지식이 좀 더 향상됨.<br>• 게임을 통한 암환자 교육은 암 관련 지식을 향상시켰으며, 종단 연구에서서 지식 향상이 유지되었음. |
| 경영 | Gee(2003) | • Virtual-U를 활용하여 대학의 총장으로 경영하는 시뮬레이션 게임으로 실제 대학경영 데이터를 활용하여 교육 실시 | • Virtual-U는 2005년까지 90개 대학의 800개 기관에서 정규교육과 교실 수업에 활용하여 긍정적인 학습효과를 냄. |
| | Hainey et al.(2012) 재인용 | • Virtual Leader는 SimuLearn이 만든 리더십 훈련용 3D기반 교육 시뮬레이션으로 현재도 서비스 중임(http://www.simulearn.net). | • Virtual Leader 사용은 전통적 수업보다 리더십 기술, 인지과정 변화, 기억, 리더십 기술의 적용, 긍정적 행동에서 좋은 효과를 보임.<br>• 연구결과가 학술저널에 보고되지 않은 것은 문제점임. |
| 군사 훈련 | Hainey et al.(2012) 재인용; Schneider, Carley, & Moon(2005) | • America's Army는 the American Army사가 만든 군사교육 게임으로, 기본 군사기술, 협력, 의사소통, 챌린지 탐색 등을 훈련하는 프로그램임.<br>• America's Army에는 Solders와 Operstions라는 PG 시뮬레이션을 포함하고 있어서 챌린지를 탐색하거나 1인칭 가상 작전을 수행함. | • 대부분의 연구가 팀 태스크 성공, 활동, 의사소통, 팀 구조 등과 관련된 요소들을 연구하는 것이었음.<br>• Schneider et al.(2005)의 연구는 본 게임을 다른 게임과 비교한 연구였으나 연구결과가 확증적이지 못함. |

157

| 과학 | Squire et al.(2004) | • SuperCharged는 중학교 과학 전기자기장에 관한 시뮬레이션 게임으로, MIT 물리과와 협력으로 제작됨.<br>• 실험집단과 통제집단 비교 연구 실시 | • SuperCharged 사용 집단이 과학 지식 습득에 좋은 성과를 보임.<br>• 성별 차이는 학습효과를 중재하지 않는 것으로 나타남. 따라서 게임의 활용은 남녀를 구분하지 않고 효과적이었음. |
|---|---|---|---|
| 수학 | Adamo-Villani & Wright(2007) | • SMILE 프로그램을 통해 청각장애 학생을 위한 과학 및 수학용 3D 프로그램을 개발하여 연구 실시<br>• 2007년 논문에서는 SMILE 개발 초기 단계로 게임의 효과를 경험 과학적으로 평가하지는 않음. | • Think aloud 프로토콜 분석 결과 학습자들의 학습 동기와 몰입이 향상됨. |
| | Baker, Habgood, Ainworth, & Corbett(2007); Habgood(2007) | • Zombie Division이라는 게임을 활용해 게임 개발에 있어 내적 동기 접근과 외적 동기 접근의 효과를 비교함. | • 내적 동기 설계 방식을 적용한 게임이 학습자의 학습과 동기를 증가시킴. |

발을 위한 동기 설계 전략의 차이를 연구한 결과, 내적 동기 설계 방식[2]이 외적 동기 설계에 비해 학습자의 몰입과 동기에 효과적임을 밝혀냈다 (Habgood, 2007).

### 2) 게임을 통해 습득된 능력별 게임의 효과

코놀리와 동료들은 129개의 게임 관련 연구를 분석하여 그중 70개의 우수 논문을 중심으로 게임의 학습 효과에 대해 분석하였다(Connolly et al., 2012). 이들의 연구에 의하면 교육용 게임의 효과는 크게 인지적 · 정

---

2  학습내용을 게임 스토리에 녹여내어 설계하는 방식.

의적·행동적 영역으로 유형화하여 나타나고 볼 수 있다.

### (1) 인지적 영역의 효과(지식 습득, 내용이해, 지각 및 인지 능력)

학습 내용의 습득은 게임의 교육적 활용에 있어서 기본적 요구에 포함되며, 그 교육적 효과는 비교적 긍정적임에도 불구하고, 일부 연구에서는 그 효과가 일관적이지 못한 것으로 나타났다. 컴퓨터게임을 활용해 컴퓨터 관련 지식을 학습한 결과, 학습자들이 컴퓨터 메모리에 대한 개념습득에 유의미한 효과를 낸 것으로 나타났으며(Papastergiou, 2009), 게임을 통해 암에 대한 지식을 제공한 결과 그렇지 않은 집단에 비해 암 관련 지식 습득에 차이를 나타냈다(Beale et al., 2007). 반면, 온라인게임을 활용한 개념학습이 플래시 카드를 활용한 전통적 게임에 비해 효과적이지 않은 결과도 나타났으며(Sward et al., 2008), 게임사용 자체는 생리학 관련 교과의 학습에 직접적인 영향을 미치지 못하고 응답의 정확성에 대한 피드백을 제공한 경우에만 학습성과가 증진된 것으로 보고한 연구도 있다(Cameron & Dwyer, 2005).

지각능력과 인지 기술은 일반적인 게임 플레이를 통해 습득되는 기술인 만큼, 연구의 상황이 상업용 엔터테인먼트 게임의 연구와 교육용 게임의 연구를 모두 포함하여 이루어지고 있다(Connolly, Boyle, MacArthur, Hainey, & Boyle, 2012). 그린과 배블리어는 게임을 하는 학습자는 게임을 하지 않는 사람보다 수학적 산술능력이 높다고 하였으며, 다수의 대상물을 추적할 수 있는 인지능력이 높다고 보고하였다(Green & Bavelier, 2006). 테레키와 뉴콤은 컴퓨터게임을 활용할 때 물체의 회전 지각 능력이 남녀의 성별에 의해 각기 다른 결과가 나타난다고 보고하였으며(Terlecki &

Newcombe, 2005), 펭과 동료들은 여성에게 액션게임 경험을 제공하는 것은 주의집중 전략이나 공간지각 능력에서 남녀의 차이를 줄여주는 결과가 나타난다고 보고하였다(Feng, Spense, & Pratt, 2007).

또한, 교육용 게임의 활용과 고차원적 인지 기술의 관계에 있어서는 비교적 일관된 연구결과를 보여주고 있다. 부트와 동료들은 게임의 활용이 기억력과 문제해결력의 향상과 같은 고차원적 사고력까지 신장시켜 주는지를 알아보았는데, 그 결과 중 일부는 기존 연구들의 긍정적인 결과를 확인하는 결과를 도출하였지만, 일부는 그렇지 못한 결과를 보여주었다고 밝혔다(Boot et al., 2008). 밸릿 등은 교육용 게임의 인지적 효과에 대한 분석에서는 게임을 매주 적은 시간만 사용했음에도 불구하고, 작동기억, 청각적 지각, 선택적 지각 능력이 향상되었다는 것을 확인하였다. 이러한 게임의 인지적 능력 향상은 폭력적 게임이나 비폭력적 게임의 활용과는 무관했으며, 게임의 고차원적 사고능력 신장에 대한 효과에 있어서도 긍정적인 변화가 있었다고 밝혔다(Barlett et al., 2009).

### (2) 동기적 영역의 효과(사회성, 자기효능감, 학습 동기 등)

다수의 게임 연구들에 따르면, 게임을 활용한 교육은 게임 학습자의 동기와 정의적 측면에 긍정적 영향을 미친 것으로 보고되었다.

러셀과 뉴튼은 운동을 하면서 게임을 사용하는 것과 그렇지 않은 상황에서의 긍정적 감정과 부정적 감정 변화에 대해 조사했는데, 운동을 할 때 게임을 사용하게 한 것은 것은 플레이어의 감정에 긍정적인 효과를 내지 못한 것으로 보고하였다(Russel & Newton, 2008). 웨이벨과 동료들은 게임 플레이 경험의 속성에 대해 연구를 하였는데, 연구 결과 게임

*160*

플레이어들의 몰입 경험은 게임에서 느끼는 개인의 존재감과 게임을 하면서 느끼는 기쁨을 중재하는 것으로 나타났다. 위어스와 동료들은 게임이 수학교과목에서 수학학습의 동기향상에 영향이 있었음을 보고한 반면(Wijers, Jonker, & Kerstens, 2008), 휘젠가와 동료들은 모바일게임이 역사과목에서 학습동기를 향상시키지는 못했다는 연구결과를 보여주었다(Huizenga et al, 2007).

다수의 연구에서는 상업용 엔터테인먼트 게임을 플레이하는 몰입요인에 대해 탐색했는데(Chou & Tsai, 2007; Connolly, Boyle, Hainey, 2007; Karakus, Inal, & Cagiltay, 2008), 다양한 이유들 중에서도 즐거움과 도전이 주요 요인으로 드러났다. 이 외에도 경쟁이나 사회적 상호작용 등 여러 이유들이 게임 플레이어들로 하여금 게임 참여 동기를 증가시키는 것으로 나타났다(Lucas & Sherry, 2004).

게임이 소프트 스킬을 지원해줄 가능성을 제안한 연구(Dede, 2000; Donglinger, 2007)는 있지만 게임이나 시뮬레이션 등이 실제로 소프트 기술을 향상시켜주는 것을 보고한 경험과학적 연구결과를 찾기는 힘들다. 그러나 소프트 기술은 사회성 기술과 공통되는 부분이 있으며, 게임이 사회성 기술을 증진시켰다는 연구들은 일부 존재한다(Assmann & Gallenkamp, 2009). 다만 이러한 연구들도 게임 환경과 그렇지 않은 환경을 비교한 경험과학적 연구로 그 결과를 도출해낸 것은 아니다.

### (3) 행동적 영역의 효과(운동 기술, 군사 훈련 등)

게임은 운동기술 교육을 위해 활용되어 그 효과가 검증되었다. 복강경 검사 기술 습득을 위해 시뮬레이션을 활용한 집단과 그렇지 않은 집단의 성과를 비교한 결과 시뮬레이션 활용 집단은 깊이에 대한 인지와 복 강격 기기 조작기술이 향상되었다(Holge et al., 2008). 또한 비디오게임을 통해 학습한 학습자들이 비디오게임이 아닌 방법으로 학습한 학습자들에 비해 학습속도가 빠른 것으로 나타났다. 이러한 연구결과와 유사하게 시뮬레이션 사용은 학생들의 운동역량 신장에 도움이 되지만 운동기술의 자동화에 걸리는 시간에는 큰 영향을 미치지 못하는 것으로 나타났다(Stefanidis et al., 2008). 사격술 훈련에 있어서 과제의 난이도가 지속적으로 증가하는 상황에서 게임에 익숙하지 않은 참가자는 게임을 활용하더라도 학습 효과가 향상되지 못하였다(Orvis, Horn, & Belanish, 2008).

# 5. 결론

제6장은 교육용 게임 연구에 대한 사회적 기대와 교육적 가치를 재정립하기 위해 게임의 기능과 교육적 가치를 소개할 목적으로 집필되었다. 그러한 목적을 위해 먼저 교육용 게임과 관련 정의들을 소개하였다. 교육용 게임의 차별성과, 매체적 속성, 기능들을 소개하고, 마지막으로 교육용 게임의 효과를 게임의 주요 활용 영역에 기초해 알아보고, 다시 그 효과를 학습성과의 범주로 나누어 분석하였다.

교육용 게임은 교육적 목적을 가지고 제작된 게임들을 총칭하는 용어로, 이 정의는 일반적인 엔터테인먼트 게임을 교육적 목적으로 활용해 효과를 내는 게임의 활용 형태를 폭넓게 포함한다(Educational game, 2016). 이 장에서, 교육용 게임은 게임과 시뮬레이션의 요소를 공통적으

청소년에게 게임을 허하라

로 포함하고 있는 개념으로, 부분적으로 비디오 게임과 중첩된 개념임과 동시에 기능성 게임을 포함하는 개념으로 정의하였다.

　　게임의 기능으로는 크게 학습 콘텐츠 제공, 학습동기 촉진, 상호작용 및 참여, 인지 및 메타인지 지원 기능을 중심으로 분석하였으며, 이러한 기능들은 현대 교육용 게임들이 대부분 디지털게임으로 개발되고 있어서 그 역할의 폭이 다양화되고 있음을 설명하였다. 아울러 교육용 게임은 의학, 군사 훈련, 경영, 과학, 수학 등과 같이 실제 학교 학습 환경에서 구현하기 어렵거나 비용이 많이 들어가는 곳에 효과적인 대안수단으로 자리 잡고 있었다. 이러한 연구들에서는 게임의 교육적 효과가 인지, 동기, 행동적 영역에서 고르게 향상되었다는 보고가 있었고, 게임의 활용은 전통적 수업과 비교해 일정 수준 이상의 역량 강화를 지원하고 있음이 밝혀졌다. 그러나 여전히 교육용 게임의 효과 검증에서는 경험과학적 연구 부족과 연구의 엄격성 문제가 지적되고 있어서 향후 보완해야 할 사항으로 지적되고 있음을 알 수 있었다.

# 참고문헌

문성호(2013). 「국내 게임 중독 담론의 역사」. 『한국 컴퓨터게임 학회 논문지』, 26(1), 29-35.

이정훈(2015). 「게임 중독 관련 논의에 관한 범죄학적 고찰」. 『중앙법학』, 17(2), 335-367.

이철현 · 정계환(2005). 「초등학교 학생들의 게임 중독과 공격성 및 인성과의 관계」. 『정보교육학회논문지』, 9(3), 417-437.

홍율표 · 임성문(2010). 「청소년의 인터넷게임 커뮤니티몰두가 MMORPG 게임중독에 미치는 영향」. 『청소년학연구』, 17(1), 217-247.

Abt, C. C.(1987). *Serious games*. University Press of America.

Adamo-Villani, N., & Wright, K.(2007). "SMILE: an immersive learning game for deaf and hearing children." In *ACM SIGGRAPH 2007 educators program*(p. 17). ACM.

Anderson, P. H., & Lawton, L.(2009). "Business simulations and cognitive learning developments, desires, and future directions." *Simulation & Gaming*, 40(2), 193-216.

Assmann, J. J., & Gallenkamp, J. V.(2009). "Communication and leadership trustworthiness in virtual teams: An empirical comparison of the US and China." In *System Sciences, 2009. HICSS'09. 42nd Hawaii International Conference on*(pp. 1-10). IEEE.

청소년에게 게임을 허하라

Baker, R. S., Habgood, M. J., Ainsworth, S. E., & Corbett, A. T.(2007). "Modeling the acquisition of fluent skill in educational action games." *In International Conference on User Modeling*(pp. 17-26). Springer Berlin Heidelberg.

Barab, S., Thomas, M., Dodge, T., Carteaux, R., & Tuzun, H.(2005). "Making learning fun: Quest Atlantis, a game without guns." *Educational Technology Research and Development*, 53(1), 86-107.

Barlett, C. P., Vowels, C. L., Shanteau, J., Crow, J., & Miller, T.(2009). "The effect of violent and non-violent computer games on cognitive performance." *Computers in Human Behavior*, 21(1), 96-102.

Beale, I. L., Kato, P. M., Marin-Bowling, V. M., Guthrie, N., & Cole, S.W.(2007). "Improvement in cancer-related knowledge following use of a psychoeducational video game for adolescents and young adults with cancer." *Journal of Adolescent Health*, 41, 263-270.

Boot, W. R., Kramer, A. F., Simons, D. J., Fabiani, M., & Gratton, G. (2008). "The effects of video game playing on attention, memory, and executive control." *Acta Psychologica*, 129(3), 387-398.

Caillois, R., & Barash, M.(1961). *Man, play, and games.* University of Illinois Press.

Cameron, B., & Dwyer, F.(2005). "The effect of online gaming, cognition and feedback type in facilitating delayed achievement of different learning objectives." *Journal of Computers in Human Behavior*, 24(5), 2415-2433.

Chou, C., & Tsai, M.-J.(2007). "Gender differences in Taiwan high school students' computer game playing." *Computers in Human Behavior*, 23, 812–824.

Clarke-Midura, J., Dede, C., Ketelhut, D. J., Nelson, B., & Bowman, C. (2006). "A design–based research strategy to promote scalability for educational innovations." *Educational Technology*, 46(3), 27.

Connolly, T. M., Boyle, E., & Hainey, T.(2007). "A survey of students' motivations for playing computer games: a comparative analysis." In Proceedings of the 1st European conference on games-based learning(ECGBL), 25–26 October 2007, Paisley, Scotland.

Connolly, T. M., Boyle, E. A., MacArthur, E., Hainey, T., & Boyle, J. M.(2012). "A systematic literature review of empirical evidence on computer games and serious games". *Computers & Education*, 59(2), 661–686.

Crawford, C.(1984). The art of computer game design. Retrieved from http://www.vic20.vaxxine.com/wiki/images/9/96/Art_of_Game_Design.pdf

Crooltall, D., Oxford, R., & Saunders, D.(1987). "Towards a reconceptualization of simulation: From representation to reality." *Simulation/Games for learning*, 17(4), 147–71.

Dale, E.(1946). "The cone of experience." *Audio-Visual Methods in Teaching*, 1, 37–51.

De Freitas, S., & Levene, M.(2003). "Evaluating the development of wearable devices, personal data assistants and the use of other mobile devices in further and higher education institutions." *JISC Technology and Standards Watch Report*, (TSW030), 1–21.

Dede, C.(2009). "Immersive interfaces for engagement and learning." *Science*, 323(5910), 66–69.

청소년에게 게임을 허하라

Dempsey, J. V., Haynes, L. L., Lucassen, B. A., & Casey, M. S.(2002). "Forty simple computer games and what they could mean to educators." *Simulation & Gaming*, 33(2), 157-168.

Dickey, M. D.(2011). "The pragmatics of virtual worlds for K-12 educators: investigating the affordances and constraints of ActiveWorlds and SecondLife with K-12 in-service teachers." *Educational Technology Research and Development*, 59(1), 1-20.

Djaouti, D., Alvarez, J., Jessel, J.-P., & Rampnoux, O.(2011). "Origins of serious games." In *Serious games and edutainment applications*(pp. 25-43). Springer London.

Dondlinger, M. J.(2007). "Educational video game design: A review of the literature." *Journal of applied educational technology*, 4(1), 21-31.

Educational game.(2016). In *Wikipedia, The Free Encyclopedia*. Retrieved 02:46, February 17, 2017, from https://en.wikipedia. org/w/index.php?title=Educational_game&oldid=751082362

Feng, J., Spence, I., & Pratt, J.(2007). "Playing an action video game reduces gender differences in spatial cognition." *Psychological Science*, 18(10), 850-855.

Gaba, D. M., Howard, S. K., Fish, K. J., Smith, B. E., & Sowb, Y. A.(2001). "Simulation-based training in anesthesia crisis resource management(ACRM): a decade of experience." *Simulation & Gaming*, 32(2), 175-193.

Gee, J. P.(2003). "What video games have to teach us about learning and literacy." *Computers in Entertainment(CIE)*, 1(1), 20-20.

Green, C. S., & Bavelier, D.(2006). "Enumeration versus multiple object tracking: the case of action video game players." *Cognition*,

*167*

101(1), 217-245.

Habgood, M. P. J.(2007). *The effective integration of digital games and learning content*, Doctoral dissertation, University of Nottingham.

Hainey, T., Connolly, T., Stansfield, M., & Boyle, L.(2011). "The use of Computer games in education: A review of the literature." In P. Felicia(Ed.), *Handbook of research on improving learning and motivation through educational games: Multidisciplinary approaches* (pp. 27-50). Hershey, PA: IGI Global.

Hays, R. T.(2005). *The effectiveness of instructional games: A literature review and discussion.* DTIC Document.

Hoban, C. F.(1937). Visualizing the curriculum. *New York, Cordon.*

Hogle, N. J., Widmann, W. D., Ude, A. O., Hardy, M. A., & Fowler, D. L.(2008). "Does training novices to criteria and does rapid acquisition of skills on laparoscopic simulators have predictive validity or are we just playing video games?" *Journal of Surgical Education*, 65(6), 431-435.

Huizenga, J., Admiraal, W., Akkerman, S., & Dam, G. T.(2007). "Learning History by playing a mobile city game." In Proceedings of the 1st European conference on game-based learning(ECGBL) (pp. 127-134). October 2007, Paisley, Scotland: University of Paisley.

Johnson, L., Adams, S., & Cummins, M.(2013). NMC Horizon Report: 2012 Higher Education Edition(Austin, TX: New Media Consortium, 2012).

Johnson, L., Adams, S., Cummins, M., Estrada, V., Freeman, A., & Ludgate, H.(2013). The NMC Horizon Report: 2013 Higher Education Edition.

청소년에게 게임을 허하라

Johnson, L., Krueger, K., Becker, A. S., & Cummins, M.(2015). *Horizon Report: 2015 K-12 Edition*(Austin: TX: New Media Consortium).

Johnson, L., Smith, R., Willis, H., Levine, A., & Haywood, K.(2011). The 2011 horizon report.

Karakus, T., Inal, Y., & Cagiltay, K.(2008). "A descriptive study of Turkish high school students' game-playing characteristics and their considerations concerning the effects of games." *Computers in Human Behavior*, 24(6), 2520-2529.

Kato, P. M., & Beale, I. L.(2006). "Factors affecting acceptability to young cancer patients of a psychoeducational video game about cancer." *Journal of Pediatric Oncology Nursing*, 23(5), 269-275.

Kline, S.(2004). "Computer/Video Games." In G. S. Cross(Ed.), *Encyclopedia of Recreation and Leisure in America* (Vol. 1, pp. 226-231). Detroit: Charles Scribner's Sons. Retrieved from http://libproxy.snu.ac.kr/b41f8ad/_Lib_Proxy_Url/go.galegroup.com/ps/i.do?id=GALE%7CCX3434800074&v=2.1&u=snu&it=r&p=GVRL&sw=w&asid=f0c7be42c21f59375f1398467451280f

Lennon, J. L.(2006). "Debriefings of web-based malaria games." *Simulation & Gaming*, 37(3), 350-356.

Liu, M.(2004). "Examining the performance and attitudes of sixth graders during their use of a problem-based hypermedia learning environment." *Computers in Human Behavior*, 20(3), 357-379.

Lucas, K., & Sherry, J. L.(2004). "Sex differences in video game play: A communication-based explanation." *Communication Research*, 31(5), 499-523.

Miller, M., & Hegelheimer, V.(2006). "The SIMs meet ESL incorporating

*169*

authentic computer simulation games into the language classroom." *International Journal of Interactive Technology and Smart Education*, 3(4).

Moore, M. G.(1989). Editorial: Three types of interaction.

O'Neil, H. F., Wainess, R., & Baker, E. L.(2005). "Classification of learning outcomes: Evidence from the computer games literature." *The Cirriculum Journal*, 16(4), 455-474.

Orvis, K. A., Horn, D. B., & Belanich, J.(2008). "The roles of task difficulty and prior videogame experience on performance and motivation in instructional videogames." *Interactive Learning Research*, 16(3), 243-258.

Oswalt, I.(1993). "Current applications, trends, and organizations in US military simulation and gaming." *Simulation & Gaming*, 24(2), 153-189.

Papastergiou, M.(2009). "Digital game-based learning in high school computer science education." *Computers & Education*, 52(1), 1-12.

Prensky, M.(2003). "Digital game-based learning." *Computers in Entertainment*, 1(1), 21-21.

Randel, J. M., Morris, B. A., Wetzel, C. D., & Whitehill, B. V.(1992). "The effectiveness of games for educational purposes: A review of recent research." *Simulation & Gaming*, 23(3), 261-276.

Rogers, S.(2014). *Level Up! The guide to great video game design*. John Wiley & Sons.

Roubidoux, M. A.(2005). "Breast cancer detective: a computer game to teach breast cancer screening to native American patients." *Journal of Cancer Education*, 20(1), 87-91.

청소년에게 게임을 허하라

Roubidoux, M. A.(2005). "Breast cancer detective: A computer game to teach breast cancer screening to Native American patients." *Journal of Cancer Education*, 20(S1), 87-91.

Roubidoux, M. A., Chapman, C. M., & Piontek, M. E.(2002). "Development and evaluation of an interactive web-based breast imaging game for medical students." *Academic Radiology*, 9(10), 1169-1178.

Russell, W. D., & Newton, M. (2008). "Short-term psychological effects of interactive video game technology exercise on mood and attention." *Educational Technology & Society*, 11(2), 294-308.

Schneider, M., Carley, K. M., & Moon, I. C.(2005). "Detailed Comparison of America's Army Game and Unit of Action Experiments." Available at SSRN: https://ssrn.com/abstract=2726826 or http://dx.doi.org/10.2139/ssrn.2726826

Serious game. (2016). In *Wikipedia, The Free Encyclopedia*. Retrieved 03:45, February 17, 2017, from https://en.wikipedia.org/w/index.php?title=Serious_game&oldid=754618550

Squire, K., Barnett, M., Grant, J. M., & Higginbotham, T.(2004). "Electromagnetism supercharged!: learning physics with digital simulation games." In *Proceedings of the 6th international conference on Learning sciences*(pp. 513-520). International Society of the Learning Sciences.

Stefanidis, D., Scerbo, M. W., Sechrist, C., Mostafavi, A., & Heniford, B. T.(2008). "Can novices achieve automaticity during simulator training?" *American Journal of Surgery*, 195(2), 210-213.

Svingby, G., & Nilsoson, E. M.(2011). "Research Review: Empirical Studies on Computer Game Play in Science Education." In P.

*171*

Felicia(Ed.), *Handbook of Research on Improving Learning and Motivation through Educational Games: Multidisciplinary Approaches*(pp. 1-28). IGI Global.

Sward, K. A., Richardson, S., Kendrick, J., & Maloney, C.(2008). "Use of a web-based game to teach pediatric content to medical students." *Ambulatory Pediatrics*, 8(6), 354-359.

Terlecki, M. S., & Newcombe, N. S.(2005). "How important is the digital divide? The relation of computer and videogame usage to gender differences in mental rotation ability." *Sex Roles*, 53, 433-441.

Thavikulwat, P.(1999). "Developing computerized business gaming simulations." *Simulation & Gaming*, 30(3), 361-366.

Thompson, J., Berbank-Green, B., & Cusworth, N.(2007). *Game design: Principles, practice, and techniques-The ultimate guide for the aspiring game designer.* Hoboken, NJ: John Wiley & Sons. Retrieved from https://books.google.com/books?hl=en&lr=&id=Zyh4HXuHTPMC&oi=fnd&pg=PA8&dq=game+design+thompson&ots=xvqnNAhIE5&sig=ngCQ_LsqSjV-jQGSiYdmo5u9Dvk

Van Eck, R.(2006). "Digital game-based learning: It's not just the digital natives who are restless." *EDUCAUSE Review*, 41(2), 16.

Van Sickle, R. L.(1986). A quantitative review of research on instructional simulation gaming: A twenty-year perspective." *Theory & Research in Social Education*, 14(3), 245-264.

Video game(2016). In *Wikipedia, The Free Encyclopedia*. Retrieved 00:00, December 3, 2016, from https://en.wikipedia.org/w/index.php?title=Video_game&oldid=752736436.

Vogel, J. J., Vogel, D. S., Cannon-Bowers, J., Bowers, C. A., Muse,

청소년에게 게임을 허하라

K., & Wright, M.(2006). "Computer gaming and interactive simulations for learning: A meta-analysis." *Journal of Educational Computing Research*, 34(3), 229-243.

Weibel, D., Wissmath, B., Habegger, S., Steiner, Y., & Groner, R.(2008). "Playing online games against computer-vs. human-controlled opponents: Effects on presence, flow, and enjoyment." *Computers in Human Behavior*, 24(5), 2274-2291.

Wijers, M., Jonker, V., & Kerstens, K.(2008). "MobileMath: the phone, the game and the math." In Proceedings of the 2nd European conference on games-based learning(ECGBL), 16-17 October 2008, Barcelona, Spain.

Wilson, K. A., Bedwell, W. L., Lazzara, E. H., Salas, E., Burke, C. S., Estock, J. L., ⋯ Conkey, C. (2009). "Relationships Between Game Attributes and Learning Outcomes." *Simulation & Gaming*, 40(2), 217-266.https://doi.org/10.1177/1046878108321866

*173*

# 저자 약력

## 이 재 진

텍사스주립대학교 교육학 박사

현　서울시립대학교 교수학습개발센터 연구교수

〈주요 논문〉

Liu, M., Lee, J., Kang, J., & Liu, S.(2015). "What We Can Learn from the Data: A Multiple-Case Study Examining Behavior Patterns by Students with Different Characteristics in Using a Serious Game." *Technology, Knowledge and Learning*, 21(1), 33-57. http://doi.org/10.1007/s10758-015-9263-7

Liu, M.,Horton, L., Lee, J., Kang, J.,Rosenblum, J., O'Hair, M. & Lu, C. W.(2014). "Creating a Multimedia Enhanced Problem-Based Learning Environment for Middle School Science: Voices from the Developers." *Interdisciplinary Journal of Problem-Based Learning*, 8(1).

Liu, M., Yuen, T.T. Horton, L., Lee, J., Toprac, P.and Bogard. T.(2013). "Designing Technology-Enriched Cognitive Tools to Support Young Learners' Problem Solving." *Cognitive Technology Journal*.

〈주요 저서〉

청소년에게 게임을 허하라

Liu, M., Kang,J., Lee, J, Winzeler, E., & Liu, S.(2015). "Examining through visualization what tools learners access as they play a serious game for middle school science." In C. S. Loh, Y. Sheng, & D. Ifenthaler(Eds.) *Serious Games Analytics*.

# 청소년 정치사회화와 게임*

채 영 길

청소년들의 문화 소비 현상은 거의 언제나 우려와 거부의 대상이 되어왔다. 특히, 미디어와 관련된 이용 및 소비 현상은 더욱 그러하다. 청소년의 채팅, 온라인 커뮤니티, UGC, 온라인 BJ 활동 등 사이버 공간에서 청소년들의 문화적 행위들에 대한 사회적 시각은 부정적이거나 종종 범죄시된다. 청소년들의 미디어 소비에 대한 우려의 시선은 가정과 학교 그리고 정부 정책에 의한 직접적 통제로 이어진다. 비디오, 온라인, 모바일 등 다양한 게임은 이러한 부정적 틀 짓기와 사적 그리고 공적 통제의 대표적인 고려 대상이다. 특정 미디어에 대한 특정 세대에 대한 이러한 과격한 거부와 억제는 드물지 않다. 하지만 이것이 다른 모든 지역에서도 그럴 것이라는 추측은 완전한 오류이다. 게임의 최대 생산 및 소비 시장들인 북미와 유럽에서는 게임이 청소년들의 성장과 발달에 적극 권장되고 있다. 특히, 게임을 통한 협력, 상호 존중, 참여와 같은 전통적 시민성 가치와 공감과 같은 네트워크 사회의 작동 원리 교육은 매우 대중적 교육 방식으로 인식되고 있다. 이에 따라 다양한 교육적 게임 산업과 시장이 형성되고 있기도 하다. 이 장에서는 한국 사회에 팽배한 청소년 게임의 부정적 '마신'들의 논리를 비판적으로 살펴보고 게임이 청소년과 사회 일반에 어떻게 긍정적으로

---

* 최근의 게임은 매우 다양한 기기(콘솔, PC, 모바일, 휴대용 게임기 등)와 웹, 앱 등 온라인게임으로 통칭되는 네트워크에 기반한 다양한 형태의 프로그램들에 의해 특정 양식으로 규정하기가 매우 어렵다. 또한, 게임의 방식 역시 개인이나 그룹 또는 길드라고 불리는 커뮤니티형 게임에 이르기까지 매우 상이한 성격을 가진다. 이러한 게임의 다양성에도 불구하고 이 글에서는 서술의 용이성을 위해 비디오 게임 또는 게임으로 일반화하였다.

기여할 수 있는지를 논의해보고자 한다. 구체적으로 우리는 청소년이 게임을 통해 사적인 사회 구성원의 일부에서 공적인 시민으로 성장하기 위한 가능성들을 이론적으로 살펴보고 실천 방법들을 사례 중심으로 살펴보고자 한다.

# 1. 게임에 대한 미신

온라인게임에 대한 우리의 태도는 어떠한가? 우리는 이에 대해 아무런 편견 없이 답을 할 수 있을까? 2015년 미국의 퓨리서치센터는 비디오게임과 관련한 설문조사에서 이와 유사한 질문을 던졌다. 응답은 의외의 균형성을 보여주었다. 이 조사결과에 의하면 미국 성인의 26%는 비디오게임은 시간낭비라고 대답한 반면 24%는 그렇지 않다고 응답하였으며, 16%는 일부 게임의 경우 유익하다는 데 동의를 하는 반면 17%는 그러한 게임은 없다고 답하였다. 폭력적 게임이 폭력적 행위에 영향을 준다고 생각하느냐에 대한 질문에는 46%는 '그렇다'고 응답한 반면 53%는 '아니다'라고 답을 하였다(Maeve, 2015). 이러한 설문 결과는 미국 시민들이 게임에 대해 부정적·긍정적 입장이 한쪽으로 치우쳐 있지 않은 상황임을 보여주고 있다. 또한, 미국 정부 역시 게임에 대한 부정적 판단을 보류하고 일반 콘텐츠와 유사한 자율규제 원칙을 적용하고 있다. 이는 시장 자유 원칙을 고수하는 미국의 정책 기조를 반영한 것이기도 하다.

과연, 우리나라는 어떠할까? 연구결과들은 우리나라의 경우 온라인게임을 공부에 방해가 되며 인생에 오점을 남기는, 또는 막연하게 나쁜 것으로 인식하거나(김지연·도영임, 2013) 중독성 유해 물질로 취급하는(김주환 등, 2008) 경향이 크다고 보고하고 있다. 게임에 대한 이러한 반사회적 인식은 2011년 정부가 「청소년대상 심야시간 게임제공 제한제도」(일명 셧다운제)를 시행하는 주요한 논거로 활용된다. 이와 관련하여 우리나라의 2015년 조사결과는 셧다운제와 같은 온라인게임 규제를 과반수 이상이(61.3%) 찬성하고 있는 것으로 나타났다(KOCCA, 2015). 즉, 한국 사회에서 온라인게임은 개인과 사회 발전에 부정적인 영향을 주는 미디어로 통제와 감시의 대상으로 인식되는 경향이 있다고 할 수 있다.

이러한 게임에 대한 부정적 인식의 근거는 무엇일까? 실제 온라인게임이 폭력성이나 중독성과 같은 반사회적 태도와 가치를 조장하는 것일까? 그렇다면 대다수 비디오게임의 생산지이자 최대 소비지인 미국은 우리와 상반된 인식을 보이는 이유는 무엇일까? 미국 정부가 게임 산업에 가하는 소극적 규제는 단지 시장의 자유를 보장하기 위해서일까? 이와 관련하여 미디어학자들은 게임에 대한 시민들의 부정적 인식은 사회문화적으로 구축된 것이라고 지적한다. 예를 들면, 우리나라의 주류 언론은 게임을 정신적·신체적 결함을 야기하는 질병의 원인으로 묘사하고(유홍식·김종화·이지은·진소연, 2011), 심리병리학적 연구(김은정, 2005; 임지영, 2016)는 이러한 미디어 여론에 부응이라도 하듯이 게임과 부정적 영향 간의 상관관계가 있다고 주장한다. 그리고 이에 편승하여 선정적인 여론은 게임을 저급하고 유치한 문화 상품으로 인식하게 하는 데 기여한다(윤태진, 2007; 이상혁·김은미, 2012). 즉, 우리는 게임에 대한 특징적인(대부분이 부정적인) 메타포에(게임에 대한 학술적 연구가 각인시키는 기표정치와 관련해서는 이준석, 2015 참조) 상시적으로 노출되어 있으며, 이를 병리학적 증상으로 진단하고 국가적 개입을 지지한다고 할 수 있다.

하지만 게임에 대한 이러한 사회문화적 결벽증이 단지 미디어와 정책 및 일부 연구들이 만드는 부정적 담론들에만 기인하는 것일까? 오히려, 우리 사회가 게임에 대한 지배적인 담론을―이를 통한 특정 문화적 행위의 선택과 실천을 통제하는― 전복하고 청소년과 시민이 그들의 가치와 욕망을 실현하고자 하는 문화적 유희 또는 실천을 재구성하는

청소년에게 게임을 허하라

데 성공하고 있지 못하는 것은 아닐까?

　　2008년 미국의 퓨리서치센터는 맥아더 재단의 지원으로 비디오게임과 관련한 대규모 설문조사를 시행하고 청소년의 비디오게임 현황과 특성에 대한 분석을 하였다. 이는 미국에서 이루어진 거의 첫 번째 체계적인 전국적 조사였으며 의미 있는 자료를 제공해주고 있다. 이 조사팀은 청소년의 비디오게임 문화를 다음과 같이 한 줄의 문장으로 결론짓고 있다. "10대들의 게임 경험은 다양하며 두드러진 사회적 소통과 시민 참여를 포함한다"(Lenhart et al, 2008). 이와 유사한 일련의 보고서 또한 발견된다. 예를 들면, 온라인게임이 사회성을 개발한다는 일련의 연구들은 온라인게임의 사회적 관계가 시민참여를 증대시키며(미국: Kahne, Middaugh, & Evans, 2009), 온라인게임 커뮤니티는 다양한 집단에 대한 수용성을 높이며(일본: Kobayashi, 2010), 토론과 의견개진과 같은 소통 방식의 습득이 온라인게임을 통해 개선된다고(미국: Bers & Chau, 2006) 보고하고 있다. 이러한 연구와 조사결과들은 게임에 대해 사회심리적 장애 또는 질병으로 인식하는 우리 사회 일반의 부정적 편견과 상반되며, 그 결과로 제시되는 대안과 정책에 의해 게임에 대한 사회문화적 담론의 양상을 변화시킨다.

　　시뮬레이션 게임과 같은 상황 설정 게임은 청소년이 게임에 참여하여 과제를 수행하고 다른 참여자들과 소통하는 과정에서 새로운 형태의 지식, 개입, 그리고 참여 방식을 습득하게 되며, 이러한 인지적 훈련은 사회가 요구하는 시민사회적 문화 형성에 기반이 된다고 보고하고 있다(Nash, 2015). 게임을 사회적 미디어로서 청소년의 사회성과 정치성 교육을 위한 도구로 적극 활용해야 한다는 이러한 입장은 게임이 청소년의 탈사회화를 조장한다는 우리의 주장과 상반된다. 이와 관련하여 MIT 미

*181*

디어랩의 헨리 젠킨스는 기술 디스토피아적 세계관은 오늘날의 네트워크 사회의 참여적이며 협력적인 자유주의적인 문화적 특성에 대한 몰이해와 잘못된 도덕적 신념에 기초한다고 비판한다(Jenkins, 2007). 그의 비디오게임에 대한 여덟 가지 미신에 대한 주장은 이와 관련된 매우 다층적인 논쟁을 설득적으로 반박하며 비디오게임이 오히려 청소년의 자기계발과 사회화에 긍정적일 수 있음을 기존 연구들을 통해 제시하고 있다. 예를 들면, 비디오게임의 사회적 상호작용과 게임에 내재되어 있는 규칙 및 놀이 방식 그리고 의사결정 과정이 청소년들의 자존감의 회복, 문제해결 능력의 개발, 사회적 교류, 그리고 사회적 규칙의 작동 원리 등을 게이머들이 학습하게 하고 이를 다른 이들과 교류할 수 있게 해준다. 젠킨스는 기존의 연구들과 보고서를 인용하면서 이러한 비디오게임의 사회적 긍정성을 주창하면서 비디오게임에 대한 '미신'들이 전제하는 '도덕적 혼란(Moral panic)'에 대해 분명한 선을 긋고 있으며, 도덕적 신념에 의해 가공된 믿음에 선을 긋는 방식도 제시하고 있다고 할 수 있다. 중요한 것은 기존의 게임에 대한 부정적 담론에 대한 비판을 넘어서는 연구와 이론의 발굴 그리고 이를 바탕으로 하는 다양한 사회적 실험들이다.

## 비디오게임에 대한 여덟 가지 미신

### 1. 비디오게임의 확산은 청소년 폭력을 조장한다.

미연방 범죄 통계에 의하면, 청소년 폭력 범죄는 최근 30년간 낮은 수치를 보이고 있다. 연구자들은 범죄 전, 폭력범죄자들은 보통의 평범한 사람들보다 미디어를 덜 이용하는 것을 발견하였다. 학교 총기 사고의 피의자인 어린 가해자들이 게임을 하는 아이들이라는 것은 사실이다. 그러나 일반적으로 젊은 사람들은 게이머일 가능성이 높다. 90%의 남아와 40%의 여아들은 게임을 한다. 게임을 하는 절대 다수의 아이들은

청소년에게 게임을 허하라

'결코' 반사회적인 행동을 하지 않는다. 미 보건당국의 2001년 보고서에 따르면, 학교 총기 사고의 위험요인의 중심에는 정신과 가정생활의 안정성이 있으며 미디어 노출은 아니라고 밝히고 있다. 폭력적 비디오게임에 대한 도덕적 혼란은 이중의 피해를 가져온다. 성인의 권위에 대해 더 의혹을 갖게 하며 제도로부터 이미 소외된 아이들로 하여금 그 권위에 더 도전적으로 만든다. 이는 또한 폭력의 실제 문제를 해소시킬 에너지를 낭비하게 함으로써 상황을 악화시킨다.

2. '과학적 증거'는 폭력적 게임이 청소년 공격성과 연결되어(link) 있음을 보여준다.

이러한 주장은 '미디어 효과'라고 하는 협소한 연구 분야의 작업들에 기초한다. 300개가량의 미디어 폭력 연구들이 이에 포함되는데 이들 연구의 대부분은 최종 결론은 유보하고 있으며 방법론적으로 문제가 있다고 비판받는다. 이 연구들에서 미디어에 대한 이미지는 서술적 맥락들과 분리되어 있다. 실험 연구의 참여자들은 평소에는 소비하지도 이해할 수도 없는 콘텐츠를 경험하기를 요구받는다. 마지막으로, 실험실 환경은 평범한 게임을 하는 환경과는 극단적으로 다르다. 대부분의 연구는 인과관계 대신 상관관계를 발견하고 있는데 이는 단지 공격적인 사람이 공격적인 오락물을 좋아한다는 것만을 보여줄 뿐이다. 이것이 내가 'links'라는 단어를 쓴 이유이다. 만약 이러한 연구에서 하나의 합의를 이끌어낸다면, 그것은 폭력적 비디오게임은 반사회적 행위에 기여하는 하나의 위험 요소가 될 수도 있다는 점이다. 그 무엇보다도 더 직접적이고 현실적 세계의 영향과 결부하여. 그러나 어떠한 연구도 비디오게임이 주요 원인이라는 것을 발견하지는 못하였거나 폭력적 비디오게임이 정상인을 살인자로 변화시킬 수 있다는 연구결과는 없다.

3. 어린이들이 비디오게임의 주요 시장이다.

대부분의 미국 어린이들이 비디오게임을 즐기고 있지만 이 게임 산업의 첫 세대가 성인이 되었거나 되어가고 있어 비디오게임 시장의 중심은 이미 연령대가 높아졌다. 콘솔 게임 시장의 62%와 PC 게임 시장의 66%는 이미 18세 이상의 성인이 차지하고 있다. 게임 산업의 유행도 이들에 따라 변하고 있다. 그러나 상당수의 부모들은 게임 등급에 대해 잘못된 인식을 가지는데, 그 이유가 게임을 자녀들만을 위한 것으로 생각하기 때문이다. 11~16세 어린이의 1/4은 성인용(M 등급) 게임을 특히 좋아한다고 밝히고 있다. 분명한 것은 어린 소비자를 대상으로 하는 성인용 게임 광고 및 마케팅에 대한 더 많은 규제와, 부모들을 대상으로 그들이 당면하고 있는 미디어 선택들에 대한 교육이 필요하다는 것이다. 그러나 부모들은 자녀 스스로에게 필요한 것이 무엇인지를 결정할 수 있는 책임을 공유할 필요가 있다. 이와 관련해서는 나쁜 상황만은 아니다. 연방무역위원회는 83%의 게임 구매가 부모나 또는 부모와 아이가 공동으로 이루어지고 있다고 보고하고 있다.

4. 대부분의 여성들은 컴퓨터게임을 하지 않는다.

역사적으로 비디오게임 시장은 남성 중심이었다. 그러나 지난 20년간 게임을 하는 여성의 비율은 점차 증가해왔다. 오늘날 웹 기반 게임을 하는 여성의 숫자는 남성보다 조금 더 많다. 게임이 다른 종류의 디지털 리터러시를 위한 중요한 통로가 될수 있다는 믿음이 확산되면서 여자아이들에게 다가갈 수 있는 게임을 만드는 노력이 90년대 중반부터 이루어져왔다. 'The Sims'와 같은 최근의 게임들은 게임 경험이 없는 여성들에게도 큰 인기를 얻고 있다. 게임 시장에서의 성 불균등(게임 산업 내부도 마찬가지이지만)의 역사를 감안할 때, 게임에 대한 성 정형화는 그다지 놀라운 일이 아니다. 그러나 게임에서 여성 캐릭터가 종종 강하고 독립적으로 묘사된다는 사실은 적시할 필요가 있다. 제럴드 존스(Jerald Johnes)가 저서 『괴물 죽이기(*Killing Monsters*)』에서 밝히고 있듯이 종종 여자아이들은 일상에서의 여러 도전에 직면할 때 자신감을 강화시키는 방법으로 이러한 강한 여전사의 이미지를 형성하곤 한다.

5. 게임은 살생을 위해 전사를 훈련시키는 게 일반적이기 때문에 이러한 게임을 하는 어린이에게도 같은 영향을 준다.

전 군사심리학자이자 개혁가인 데이비즈 그로스먼(David Grossman)은 군사훈련에 게임을 이용하기 때문에(발포하고 사살하는 것을 포함하여), 그런 훈련을 받은 젊은 세대들은 일상에서도 공격적일 소지가 있다고 주장한다. 그로스먼의 모델은 다음과 같은 경우에만 적용될 수 있다. 만약 의미가 있는 문화적 맥락에서 훈련과 교육

청소년에게 게임을 허하라

을 떼어낼 수 있다면, 피교육자들이 아무런 의식적 목표를 갖지 못하고 그들이 배우는 것에 어떠한 반론도 할 수 없다고 믿는다면, 그리고 그들이 가상의 환경에서 배운 것을 아무것도 모른 채 현실 공간에 그대로 적용한다고 생각한다면 말이다. 군에서는 정보를 전달받을 필요가 있으며 이를 적극적으로 배우려고 하는 훈련 참가생들에게 분명하게 규정된 특별한 교육 과정을 위해 게임을 이용한다. 이러한 기술들을 습득하지 않을 때에는 모종의 결과가 따른다. 상기한 대로, 게임은 학습을 강화시키는 것으로 알려져 있다. 제임스 기(James Gee)는 최근 저서 『비디오게임이 학습과 리터러시에 관해 우리에게 가르치는 것들(*What Video Games Have to Teach Us About Learning and Literacy*)』에서, 실수를 착오로 인식하지 않고 진전을 위한 기회로 바라보는 적극적인 문제해결능력을 가진 사람이 게이머라고 묘사하고 있다. 게임 플레이어는 문제와 도전에 대해 더 새롭고 나은 해결책을 찾는다고 밝히기도 하였다. 그리고 그들은 지속적으로 가설을 세우고 검증하는 데 두려움을 갖지 않는 환경에 놓여 있다. 이 연구가 보여주는 것은 게임 플레이어가 게임을 통해 무엇을 어떻게 배우는지에 대한 근본적인 차이라고 할 수 있다.

6. 비디오게임들은 표현에 적합한 양식이 될 수 없다.

2002년 4월 19일, 미국의 지구 판사(District Judge)인 스테판 림버그(Stephen N. Limbaugh)는 비디오게임은 어떠한 관념들을 전달하는 것이 아니기에 헌법적 보호를 받을 필요가 없다고 판결하였다. 세인트 루이스 카운티는 이전에 문제가 된 모든 주제와 협소한 장르에 불과한 네 개의 게임을 증거로 제출하였다. 그런데 이와 유사한 판결을 뒤집으며 인디애나폴리스 연방항소법위의 리처드 포스너(Richard Posner) 판사는 다음과 같이 결정하였다. "폭력성은 인류에 있어서 이전부터 지금까지 중요한 관심사이며 고급이나 저급 문화 모두에 있어 반복적, 심지어 강박적이기까지 할 정도의 주제이다. 이는 그림, 앤더슨, 그리고 페롤트 등의 친숙한 고전 동화에서도 볼 수 있듯이 어린아이들에게 흥미를 이끈다." 포스너는 이에 덧붙여 "18세에 이르기까지 어린이들을 폭력적인 묘사와 이미지들의 노출로부터 막는 것은 기괴할 뿐 아니라 추하기까지 하다. 이는 우리가 알고 있는 현실에 이들이 적응하지 못하게 내버려둘 수도 있다." 초기 게임들은 움직이는 모든 것을 쏘아 맞추는 사격장에 불과하였다. 오늘날 게임들은 윤리적인 문제들을 시험하게 만든다. 이 게임들은 플레이어가 광대하게 펼쳐진 세계를 돌아다니며 자신의 선택과 이에 따른 결과를 알 수 있게 한다. 'The Sims' 기획자 윌 라이트(Will Wright)는 게임이 아마도 허구 인물의 행위에 의해 죄책감을 경험하게 하는 유일한 미디어라고 주장한다. 영화에서는 사회적 범위를 넘어설 때에 한 발 뒤에서 캐릭터나 예술인을 비난하면 된다. 그러나 게임에서는 캐릭터가 무엇을 할지를 우리가 결정한다. 적당한 상황에서, 가상 공간 내에서 우리가 어떻게 행동해야 하는지를 봄으로써 우리가 가진 가치를 평가할 수 있게 해준다.

### 7. 비디오게임은 사회적 고립이다.

많은 비디오게임은 사회적이다. 게이머의 60%가량은 친구들과, 33%는 형제자매와, 25%는 배우자 또는 부모와 게임을 한다. 싱글 플레이어를 위해 만들어진 게임도 조이스틱을 조정하는 다른 사람에게 조언을 주면서 사회적으로 게임을 할 수 있다. 같은 공간에서 협력하면서 게임을 하거나 분산된 플레이어들과 온라인게임을 위해 점점 더 많은 게임들이 복수의 플레이어를 위하여 만들어지고 있다. 사회학자인 탈마지 라이트(Talmadge Wright)는 온라인 커뮤니티가 폭력적 비디오게임과 어떻게 상호작용을 하며 반응하는지를 관찰하고 메타게임(게임과 관련한 대화)은 규칙과 규칙 위배에 대한 맥락을 제공해주고 있음을 발견하였다. 이를 통해 알 수 있는 것은 두 가지의 게임이 진행된다는 것이다. 하나는 스크린 위에서 벌어지는 명백한 갈등과 전투이며 다른 하나는 함축적인 협력이다. 두 명의 플레이어는 스크린 위에서 필사적으로 싸우며 스크린 밖에서 친구로 지낼 수 있을 만큼 가까워진다. 상징적인 스크린상의 일탈적인 환상으로 빠지기도 하지만 사회적 기대들은 놀이를 관장하는 사회적 계약을 통해 다시 승인이 되는 것이다.

### 8. 비디오게임은 감각을 무디게 한다.

유희행위와 관련된 권위 있는 연구들은 유인원들이 놀이를 위한 다툼과 실제 전투를 구별한다고 보고하고 있다. 특정 상황에서는 이들이 마구 엉켜서 뒹구는 행위들에서 즐거움을 느끼는 것으로 보인다. 다른 상황에서는 치열한 전투에서 서로 격렬히 대결할 것이다. 게임 개발자와 놀이 이론가인 에릭 지머먼(Eric Zimmerman)은 사람들

청소년에게 게임을 허하라

은 놀이를 현실과 차별되는 마법의 원(magic circle) 속으로 들어가는 것으로 묘사한다. 같은 행위라고 하더라도 — 예를 들면, 마루를 닦는 것과 같은 — 놀이에서는(집에서 놀기) 현실(집안일)과는 다른 의미를 가진다. 놀이는 아이들이 자신의 감정과 충동을 표현하게 하는데, 이는 현실에서의 상호작용 속에서 조심스럽게 다루어져야 하는 것들 중 하나이다. 미디어 개혁을 주장하는 사람들은 폭력적인 비디오게임이 현실에서 공감능력이 부족한 피해자를 양산한다고 비판한다. 그러나 현실의 비극적인 사건과 동일한 방식으로 비디오게임에 반응하는 어린이는 감정적으로 심대한 불안 증세를 가지고 있을 가능성이 높다. 이 지점이 고무 인형을 때리는 것을 현실 세계의 공격성으로 보는 미디어 효과 연구의 문제점이 시작된다. 가격하기 위해 만들어진 장난감을 때리는 아이는 놀이의 '마법의 원' 속에 있으며 그 아이의 행동 역시 그 차원에서 이해할 수 있다. 이러한 미디어 효과 연구가 폭력적 놀이가 더 과격한 폭력으로 이어진다고 주장한다.

# 2. 게임을 통한 정치사회화

비디오게임과 관련한 주류 연구는 대체로 게임의 부정적 영향(폭력성과 반사회성)과 게임의 반교육적 영향을 강조한다(Anderson, Gentile, & Buckley, 2007). 이러한 연구들은 대체로 TV의 선정성과 폭력성이 청소년의 사회화와 교육적 환경에 부정적일 수 있다는 과거 연구들과 매우 유사하다는 점에서 전혀 새롭지는 않다. 그리고 이러한 연구들은 미디어와 청소년을 각각 사회적으로 고립되고 물화된 변인으로 취급하며; 각각 처해 있는 사회적 특수성 그리고 미디어와 청소년의 역동적 커뮤니케이션

맥락을 고려하지 못한다는 공통점 역시 가지고 있다. 이는 젠킨스(2007, 2006)가 언급하였듯이 오늘날 네트워크화된 사회문화적 환경에서는 결정적인 착오이다. 특히, 웹이나 앱 기반 네트워크형 비디오게임의 상호작용적 특성과 커뮤니티와의 관련성 등 매체에 내재된 사회성을 고려한다면 탈맥락화된 연구 경향이라고 할 수 있다.

예를 들면, 대부분의 청소년들은 비디오게임을 개인의 취미와 여가활동으로 이용하고 있으나 그렇다고 비디오게임을 나 홀로 게임하기(playing alone)라는 비사회적 놀이로 단정하는 것은 잘못이다. 보고에 의하면(Lenhart et al, 2008) 청소년들은 게임하는 과정에서 다양한 관계 맺기를 하면서 게임을 즐기는 것으로 보인다(〈표 7.1〉 참조). 게임을 하는 59%

┃표 7.1 ┃ 게임과 시민 및 정치적 생활

| 구분 | 시민적 게임 경험이 거의 없는 10대 (하위 25%) | 시민적 게임 경험이 평균인 10대 (중간 50%) | 시민적 게임 경험이 빈번한 10대 (상위 25%) |
|---|---|---|---|
| 정치나 현재 이슈 관련 온라인 정보 수집 | 55% | 64% | 70% |
| 자선을 목적으로 기부하거나 모금활동 | 51% | 61% | 70% |
| 시민참여 적극 표명 | 57% | 61% | 69% |
| 정치적 관심 표명 | 41% | 56% | 61% |
| 정치적 이슈나 현재 이벤트 정보 지속적으로 습득 | 49% | 59% | 60% |
| 자원봉사 | 53% | 54% | 55% |
| 타인이 투표를 하도록 설득 | 17% | 23% | 34% |
| 집회와 시위 참여 경험 | 6% | 7% | 15% |

출처: Lenhart et al.(2008), p. vii.

청소년에게 게임을 허하라

의 청소년들은 같은 공간에서 친구와 게임을 하거나, 온라인으로 다른 사람들과 게임을 하거나 또는 종종 혼자서 게임을 하는 등의 복수의 방식으로 게임을 하는 것으로 나타났다. 그리고 82%의 청소년이 혼자 게임을 한다고 보고하고 있지만 이들 중 대다수인 71%는 동시에 친구와 게임을 기꺼이 즐기며 단지 24%만의 청소년이 오로지 혼자 게임을 하는 것으로 나타났다. 이는 게임이 닫힌 공간에서 혼자서 스크린에 몰입하는 외부와 단절된 비사회적이라는 이미지와는 다르며 반대로 게임은 사회적 관계 맺기 행위의 연장선에서 인식되어야 함을 보여준다.

그리고 게임의 사회성이 높을수록 — 예를 들면, 함께 게임을 하거나, 게임 사이트에 글을 남기거나 또는 게임 토론방에 글을 남기는 등의 소통행위 — 시민참여적 또는 정치참여적 성향이 높은 것으로 나타난다. 이는 인터넷의 이용에서 온라인게임 이용이 정치참여와 긍정적인 상관관계를 보인다는 국내 연구와도 유사한 결과라고 할 수 있겠다(이승훈·김상돈, 2009). 그렇다면 민주주의 정치제도의 중요한 역동성을 제공해준다고 할 수 있는 정치참여의 사회화가 게임을 통해 어떻게 학습되고 실천될 수 있는가? 이러한 문제의식을 바탕으로 게임을 통한 사회화와 정치참여를 증진하기 위한 연구들은 미디어와 정치참여, 사회자본과 정치참여, 개인 그리고 집단 정체성 형성, 그리고 교육과정 및 게임 프로그래밍 분야에서 주로 이루어지고 있다.

먼저, 게임의 정치사회화 과정에 미치는 영향과 관련된 연구는 투표나 정당 활동과 같은 전통적이고 제도화된 정치참여보다 시민적 사회참여(civic engagement)에 더 많은 관련성을 가지고 있는 것으로 보인다. 이는 공동체적 민주주의 이념에 부합하는 정치참여로 민주주의는 개인이 속한 다양한 공동체와 소속되어 공동체를 위한 활동들에 참여함으로써 가능하다는 정치 이념을 반영한다(Putnam, 2000). 이 이론에 근거하면 게임 과정에 공동체를 구성하고 구성원 간에 명백한 또는 함축적인 소통 기능과 상호작용적인 놀이 방식은 공동체적 민주주의를 학습하고 체득할 수 있게 해줄 수 있다고 할 수 있다. 'Civic game'으로 불릴 수 있는 이러한 공동체 참여적 게임은 실제로 정치적 참여와 긍정적인 관계를 보인다. 특히, 정치참여에 있어서 온라인 정치참여가 오프라인 정치참여에 비해 이러한 게임의 영향을 더 많이 받는 것으로 나타나고 있다는 사실은 흥미롭다(Kahne, Middaugh, & Evans, 2009; Skoric & Kwan, 2011). 또한, 온라인 정치참여가 자원봉사나 공동체 활동 등 오프라인 시민적 참여(Civic participation)를 증대시킨다는 연구결과는(Wellman et al., 2001) 게임이 실제 거리의 정치를 복원시켜줄 가능성이 있음을 보여준다. 미디어정치학자인 카츠가 희망하듯이 게임은 청소년의 '바깥(outside)'의 정치를 복원시켜줄 '어느 곳(somewhere to go)'으로서 가능성을 외면하지 말아야 함을 보여준다(Katz, 2014).

게이머는 같은 공간이나 다른 공간에 있는 게이머 또는 게임 공동체 구성원과 관계를 맺는다. 이는 자신의 게임 노하우나 기술적 '팁'을 제공하거나 가상의 공동 적에 대항하는 전술적 연대, 또는 게임 온라인 공동체의 규칙을 습득하고 이를 준수하는 사회화 과정을 낳기도 한다. 이러한 사회화 과정은 상이한 개인과 집단과의 교류와 사회적 소통행위를 발생시키고, 게이머들의 관계망과 소통방식 및 내용을 다양하게 확대함으로써 '사회자본'을 형성하게 해준다고 볼 수 있다. 특히, MMO와 SNG 같은 다중 참여 게임은 게이머들의 온라인 소셜 네트워크 활동을 통해 매우 협력적인 관계망을 형성하게 한다(Steinkuehler & Williams, 2006; Wohn, Lampe, Ellison, Wash, & Vitak, 2011). 게임의 가상공간은 "MMO 게이머들은

청소년에게 게임을 허하라

누구나 쉽게 진출입이 가능하며 늘 만날 수 있는 상대가 있고 공유되는 규칙과 관계의 즐거움을 주는 제3의 공간(the third places)"이다. 게임이 스크린 위에서 격렬하게 게임 목적만을 성취하기 위하여 고군분투하는 — 마치 현실의 격렬한 생존 경쟁과 같은 — 제2의 공간이 아니라 사회적 관계의 기대와 성취를 학습할 수 있는 사회자본을 형성하게 해주는 것이다.

　게임을 통한 사회자본의 형성이 정치적 참여를 견인한다고 했을 때 이는 복수의 집단 속에 일부라는 소속감과 연대감이라는 집단적 정체성과 관련된다고 할 수 있다. 이와 별개로 온라인게임의 아바타와 자신만의 공간 구축 및 스스로가 만드는 서사구조 그리고 다른 이용자들과의 대화 등의 소통행위는 청소년들이 가상현실 공간에서 자신만의 사회정체성을 형성하게 하는 정체성 형성 환경(Identity Construction Environment)을 제공한다(Bers & Chau, 2006). 게이머가 선택하고 구성하는 주인공과 악당 그리고 규칙과 추구하는 가치는 다른 이용자와의 교류를 통해 확인받거나 거부되면서 재수정하는 과정을 거친다. 또한, 다양한 이용자 및 집단과의 대화는 자신만의 정체성을 벗어난 공동체의 가치와 규범을 인식하고 인정하게 하는 방법을 배울 수 있는 기회를 제공해주기 때문에 공동체의 정체성 또한 학습할 수 있게 해준다.

　교육학에서는 청소년의 사회화 과정을 돕기 위하여 다양한 도구를 적극적으로 활용해왔다. 미디어 역시 마찬가지이다. 이 경우 게임은 교육 목표 달성을 목적으로 교수학습 콘텐츠를 게임의 서사구조와 기능들과 결합하고 교사와 학생들이 서로 상호작용을 하는 과정에서 자기 주도적인 학습을 가능하게 하는 플랫폼으로 활용된다(Garris, Ahlers, & Driskell, 2002). 게임 기반 학습은 학습자가 교과과정에 부합하는 상황을 개인 또는 그룹에 제시하고, 참여 학생들은 이에 대한 문제해결 방안을 제시하고, 교사는 이 과정에서 피드백을 주면서 학생들로 하여금 성찰을 통한 의사결정 과정에 도움을 준다. 게임을 단순히 교육과정의 매개체로 활용하는 것이 아니라 교육과정의 플랫폼으로 활용한다는 점에서 보조 교구재 이상의 역할을 하면서, 교육목표뿐 아니라 교육과정의 상호작용과 성찰을 통해 사회성을 학습하고 게임에 대한 인식 또한 변화시킬 수 있게 된다. 특히, 사회와 정치 참여를 위한 체계적인 교육과정이 부족한 한국 교육 현실에서 시뮬레이션 또는 전략 게임은 시민사회성을 증진시킬 수 있다(위정현·원은석, 2009).

게임을 교육과 같은 오락적 목적 이외의 특정 용도에 맞게 전략적으로 개발하는 것을 '게임화(Gamification)'라고 한다. 게임화는 "반복적이거나 지루할 수 있는 습관을 새롭게 형성하는 과정을 보다 호소력 있게 하기 위해 게임이 가진 고유의 동기 유발 요소들을 강화"하는 과정 전반을 지칭한다(Rehm, Foth, & Mitchell, 2015). 게임화 과정이 게임의 오락적 요소를 단순히 강화하는, 게임의 기능첨가 수준으로 오해하는 것은 교육 목적뿐 아니라 게임의 오락적 요소도 모두 잃게 할 수 있다. 게임화에서 가장 중요한 것은 이루고자 하는 공익적 목적과 게임의 오락적이며 상호작용적인 특성이 게임 수행 과정에 자연스럽게 스며들어가게 하는 것이다. 이를 위해 게임화는 이용자가 게임의 과업을 달성하기 위한 일련의 수행 과정이 기존의 게임을 대체하는 것이 아니라 오히려 이를 효과적으로 지원하고 강화하는 것이 필요하다. 이는 게임의 디자인과 개발을 위한 코딩 과정에서 시민교육을 위해 게임에 내재된 본질적인 인터페이스를 훼손하지 않는 작업 체계가 필요하다. 또한, 게임화를 통한 교육목적을 효과적으로 달성하기 위한 동기부여를 설정하는 데 있어 내적인 동기(예를 들면, 시민사회에 기여하고자 하는 동기)와 외적인 동기(참여의 보상, 예를 들면 성적이

청소년에게 게임을 허하라

나 물질적 보상 등)에 의해 훼손되지 않는 신중한 기획도 중요하게 다루어져야 한다(Nicholson, 2012).

학생들의 민주주의 제도와 실천 윤리 및 방식에 대한 교육의 중요성은 아무리 강조해도 지나치지 않다. 하지만 기존의 전통적 교육 환경과 방식은 텍스트 교과 중심으로 진행되고 있고 적절하고 유용한 미디어의 활용과 다양한 방식을 활용하여 참여적인 시민교육이 이루어지지 않고 있다(Torney-Purta, Lehman, Oswald, & Schulz, 2001). 특히, 한국의 대학입시 위주의 교육은 그러한 이상과 너무 큰 괴리가 있다. 이에 다음에 제공하는 다양한 게임을 활용한 시민교육의 사례들은 이러한 문제들을 논의하고 개선하는 데 도움이 될 수 있을 것으로 보인다.

## 3. 게임과 시민참여 교육 사례

### 1) 어사일럼: 호주를 탈출하라(Asylum: Exit Australia)

'어사일럼'은 호주의 국영방송인 SBS의 지원을 받아 제작되었다. SBS는 호주의 난민정책과 관련한 사회통합적 논의를 공론화하기 위하여「당

신의 나라로 돌아가라(Go Back to Where You Came From, 2011)」라는 리얼리티 TV 시리즈를 기획하면서 이 게임을 동시에 준비하였다. 이 프로그

램은 난민 수용 정책에 적대적인 참여자를 난민들이 처한 상황을 경험하게 하면서 자국을 벗어나는 여정을 그리는 과정을 담고 있다. '어사일럼' 게임 역시 이와 유사한 맥락을 가지는데 게임 참여자는 폭력과 무질서로 혼돈에 빠진 호주를 벗어나는 과정을 담고 있다. 공영방송의 설립 목적인 사회통합을 위한 공론 형성을 위해 방송 프로그램 제작과 동시에 게임을 기획하여 청소년에게 낯선 사회적 주제를 자신의 문제로 인식하고 어떻게 이 문제에 개입할 수 있는지를 사고하게 해준다는 점에서 의미 있는 사례라고 할 수 있다. 이러한 상이한 미디어 플랫폼을 다양하게 구성함으로써 사회적 메시지와 여론을 효과적으로 구축하는 방식을 'Interactive Factual Media'라고 한다. 최근 전통적 매체가 자사의 기사나 프로그램을 SNS와 웹페이지와 동시에 오픈하는 것이 한 예이다. 게임을 포함한 복수의 매체를 이용하는 한 IFM은 체계적 구조, 경험과 감정적 교감, 그리고 흥미로운 게임 설계 등이 고려되어야 한다. '어사일럼'은 비디오게임과 달리 텍스트 기반의 게임으로서, 일인칭 서사구조를 가지고 있으며 게이머는 무질서와 혼란에 빠진 가상 호주를 벗어나기 위해 다양한 정보를 습득하고 이를 바탕으로 주어진 텍스트의 질의에 응답을 하면서 게임을 수행한다.

### 2) 아이시빅(iCivics)

'아이시빅'은 미국 민주주의를 위한 시민교육을 확산하고 효율적인 교육 자료를 제공하기 위해 설립된 비영리 교육기구이다. 이 조직은 2009년 샌드라 D. 오코너(Sandra D. O'Connor) 전 대법관 주도로 조지타운

청소년에게 게임을 허하라

대학교와 애리조나주립대학교의 '우리의 법정(Our Court)'이라는 웹 기반 시민참여 교육 프로젝트에서 출발하였다. 중·고등학생 대상으로 '우리의 권리는?(Do I have a Right?)', '배심원(We the Jury)', '책임 이

행(Responsi bility launcher)' 등 19개의 웹 기반 플래시 게임을 '아이시빅' 사이트에서 제공하고 있다. 하지만 이 게임들은 시민교육 과정의 일부로 관련 주제에 대한 학습동기와 평가를 돕는다. 게임을 비롯한 모든 서비스가 공개로 되어 있어 유용한 자료를 제공해줄 수 있다. 미국 헌법, 의회, 정치, 역사, 미디어 등 다양한 민주주의와 시민사회와 연관된 교과과정에 바로 활용할 수 있는 학습계획 및 해당 계획상의 학습 내용을 웹사이트에서 제공하며 온라인게임을 통해 학습한 개념과 지식 등을 활용할 수 있게 한다. 교사들을 위한 자세한 교육 자료 역시 제공하고 있어 학생과 교사 모두에게 도움이 될 수 있다.

### 3) 썸머 오브 마인크래프트(Summer of Minecraft)

여름방학 중 캠프에서 초·중·고 학생들을 대상으로 가장 대중적인 모바일게임 중 하나인 '마인크래프트'로 교육하는 프로그램이다. 이 프로그램에서 학생들은 게임 디자인과 개발, 모딩(modding)과 단계 디자인 같은 기술적인 교육뿐 아니라 공감 능력, 협력, 상호존중, 창의력 등

디지털 시대에 요구되는 사회화 과정들을 배우게 된다. 또한, 커리큘럼에는 디지털 시민성(Digital citizenship) 향상을 위하여 학년별로 교육과정을 체계적으로 지도하기도 한다. 학생들은 캠프 캠퍼스에 직접 참여하기도 하지만 온라인으로 가정에서 교수자와 전문가 그리고 캠프 참가 동료 등과 교육을 받기도 한다. 마인크래프트를 활용한 시민교육은 많은 사설 교육기관뿐 아니라 공교육 시설에서도 자율적으로 채택하여 시도되고 있을 만큼 교육적으로도 대중적이다.

- 마인크래프트 교육:

  https://www.youtube.com/watch?v=SSimHPmZ0hA

- 디지털 시민교육 커리큘럼:

  http://www.edutopia.org/blog/digital-citizenship-resources-matt-davis

### 4) 게임 사례

#### (1) 심시티(SimCity)

청소년의 사회참여와 관련한 가장 대표적인 비디오게임 사례이다. '심시티'는 한 개인이 시민으로서 어떠한 태도와 의무 및 가치를 가져야 하는지를 습득할 수 있게 해주는 가장 대중적인 게임이다. 게임 참여자는 자

청소년에게 게임을 허하라

기의 구역을 설정하고 토지를 어떻게 개발하며 커뮤니티의 번영을 위해 어떠한 공공사업과 환경을 만들어야 하는지를 습득하게 된다. 이 과정에서 참여자는 게임 커뮤니티와

의 대화를 통해 사회화를 경험하는 동시에 자신의 구역이 시민들이 살기 좋게 하기 위하여 어떠한 일들을 해야 하는지를 질의하고 토론하며 결과를 제시하게 된다. '심시티'와 유사한 시뮬레이션 게임으로는 '심스(The Sims)', '롤러코스터(Rollercoaster)', '타이쿤(Tycoon)' 등이 있다.


## (2) 조라(Zora)

'조라'는 ICE를 추구하는 3차원 가상현실 게임으로 이용자는 자신이 원하는 캐릭터와 물건들을 선택하거나 만들 수 있다. 이러한 자신이 투영된 가상 주인공과 물체들과 더불어 자신에 대한 그리고 자신이 만든 서사와 다른 사람들과 대화를 할 수 있는 기능들은 청소년들로 하여금 사회적 정체성을 형성하는 데 도움을 준다. 특히, 이 게임은 미국의 터프츠대학교의 '기술을 통한 참여 시민성(Active Citizenship Through Technology: ACT)' 교육 프로그램의 일환으로 신입생을 대상으로 활용되기도 하였다.

## (3) 미션 유에스(Mission US)

'미션 유에스'는 '기능성 게임(Serious Game)'이라고 하는 특정 주제나 이슈의 교육을 위해 개발된 게임을 일컫는다. '대안 게임(Alternative game)'과 마찬가지로 선정적이고 즉각적인 감각에 호소하는 것이 아니라 개인과 공동체의 지식과 소통을 통해 정치, 경제, 역사 등 시민사회에 부합하는 학습을 가능하게 해준다. '미션 유에스'는 미국 중·고등학생들을 대상으로 미국의 역사를 학습함으로써 미국 민주주의의 가치와 시민의식을 고양하기 위해 개발되었다. 게임은 미국의 건국 역사를 배경으로 구축된 인물과 공간 및 서사구조 속에서 참여자들이 단계별로 미션을 수행하는데, 이 과정에서 교사는 해당 단계에서 역사적 사실과 의미 등을 교육하며 학생들과 함께 미션을 진행한다. 이 외에도 '기능성 게임'에는 '세계적 분쟁: 팔레스타인(Global Conflict: Palestine)', '작전: 기후조절(Operation: Climate Control)', '카두세우스(Ceduceus)', '수퍼차지드!(Supercharged!)' 등이 있다.

## (4) 런더너(Londoner)

이 웹 기반 온라인게임은 17세기 영국 런던을 배경으로 한다. '미션 유에스'와 유사하게 영국의 과거 공간 속에서 게임 플레이어들이 서사구조를 직접 만

청소년에게 게임을 허하라

들면서 역사의 주인공이 된다. 이 게임 역시 기능성 게임의 하나로서 역사적 고증을 거친 환경과 캐릭터들에 게임 참가자들이 생명을 불어넣음으로써 런던으로 상징되는 영국의 시민의식을 고양하게 한다.

### (5) 두굿 앱(The DoGood app)

정확히 말하자면 이 모바일앱은 모바일게임은 아니다. '두굿 앱'은 이용자의 거주지와 주요 활동 지역의 시민참여를 도와주는 공익적 애플리케이션이다. 이용자의 현 위치를 중심으로 다양한 시민 활동을 보여주거나 이용자가 직접 활동을 조직할 수도 있으며 참여 활동 기록도 남길 수 있다. 시민교육 참가자들은 앱에 있는 다양한 기능들을 활용해 개인 또는 그룹별로 시민 활동에 참여하거나 시민 활동을 조직하고, 또한 그러한 활동을 독력하고 경쟁하면서 재미도 느낄 수 있다.

### (6) 대안현실게임(Alternate Reality Games: ARGs)

대안현실게임은 게임화를 적용한 일련의 게임들을 통칭하는 것으로, 전통적 게임의 주어진 세팅보다 이용자 커뮤니티가 참여하고 서사구조를 만들면서 게임 속 환경에 의미 있는 행위들을 위한 의사결정 과정을 중요시한다. 대안현실게임의 가장 큰 특징은 게임에 참여하는 커뮤니티와의 상호작용으로 이 과정에서 청소년은 집단적 시민의식과 행위 방식 및 문화를 습득할 수 있는 기회를 가진다는 점이다. 대표적인 대안현실게임으로는, '비스트(The Beast)', '석유 없는 세상(World Without Oil)', '좀비, 런!(Zombies, Run!)' 등이 있다(관련된 ARG 게임 정보는 ARGNet 사이트 참조: http://www.argn.com/).

### (7) 공감게임(Empathy Games)

공감게임은 네트워크 사회와 디지털 경제의 독특한 가치인 공감 능력이 타인에 대한 존중과 다양성의 추구라는 민주사회의 시민성의 근원적 가치와 연계된다는 점에서 디지털 시민성 교육에 새로운 도구로 활용될 수 있다. 특히 사회적 소외 집단에 대한 공감과 이해를 게임을 통해 증진할 수 있다는 점에서 의미 있는 게임들이라고 할 수 있다. 이와 관련된 게임에는 '우울증 퀘스트(Depression Quest)', '커밍아웃 심(Coming Out Sim)', '매일 받는 전화(I Get This Call Everyday)', '디스포스(Dys4is)' 등이 있다.

## 4. 나가며

정책, 학술, 언론 등이 양산하는 게임과 청소년에 대한 담론들에서 청소년은 어디에 위치해 있는가? 어쩌면 이 질문은 게임이 청소년의 정치사회화 과정에 어떠한 역할을 하는지에 대한 분석보다 더욱 시급한 듯하다. 개별적 청소년의 정치사회화가 특정 미디어 기술에 의해 결정된다는 연구들은 이론적 기반뿐 아니라 통계 분석 모델에 이르기까지 도저히 이 복잡하고 다층적인 사회화 과정을 설명하지 못하고 있음을 우리는 애써 외면하고 있다. 어쩌면 연구자나 정책 당국자 모두 이와 관련하여 제대로 설명하고자 하는 의지도 여건도 또는 능력이 되지 못할 수도 있다 (Stanton, Mar. 9. 2016). 『가디언』의 기사가 언급하고 있듯이 우리는 이 중요한 주제에 대해 '자투리' 시간과 연구 펀딩에 맞추기 위한 모델과 수치

청소년에게 게임을 허하라

를 들여다보고 있는 것은 아닌지, 또는, 본질적으로 보자면, 더욱 심각하게도, 청소년에 대한 우리의 권위적이며 억압적인 인식이 너무도 강력하여 게임에 대한 청소년의 문화를 통제하지 않는 다른 어떠한 청소년의 사회화 과정을 상상하지 못한 결과일 수도 있다.

최근 호주 정부는 유니세프와 하버드 버크먼센터 등과 함께 이러한 질문을 던지고 있다. "우리는 어떻게 어린이와 청년이 디지털 접근과 이용 및 그들의 권리와 관련한 논의에서 이들의 목소리를 담을 수 있을까?(How can we give children and young people voice in the debate that explores the impact of digital access and use and their rights?)"(Third et al, 2014). 이 글이 인용된 보고서의 제목은 「디지털 시대의 어린이 인권(Children's Rights in the Digital Age)」이다. 이 보고서에 의하면 게임을 포함한 어린이와 청소년의 새로운 미디어에 대한 접근권과 이용은 보호되고 진흥시켜야 할 그들의 문화적 권리로 인식되고 있음을 알 수 있다. 이와 연관된 최근의 학술적 논의는(예: Livingstone et al. 2015) 청소년이 인터넷과 같은 뉴미디어를 이용할 경우 발생할 수 있는 위험을 잠재적 위기(risk)를 실재의 위해(harm)와 분리시키고 청소년의 권리와 가능성을 증진시킬 수 있는 '기회의 사다리(Ladder of opportunities)'를 구축할 수 있는 분석적 모델을 제시하고자 한다. 그리고 이 글에서 인용된 몇 가지 게임을 통한 청소년의 정치사회화 사례들은 청소년의 미디어 권리와 기회의 사다리 — 잠재적으로 위험한 미디어에 노출된 청소년에서 그들이 속한 공동체와 사회를 위한 개입을 가능하게 하는 계단으로서 — 와 관련된 일련의 사회적 논의의 결과들의 한 부분이다.

사회적 실천은 담론의 상태에서 만들어지지 않는다. 특히, 정치사회화 과정이 사회를 구성하고 유지하며 발전시키는 가장 기본적 동력이

*201*

제 7 장　청소년 정치사회화와 게임

라고 할 때 이 과정은 관련 주체들 간에 공유된 정치사회의 주체와 방식에 대한 광범위한 인식이 없는 한 새롭게 구성해내기가 불가능하다. 이 장이 다루고 있는 '게임이 청소년에 미치는 정치사회화 과정에 대한 영향과 계도 방식'에 대한 논의에서 우리가 다시 확인할 수 있는 사실은 청소년이 미디어를 통해 정치사회화를 경험하고 학습하며 현실에서 실천할 수 있는 권리가 그들이 아닌 우리 — 매우 합리적이고 도덕적인, 우리 '성인' — 에게 있다는 것이다. 어떠한 아이들이 어떠한 환경 속에서 어떠한 게임 모드로 누구와 어떻게 게임을 하는지에 대한 체계적 정보와 이 주제들에 대한 청소년 스스로의 목소리가 부재한 상황에서 성인에 의해 규정되고 제시되는 '교육적' 게임 활용이란 어떠한 것일까? 분명한 것은 이러한 권위적인 인식의 틀에서는 게임이라는 특징적인 미디어에 대한 청소년의 권리와 기회의 사다리를 제대로 이해할 수 있는 가능성이란 매우 제한적이라는 것이다. 권리라는 것이 정치사회화의 계기이자 결과라는 점에서 우리는 청소년의 게임을 통한 정치사회화 과정의 가능성을 논의할 준비가 과연 되어 있는가?

청소년에게 게임을 허하라

# 참고문헌

김은정(2005). 「폭력적 컴퓨터게임과 공격적 비행, 인터넷 비행 및 인터넷게임 중독과의 관계」. 『한국심리학회지: 임상』, 24(2), 359-377.

김지연·도영임(2013). 「온라인게임에 대한 부모들의 다양한 인식과 이에 영향을 주는 심리적 요인에 관한 연구」. 『한국심리학회 학술대회 자료집』.

위정현·원은석(2009). 「온라인게임 '군주'를 활용한 초등학교 정치수업 수행 및 효과」. 『한국게임학회논문지』, 9(5), 83-93.

유홍식·김종화·이지은·진소연(2011). 「온라인게임 규제에 대한 언론의 보도 프레임 분석」. 『언론과학연구』, 11(4), 355-384.

윤태진(2007). 「텍스트로서의 게임, 참여자로서의 게이머」. 『언론과 사회』, 15(3), 96-130.

이상혁·김은미(2012). 「MMORPG 이용자의 동기에 따른 좌절이 공격행동에 미치는 효과에 대한 연구」. 『한국언론학보』, 56(3), 266-291.

이승훈·김상돈(2009). 「인터넷과 디지털 시민성에 관한 탐색적 논의: 인터넷 이용 형태와 온라인 정치참여의 관계를 중심으로」. 『한국지역정보화학회지』, 12(1), 31-58.

이준석(2015). 「한국의 게임중독 논쟁과 기술 거버넌스, 그리고 기표-정치」. 『한국컴퓨터게임학회논문지』, 28(2), 11-35.

임지영(2016). 「게임중독과 공격성의 관계에서 사적 자의식의 매개모형 검증」. 『한국콘텐츠학회논문지』, 16(4), 250-261.

Anderson, C. A., Gentile, D. A., & Buckley, K. E.(2007). *Violent Video Game Effects on Children and Adolescents: Theory, Research, and Public Policy.* Oxford: Oxford University Press.

Bers, M. U., & Chau, C.(2009). "Fostering civic engagement by building a virtual city." *Journal of Computer–Mediated Communication.* 11, 748-770.

Garris, R., Ahlers, R., & Driskell, J. E.(2002). Games, motivation, and learning: A research and practice model. *Simulation & gaming,* 33(4), 441-467.

Jenkins, H.(2005). *Reality Bytes: Eight Myths About Video Games Debunked.* Available at: http://www.pbs.org/kcts/videogame-revolution/impact/myths.html

Jenkins, H.(2007). *Convergence Culture: Where Old and New Media Collide.* NY: New York Univ. Press.

Kahne, J., Middaugh, E., & Evans, C.(2009). *The Civic Potential of Video Games.* Cambridge, MIT Press.

Katz, E.(2014). "Back to the Street: When Media and Opinion Leave Home." *Mass Communication and Society,* 17(4), 453-463.

Kobayashi, T.(2010). Bridging social capital in online communities: Heterogeneity and social tolerance of online game players in Japan. *Human Communication Research,* 36(4), 546-569.

Lenhart, A., Kahne, J., Middaugh, E., Macgill, A. R., Evans, C., & Vitak, J.(2008). *Teens, Video Games, and Civic: Teens' gaming experiences are diverse and include significant social interaction and civic engagement.* Pew Research Center. Available at: http://

www.pewinternet.org/2008/09/16/teens-video-games-and-civics/

Livingstone, S. et al.(2015). "Researching children's rights globally in the digital age: Report of a seminar held on 12-14 February 2015 London School of Economics and Political Science."

Maeve, D.(2015). *Gaming and Gamers*. Pew Research Center. Available at: http://www.pewinternet.org/2015/12/15/gaming-and-gamers/

Nash, K.(2015). "Simulation games, popular factual media and civic engagement: an audience study of Asylum Exit Australia." *Media, Culture & Society*, 37(7), 959-971.

Nicholson, S.(2012). "A user-centered theoretical framework for meaningful gamification. *Games+ Learning+ Society*." Available at: http://scottnicholson.com/pubs/meaningfulframework.pdf

Putnam, R.(2000). *Bowling alone: The crumbling and revival of American community*. New York: Simon & Schuster.

Rehm, S., Foth, M., & Mitchell, P.(2015) *Gamifying collective intelligence for the common good*. In Schuler, Douglas, De Cindio, Fiorella, & De Liddo, Anna(Eds.) Proceedings of the Workshop "Encouraging Collective Intelligence for the Common Good", Limerick, Ireland. Available at: http://eprints.qut.edu.au/84878/

Skoric, M. M., & Kwan, G.(2011). "Do Facebook and Video Games Promote Political Participation Among Youth? Evidence from Singapore." *InJeDEM*, 3(1), 70-79.

Stanton, R.(2016. Mar. 9). "Nobody Knows — This is Why: The sorry state of research into one of the world's biggest entertainment industries is leaving us in the dark. The Guardian." Available at: https://www.theguardian.com/technology/2016/mar/09/dovideo-games-make-children-violent-nobody-knows-and-this-is-why

Steinkuehler, C., & Williams, D.(2006). "Where everybody knows your(screen) name: Online games as 'third places'." *Journal of Computer-Mediated Communication*, 11(4), 885-909.

Third, A. et al.(2014). "Children's Rights in the Digital Age: A Download from Children Around the World." Young and Well Cooperative Research Centre, Melbourne, 2014.

Torney-Purta, J., Lehman, R., Oswald, H., & Schulz, W.(2001). "Citizenship and civic education in twenty-eight countries: Civic knowledge and engagement at age fourteen." Amsterdam: International Association for the Evaluation of Educational Achievement.

Wellman, B., Haase, A, Q., Witte, J., & Hampton, K.(2001). "Does the Internet Increase, Decrease, or Supplement Social Capital? Social Networks, Participation, and Community Commitment." *American Behavioral Science*, 45(3), 436-455.

Wohn, D. Y., Lampe, C., Ellison, N., Wash, R., & Vitak, J.(2011, January). "The "S" in social network games: Initiating, maintaining, and enhancing relationships." Paper presented at the the 44th Annual Hawaii International Conference on System Sciences, Kauai, HI.

Wrong, M.(2005, August 17). "Never Gonna Give You Up" says Mayor. Toronto Sol, p. 4.

청소년에게 게임을 허하라

# 저자 약력

## 채 영 길

텍사스주립대학교 커뮤니케이션학 박사

현   한국외국어대학교 미디어커뮤니케이션학부 부교수

〈주요 논문〉

「공동체 미디어 실천과 다문화 정체성의 재구성」(2016)

「한국 보수언론 및 보수 온라인커뮤니티의 이주민 갈등 은유분석」(2014)

「Balancing Participation and Risks in Children's Internet Use: The
Role of Internet Literacy and Parental Mediation」(2012, 공저)

〈주요 저서〉

『커뮤니티미디어 이론과 실천』(2015)

『Understanding Journalism in Korea』(2015, 공저)

『현대사회와 미디어』(2014, 공저)

# 청소년의 모바일게임 문화

장 근 영

이 장에서는 모바일 기기가 디지털 사용자 환경에 미친 근본적인 변화를 살펴보고, 이를 바탕으로 모바일게임이 그 이전의 디지털게임과 어떻게 다른지를 설명하고자 한다. 이를 위해서 우선 모바일 디지털 환경과 그 안에서 나타나는 청소년 문화의 근본적인 특성을 키워드 중심으로 살펴볼 것이다. 청소년들의 모바일 디지털 문화는 양방성이라는 인터넷 환경 본연의 근본적인 속성에 덧붙여서 커스터마이즈(customize)의 일반화, 간접적이고 안전하지만 문제해결과 유관한(contingency) 체험, 압축적인 체험, 정보와 경험의 과부하, 그리고 좁아진 세상으로 축약할 수 있다. 이러한 키워드가 의미하는 바는 모바일 환경에서 성장한 청소년 세대는 이전 세대와는 전혀 다른 소통의 개념과 시간관념, 그리고 효율성에 대한 기대 수준을 가지고 있으며, 좁은 사회에서 성장하면서 너무 많은 정보와 사회 관계를 수용하는 데 어려움을 겪고 있다는 의미를 담고 있다. 이와 함께 디지털게임을 사용자 인터페이스의 관점에서 크게 세 가지 유형, 즉 스탠드 얼론 게임(stand alone game)과 멀티플레이 게임(multi-play game), 그리고 다중사용자 게임(MMOG)으로 분류하고, 각각의 유형에서 모바일게임이 기존의 게임과 어떻게 다른 체험을 제공할 수 있는지를 살펴보았다. 모바일게임은 기존의 게임들과 근본적으로 유사한 체험을 제공한다. 그러나 모바일 인터페이스의 특성상 게임 속 세계와 기존 현실세계 간의 융합을 더욱 노골화할 것이며, 이러한 인터넷 환경과 오프라인 환경의 상호 침투와 융합이 가속화됨으로써 모바일게임은 게임 체험의 새로운 장을 열 것으로 기대된다.

# 1. 모바일 플랫폼과 SNS

2007년에 발표된 '아이폰'으로부터 시작된 스마트폰의 시대는 '모바일 인터넷'이라는 개념을 일상생활에서 구현해내는 결과를 가져왔다. 그전까지 인터넷 기술 자체는 시공간의 제약을 넘어 사용자들 간의 의사소통을 가능하게 해주었지만, 그 인터넷에의 접속은 네트워크에 연결된 PC가 설치되어 있는 특정 장소에서만 가능했다. Wifi(무선 인터넷)의 실용화와 함께 인터넷의 접속은 조금 자유로워졌으나, 역시 무선 인터넷 수신 지역에서만 그것도 이동하지 않은 상태에서만 가능했다. 무엇보다도 당시 일반인에게 무선 인터넷은 노트북 PC 혹은 랩탑이라 불리던 기기를 이용해서만 가능했는데, 이 기기는 무게가 1~3kg 내외로 휴대가 '가능'했을 뿐 실제로 늘 들고 다니기에는 거추장스러웠다. 게다가 크기에 비해 배터리 사용시간의 한계도 뚜렷했다. 무엇보다 작동방식은 PC를 약간 축소한 형태였기 때문에 상대적으로 오래 걸리는 가동 준비(booting) 시간이나, 팜레스트가 필요한 키보드 등, PC와 동일한 한계에서 벗어나지 못했다. 따라서 노트북 컴퓨터는 들고 다닐 수는 있어도 사용하기 위해서는 어딘가 자리를 잡고 앉아야 하는 도구였다.

스마트폰은 이런 모바일 인터넷의 한계를 근본적으로 극복한 기기이다. 스마트폰은 호주머니에 들어갈 수 있는 크기와 무게로 어디에나 들고 다닐 수 있었다. 게다가 구조는 PC의 한계에서 완전히 벗어나 부팅 시간 없이 화면을 켜는 즉시 작동하고, 유저 인터페이스(UI)는 얕고 넓은 (shallow and wide) 구조로 터치 1~2번으로 원하는 기능을 작동시켜서 인터넷으로부터 사용자가 필요한 것을 얻어낼 수 있다. 이러한 UI의 즉시성

*211*

**┃ 표 8.1 ┃ 플랫폼의 유형별 특성과 차이점**

| 구분 | PC | 노트북 PC | 스마트폰 |
|------|------|------|------|
| 형태 | 고정형, 이동 불가능 | 이동 가능, 휴대 어려움 | 이동 가능, 휴대 간편 |
| 입출력 장치 | 키보드, 마우스, (상대적으로) 대형 모니터 | 키보드, 터치패드, (상대적으로) 소형 모니터 | 터치스크린, 중력 센서, 마이크, 카메라 |
| 이용시간 | 상대적으로 긴 시간 (1시간 이상) | 30분~배터리 용량 한계 | 수십 초~수십 분 |
| UI 구조 | 깊고 (상대적으로) 좁은 구조 | PC와 동일 | 얕고 넓은 구조 |
| 적절한 작업 | 콘텐츠 생산(저술, 창작), 복잡한 조작이 필요한 작업 | PC와 동일하나 간략화된 작업 | 일상적인 정보검색과 실시간 SNS |

과 단순성을 구현하기 위해서 모바일 플랫폼은 PC와는 달리 손가락 터치와 중력 센서, 카메라, 마이크 등으로 입력채널을 다양했다. 이후부터 인터넷 이용은 크게 세 형태로 구분되었다.

　콘텐츠의 생산과 같은 비교적 긴 시간과 복잡한 조작이 필요한 작업은 키보드와 마우스를 통한 입력과 대형 모니터를 통한 출력이 가능한 PC를 사용하고, 같은 작업을 어쩔 수 없이 PC가 설치되어 있지 않은 곳에서 수행해야 할 때는 휴대용 PC인 노트북 컴퓨터를 사용했다. 반면에 길을 걷다가, 혹은 일상생활 중에 인터넷에 접속해서 지금 당장 필요한 정보 한두 개를 검색하고 사용하는 경우에는 스마트폰과 스마트패드와 같은 모바일 플랫폼을 사용했다. 즉, 모바일 플랫폼은 비교적 짧은 작업시간과 단순한 인터넷 접속작업에 특화된 기기이다. 그리고 이 기기를 통해서 인터넷은 이전과는 전혀 다른 양상으로 발전하기 시작했다. 우선 소

청소년에게 게임을 허하라

셜 네트워크 서비스(SNS)가 실시간 의사소통 채널로 급속하게 발전했으며, 이를 바탕으로 새로운 형태의 게임, 즉 모바일게임과 특히 소셜 네트워크 게임(SNG)이 일상화되었다.

## 2. 모바일게임 세대의 소통방식

### 1) 일상적 글로벌 소통 세대의 탄생

스마트폰 세대는 청소년기부터 전 지구적으로 시공간의 제약을 넘어서 자신이 생산하거나 보유한 콘텐츠를 배포하는 경험을 해온 세대이다. 이들에게 SNS와 사이버공간은 정보의 무한한 이용과 유통이 허용되는 공간이다. 인터넷 이전의 매체들은 일방적인 정보의 전달 기능을 가지고 있었던 반면, 지금은 인터넷과 함께 인류 역사상 최초로 양방형 소통이 일상화되었다. 특히 이전의 유선 인터넷은 양방형 소통을 위해서 특정한 위치나 장비를 사용해야 했던 반면, 스마트폰에 기반한 무선 인터넷은 말 그대로 유비쿼터스, 일상생활 어디서나 양방형 의사소통 매체를 사용할 수 있게 만들어주었다. 즉, 스마트폰 세대는 양방형 매체의 영향력이 삶의 모든 영역에 침투한 환경을 당연하게 여기는 세대이다. "기술 수용에 있어 가장 중요한 인구지표는 연령이다"라고 포레스터 리서치의 지나 스베르드도프 애널리스트는 말한다. 포레스터 리서치의 조사결과, 젊을수록 인터넷으로 텔레비전을 보는 경향이 높았다. Z세대 응답자 중 74%는 매주 텔레비전을 인터넷으로 시청한다고 답한 반면, Y세대는 64%,

제8장 청소년의 모바일게임 문화

X세대는 45%였다. 노년층에서 그 비율은 12%에 그쳤다. 모바일 인터넷 사용에서도 연령별 차이가 드러났다. 45세 이하의 성인 응답자 2/3는 최소한 한 달에 한 번은 모바일 기기를 이용해 인터넷에 접속한다고 답했지만, 베이비부머 세대(46~55세)에서 그 비율은 1/3~1/5였다(『월스트리트저널』, 2011년 11월 4일자).

이렇게 서로 다른 세대가 근본적으로 다른 매체에 기반해서 생활하게 된 결과 일방적인 정보 전달과 습득을 당연하게 여기는 구세대와 양방적인 참여와 소통을 당연하게 여기는 신세대 간의 차이가 발생한다.

## 2) 인류역사상 가장 강화된 개인의 권한

스마트폰 세대는 인류역사상 개인의 권한이 가장 강력한 환경을 당연하게 여기는 세대이기도 하다. 이는 정보의 보급이라는 측면에서 방송(Broad-casting)이 협송(Narrow-casting)으로 변화했기 때문이다. 방송은 특정한 정보독점 생산자가 나머지 정보소비자들에게 정보를 제공하는 방식의 정보유통 체계를 말한다. 이는 전통적인 대중매체(TV, 라디오, 신문 등)에 해당한다. 이와 같은 방송이 전통적인 대중매체가 될 수밖에 없었던 것은 정보의 생산과 제공에 많은 비용과 기술이 필요했으며 이를 개인이 감당할 수는 없었기 때문이다. 자본과 기술을 보유한 특정 집단만이 정보를 유통할 수 있는 능력을 가지고 있었다.

반면에 좁은 방송, 즉 협송에서는 원칙적으로 모든 사용자가 정보를 제공할 수 있다. 사용자들은 네트워크에 접속해서 이들 수많은 개인방송 중에서 자신이 원하는 정보를 찾아서 받아들인다. 이를 위해서는 검색

_214_

엔진/RSS 등의 매개체를 필요로 하지만 원칙적으로는 소비자와 생산자가 동등한 존재이다. 인터넷 웹사이트나 SNS가 여기에 해당한다. 인터넷이라는 공용매체가 정보의 생산과 유통 비용을 극단적으로 낮추었고 기술적인 장벽도 거의 없어졌기 때문에 가능해진 일이다.

'방송' 시대의 개인들은 단순한 소비자로서, 자신의 의사를 표현하거나 전달할 수 있는 기회가 제한되어 있었다. 정보 유통망이 소수에 의해 독점된 상태였기 때문이다. 하지만 '협송' 시대의 개인들은 방송사업자에 가까운 권한을 얻는다. 단, 자신의 방송을 얼마나 많은 이에게 노출시키고 얼마나 많은 수용자들을 끌어모으느냐가 핵심 관건이 된다. 주류매체와 비주류 매체의 구분은 갈수록 엷어지고 있으며, 결국 중요한 것은 얼마나 많은 사람들이 그 매체에 접속하느냐이다.

### 3) 양방형 소통의 일반화

양방형 소통이 일방형 소통을 능가하는 것은 필연적인 귀결이다. 인류가 지금까지 일방형 소통에 의존했던 이유는 그것이 인류의 본성에 맞아서가 아니라 단지 기술적인 제약 때문이었다. 대중매체가 방송의 형태로 유지된 이유는 정보유통의 권한을 소수가 독점할 수밖에 없었던 물질적/제도적 기반에 근거한 것이다. 그러나 인간의 본성은 양방형 소통을 선호하며 선택이 가능하다면 일방형 소통보다는 양방형 소통을 지향한다. 인터넷은 인류 최초의 전 지구적 양방형 소통 매체이다. 인터넷의 확산속도가 그 어떤 매체보다도 빨랐던 것은 인간의 본성에 부합하는 매체였기 때문이다. 같은 이유로 신세대, 즉 모바일 인터넷 세대는 양방형 소통의 선택지를 당연히 사용한다. 이들은 양방형 소통이 안 되는 상대와 굳이 소통할 필요가 없다. 인터넷으로 만날 수 있는 수많은 사용자들과 소통하면 되기 때문이다.

## 3. 모바일게임 세대의 다섯 가지 키워드

앞에서 살펴본 소통방식의 근본적인 차이 이외에도 인터넷과 디지털 환경은 이전의 매체와는 전혀 다른 속성들을 가지고 있다. 그리고 이런 특성들은 이 매체를 통해 생각하고 소통하고 생활하는 세대의 생각과 행동에 당연히 영향을 미치게 된다. 여기서는 그런 특징들을 5개의 키워드를 통해서 간략히 살펴보고자 한다.

### 1) 커스터마이즈 세대

첫 번째 키워드는 커스터마이즈(Customize)이다. 첨단 IT 기술은 시스템에 나를 맞추는 것이 아니라 시스템이 나에게 맞추는 방식으로 운영된다. 인터넷과 디지털 매체는 인터페이스에서부터 콘텐츠에 이르기까지 거의 모든 것을 사용자에 맞추어 변형할 수 있다. 예를 들어, 피처폰은 제조사가 제공한 기능을 사용자가 이해하고 사용하는 것이 핵심내용이다. 반면에 스마트폰은 사용자가 필요한 대로 기능을 설정해서 사용하는 것이 핵심이다. 이와 같은 환경은 인류 대부분이 생전 처음 경험하는 것

청소년에게 게임을 허하라

이다.

그리고 이런 특성은 효율성과 직결되어 있다. 커스터마이즈 서비스는 원래 인터넷의 정보 과부하에 대처하기 위해서 개발된 것이다. 다시 말해서 커스터마이즈가 가능한 시스템은 더 효율적인 시스템이며, 사용자에게 불필요한 요구를 하지 않는 시스템이다. 따라서 커스터마이즈 매체를 당연히 여기는 세대는 빠른 속도와 우수한 수행에 길들여진 세대라고 볼 수 있다. 이들은 내가 최선의 수행을 하기 위해서 필요한 조건을 요구하는 것을 당연하게 여긴다.

같은 이유로 이들은 얼마나 커스터마이즈가 가능한지에 따라서 제품, UI, 조직, 시스템의 효율성을 판단하려는 경향이 있다. 이들에게 좋은 조직이란 내가 일을 잘할 수 있게 환경을 조정해줄 수 있는 곳이다. 반면에 업무성과를 통한 목표달성보다는 관계 중심의 업무유지, 조직의 효율성 향상을 위한 변화보다는 조직 자체의 규칙이나 권력체계 유지에 방점을 둔 전형적인 한국식 기업들은 신세대에게 이해할 수 없거나 멍청한 조직으로 이해될 수 있다.

## 2) 간접/안전 체험과 유관성의 세대

디지털 환경은 물리적인 실체가 없다. 그 때문에 디지털 환경에서의 모든 경험은 신체적·물리적으로는 지극히 안전하다. 이런 양상이 가장 뚜렷하게 나타나는 환경이 디지털게임이다. 디지털게임이 제공하는 것은 '물리적으로 안전한 환경 속에서 시행착오와 반복을 통해 숨겨진 길을 찾는 경험'이다.

*217*

출처: STEAM

---

┃그림 8.1┃ 게임의 안전성과 경제성을 강조하는 게임유통채널 STEAM의
2010년 6월 여름세일 캠페인

　　물리적인 활동이 최소화되어 있다는 점에서 디지털게임은 최소한
의 비용, 최소한의 시간, 최소한의 탄소배출을 지불하고 최대한의 체험을
제공받을 수 있는 가장 효율적인 체험활동이기도 하다. 물론 오프라인 환
경에 비해 지나치게 안전하다는 점은 오히려 현실세계에 적응하는 데 어
려움을 겪게 만드는 원인이 될 수 있다.

　　디지털 환경에 익숙한 세대는 따라서 시행착오(trial and error)를 통
한 학습이 익숙한 세대임을 의미한다. 시행착오 학습이 가능하기 위해서
는 우선 실패의 비용이 적어야 한다. 최소한의 비용으로 다시 시도할 수
있어야 한다. 그리고 그 경험이 학습 내용과 직결되어 있어야 한다. 이를
학습의 유관성(contingency)이라고 한다. 디지털 환경은 바로 이 두 조건을

*218*

충족시킨다.

디지털 환경에서는 어떤 실수를 하더라도 내 몸은 손끝 하나 다치지 않고, 무엇보다 다시 시도할 수 있는 기회가 거의 무한정 제공된다. 하지만 오프라인의 물리적인 환경에서는 모든 실수는 그에 상응하는 대가를 요구한다. 사소하게는 팔꿈치가 까지는 것에서부터, 뼈가 부러지거나, 베이거나, 데이거나 심하면 목숨까지 잃을 수도 있다.

또한 디지털 환경, 특히 게임에서의 모든 실패와 성공은 그 게임 전체의 시스템과 규칙의 이해와 직결되어 있다. 게임 속에서 오래 구를수록 게임을 더 잘 이해하게 되며, 게임 시스템과 그 시스템이 작동되고 있는 플랫폼 그리고 그 플랫폼을 작동시키는 정보통신 기술의 논리를 더 잘 이해하고 더 잘 사용하게 된다. 디지털 환경은 거의 대부분 서로 유기적으로 연결되어 있기 때문이다. 반면에 기존의 사회 시스템은 서로 다른 맥락에서 다른 의미를 가지는 경우가 많다. 가정의 부모-자녀 관계에서는 타당한 행동이 학교맥락이나 친구관계에서는 부적절한 행동이 될 수 있고 그 반대의 경우도 충분히 가능하다. 디지털 환경에서는 하나를 배우는 것이 모든 것을 배우는 열쇠가 되지만 오프라인에서는 하나를 배운다고 열을 알 수가 없다. 유관성, 특히 명시적인 유관성에서 디지털 환경이 훨씬 우월하다. 소위 '게임중독'도 시행착오를 허용하는 안전한 디지털 환경에 안주하려는 성향으로 이해할 수 있다. 오프라인 환경은 시행착오를 허용하지 않는 가혹한 환경이므로, 디지털 환경에 익숙한 신세대는 기성세대보다 오프라인 환경에의 적응 스트레스를 더 많이 경험할 수 있는 것이다.

### 3) 압축체험의 세대

디지털 환경에서의 경험은 이전의 오프라인 세계에서는 경험해본 적 없는, 특정한 과제만을 순수하게 경험하는 체험을 제공한다. 디지털 환경에서는 가장 짧은 시간에 가장 많은 체험을 압축적으로 할 수 있다.

〈그림 8.2〉는 필자가 이용하는 어떤 FPS(일인칭 슈팅 게임)의 사용자 전적 화면이다. 필자는 이 '콜 오브 듀티: 블랙옵스' 게임을 총 185시간 12분 동안 플레이했다. 거의 8일에 해당하는 시간이다. 플레이 시간 동안 필자는 총 1,691회의 승패, 28,436회의 공격 성공(정확히는 상대를 사살하는 데 성공), 8,949회의 죽음을 경험했다. 1회 게임에 평균 6분 30초를 소

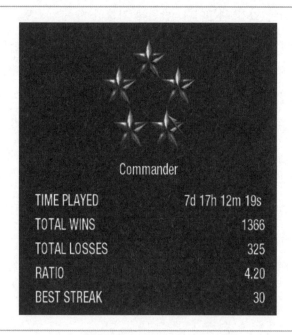

| 그림 8.2 | '콜 오브 듀티: 블랙옵스' 이용자의 사용내역 예

청소년에게 게임을 허하라

요했으며, 각 게임당 평균 22.1회의 승패(간단히 말해 죽거나 죽이는 사건)를 경험했다. 이는 현실세계에서는 절대로 불가능한 일이다. 내가 수천 번이나 죽었다가 되살아날 수 있다는 점도 불가능하지만, 더 중요한 건 이렇게 짧은 시간에 이렇게 많은 일을 경험할 수 있는 곳은 오로지 디지털 환경뿐이라는 사실이다.

실제로 압축체험은 디지털게임뿐만 아니라 모든 디지털 환경의 본질이다. 디지털 환경은 인간이 설계한 사이버(cyber: 인공적) 환경이다. 이 환경에서 모든 자연법칙은 거스르거나 무시하거나 변형할 수 있다. 그 때문에 자연법칙으로 인해 어쩔 수 없이 생겨났던 모든 불필요 요소를 제거하고 해당 과제에 반드시 필요한 활동만을 수행하도록 설계할 수 있었다. 그리고 더 효율적인 시스템일수록 더 압축적인 체험을 제공한다. 온라인에서의 모든 활동은 최대한의 시간효율성을 목표로 설계되어 있기 때문이다. 온라인의 모든 사이트는 마우스 클릭 두세 번 만에 사용자가 원하는 것을 제공하도록 설계되어 있다. 사용자들은 더 효율적인 시스템을 선호하므로 이를 충족시키지 못하는 시스템은 일찌감치 도태된다. 하지만 오프라인에서는 모든 활동이 시간과 비용을 필요로 한다.

예를 들어, 책 한 권을 인터넷에서 읽으려면 검색엔진에 접속해서 해당 도서를 검색해서 다운로드하면 된다. 고속통신망을 이용하면 대개 10분 이내에 가능한 일이다. 하지만 오프라인에서 책을 한 권 읽으려면 도서관이나 서점까지 물리적으로 이동해야 하고, 거기서도 서가를 뒤져야 하며, 최소한 10분 이상 걸리는 몇 단계의 절차를 거쳐야 책을 가져올 수 있다. 게다가 그 책은 물리적인 무게까지 있어서 내가 한 번에 가져올 수 있는 수량에도 제한이 있다. 이런 차이를 요약해보면 〈표 8.2〉와 같다.

**┃ 표 8.2 ┃ 현실세계의 농구 vs 디지털게임 환경의 농구**

| | 현실세계의 농구 | 디지털게임 속 농구 |
|---|---|---|
| 준비 절차 | • 농구장으로 이동<br>• 농구장비 준비<br>• 선약한 동료들의 합류 기다림 | • 게임 접속<br>• 게임 파트너와 연결 |
| 게임 중단<br>사건 빈도 | • 농구공의 이탈, 분실<br>• 참가자의 부상<br>• 게임운영 절차 규범 관련 논쟁<br>• 상대방의 고의적 지연<br>• 기상이변 등 다양함 | • 통신상태 불량<br>• 게임시스템의 오류<br>• 상대방의 고의적 지연 |
| 종료 절차 | • 숙소로 이동<br>• 복장 교체, 샤워 등 | • 게임 접속 종료 |
| 제약 | • 체력의 한계<br>• 준비와 종료절차 포함 최소한<br>  1시간 이상의 추가시간 필요 | • 체력 한계 없음 |

이러한 디지털 환경에서의 압축체험은 다음과 같은 의미가 있다.

우선 동일한 시간에 할 수 있는 일의 양과 질에서 본질적인 차이가 발생한다. 예를 들어, 오프라인에서의 10분은 별다른 의미 있는 활동을 할 수 없는 시간이다. 반면에 온라인에서의 10분은 엄청난 일을 할 수 있는 시간이다. 그렇기 때문에 디지털 세대는 기성세대보다 시간의 아까움을 더 잘 이해하는 세대라고 볼 수도 있다. 기성세대의 모든 활동은 저효율적 시간이용을 전제로 한다. 재래식의 회의, 발표, 파티, 게임은 모두 주어진 시간을 얼마나 잘 메울 수 있을 것이냐에 초점을 맞춘다. 하지만 디지털 세대는 기성세대의 '시간 죽이는' 활동방식을 시간낭비와 비효율로 이해할 수 있다. 그들이 하릴없이 날려버리는 그 10분간 디지털 환경에서는 FPS 게임을 한 번 이상 할 수 있고, 스마트폰의 (대개는 1분 내외

청소년에게 게임을 허하라

| | 현실세계의 정보검색 | 디지털 환경 속 정보검색 |
|---|---|---|
| 준비 절차 | • 도서관으로 이동<br>• 자료검색 및 신청<br>• 도서관에 찾는 자료가 없는 경우 다른 도서관으로 이동 | • 정보검색 사이트 접속<br>• 자료 검색 |
| 게임 중단 사건 빈도 | • 도서대출 혹은 자료 복사<br>• 자료의 양에 비례해 물리적 무게와 부피 증가 | • 다운로드<br>• 디지털 정보에는 무게나 부피가 없음 |
| 종료 절차 | • 숙소로 이동 | • 접속 종료 |
| 제약 | • 시간, 공간적 제약<br>(지리적으로 너무 먼 곳에 자료가 있는 경우 등) | • 시간적 공간적 제약 없음 |

의 플레이 시간을 가진) 모바일게임들은 최소 7회를 플레이할 수 있으며, SNS에 글이나 사진을 올리고 친구들의 '좋아요' 피드백까지 받을 수 있다. 그런데 기성세대들은 모두의 그 귀한 시간을 이렇게 낭비하고 있는 것이다.

그러니 젊은이들이 어른 말씀하시는데 스마트폰을 꺼내 딴짓을 한다고 울컥할 일이 아니다. 그동안 필자가 정보로서의 가치가 전혀 없는 동어반복으로 시간을 채우고 있었던 것은 아닌가 반성할 일이다. 그들이 스마트폰을 꺼낸 순간 그들은 이제 여기서는 더 이상 시간을 낭비할 수 없다고 판단했다는 의미이기 때문이다.

*223*

## 4) 정보 과부하의 세대

정보 과부하는 정보의 복제, 저장, 유통 비용이 0에 수렴하게 된 기술환경의 필연적 결과이다. 정보 과부하 환경에서는 정보의 보유보다는 검색과 적용이 더 중요한 문제로 부각된다. 즉 디지털 시대는 인류역사상 최초로 정보 결핍의 굴레에서 벗어난 시대이자 인류역사상 최초로 정보 과부하에 시달리는 시대이기도 하다. 같은 이유로 디지털 환경에서 성장한 세대에게 정보 결핍 환경을 전제로 한 교육은 부적절하다.

정보 과부하의 원인은 인간 정보처리 능력의 한계 때문이다. 오래 전부터 인지심리학자들은 인간 정보처리 능력이 한계가 있음을 알고 있었다. 조지 밀러(George Miller)가 발견한 마법의 수(magic number 7±2)가 그것이다. 인간에게 입력되는 정보를 처리할 수 있는 용량이 초과할 때 정보 과부하가 발생한다. 사실상 정보 과부하는 이미 오래전부터 연구되어온 현상이기도 하다. 1960년대 사회학연구에 따르면 도시거주자들은 농촌지역 거주자에 비해 새로운 상황에 대한 반응성이 낮았다. 학자들은

┃표8.4┃ 정보 결핍 세대와 정보 과부하 세대의 차이

| 구분 | 정보 결핍 세대 | 정보 과부하 세대 |
|---|---|---|
| 기술적 조건 | 정보 복제, 저장, 운송 비용 | 관련 비용 최소화 |
| 요구되는 능력 | 정보의 습득과 저장능력 | 정보의 검색과 활용능력 |
| 정보의 가치 | 활자화된 모든 정보는 귀한 것이며 진실임 | 활자는 물론 이미지 정보도 창조, 조작될 수 있음 |
| 교육의 목표 | 정보 결핍 환경에 대응하기 위해서 기억력(정보저장능력), 추리력(결핍된 정보를 채워 넣는 능력)의 향상 | 정보의 선별(유용성), 판별(진위), 처리(응용)에 필요한 고차 정보처리 기술의 향상 |

청소년에게 게임을 허하라

이 결과에 대해 새로운 정보가 너무 많으면 정보나 자극을 걸러내는 필터를 스스로 만들어서 자기를 보호한다고 결론지었다. 같은 이유로 너무 많은 정보가 쏟아져 들어오는 인터넷 환경에서 디지털 세대는 개방적이 되기보다는 폐쇄적이 될 가능성이 높다(Palfrey & Gasser, 2008).

정보 과부하는 신체적·심리적 증상을 유발한다. 정보 과부하 그 자체가 이미 신체적인 스트레스이므로 그에 대한 반응(혈압과 맥박 상승, 정서조절 장애, 과잉흥분, 주의집중력 저하)이 발생한다. 또한 앞서 기술한 바와 같이 고정관념이나 선입견 등에 의존하는 경향이 더 강해지기도 한다. 이는 정보를 간추려내기 위한 가장 원초적인 대응방법이다. 그리고 판단력의 저하도 나타난다. 정보가 너무 적어도 적절한 판단이 어렵지만, 정보가 지나치게 많아도 적절한 판단에 방해가 되기 때문이다.

정보 과부하는 여러 가지 변화를 요구한다. 무엇보다도 신세대는 새로운 교육 커리큘럼을 필요로 한다. 기존의 교육 커리큘럼은 근본적으로 인류가 정보 결핍에 시달리던 20세기에 설계된 것이다. 그 결과 (부족한) 정보를 암기하고 결핍된 정보를 채우기 위한 추론능력의 개발을 목표로 구성되어 있다. 반면 정보 과부하 시대에는 교육정보의 효율적 검색과 적용, 진위판별을 위한 추론과 새로운 정보의 생산능력이 요구된다. 하지만 아직까지는 그 어떤 교육시스템도 이와 같은 요구를 반영하고 있지는 못하다.

## 5) 좁은 세상의 세대

인터넷 초창기에 인터넷의 특성으로 늘 언급되던 요소가 인터넷은

'시공간의 제약'을 넘어선다는 것이었다. 실제로 그러했다. 그리고 SNS는 특히 사회적 관계의 영역에서 그 시공간의 제약을 무한대로 단축해버렸다. 보통 사회적 거리(Degrees of Separation)는 '한 사회에 공존하는 구성원들이 서로 연결되기 위해서 중간에 얼마나 많은 사람을 거쳐야 하는가?'라는 질문에 대한 대답이다. 이는 인문과학자들에게 매우 흥미로운 연구주제였다. 물리적인 거리가 아니라 사회적인 거리는 어떻게 측정할 수 있는가? 하버드대학교 심리학과 교수였던 밀그램(Milgram, 1967)은 이 사회적 거리를 최초로 과학적으로 측정했던 사람이다. 그는 사회 연결망에 대한 실험(Small-world experiment)을 통해 '6단계의 법칙'을 발견했다. 그는 네브래스카 주 오마하에 사는 사람이 메사추세츠 주 샤론에 살면서 보스턴 시에 사무실을 운영하는 (생판 모르는) 주식중개인까지 아는 사람을 통해서 편지를 전달한다면 몇 명을 거쳐야 하는지를 측정했다. 실험 전에 주변 학자들에게 자문한 결과, 100명 이상의 중간단계를 거쳐야 할 것이라는 대답이 다수였다. 실험결과 절반 가까운 편지가 중간에 사라졌다. 하지만 전달된 편지들은 의외로 소수의 사람들을 거쳤다. 반복된 실험 결과 평균 5.5명에서 6명을 거쳐서 편지가 전달되는 것으로 나타났다 (Gladwell, 2001; Milgram, 1967).

그렇다면 SNS는 이 거리를 얼마나 단축시켰을까? 인터넷만으로는 사회적 거리를 단축시키지 못했다. 2003년 이메일을 통한 사회적 거리 측정결과는 여전히 6단계였다. 하지만 SNS부터 사회적 거리가 뚜렷이 단축되는 경향이 발견되었다. 예를 들어, 2012년 페이스북에서 자체적으로 조사한 결과 페이스북 유저들의 사회적 거리는 4.74단계로 나타났다 (Barnett, 2011).

하지만 한국 사회는 이미 미국에 비해 사회적 거리가 짧았다. 연세

청소년에게 게임을 허하라

대학교 사회발전연구소에서 2004년에 조사한 결과 한국 사회의 사회적 거리는 평균 3.5단계로 나타났다(『중앙일보』, 2005년 9월 22일자). 미국의 절반 정도에 불과하다. 그리고 SNS와 함께 이 거리는 더 좁아졌을 것으로 추정된다.

　　그렇다면 사회적 거리는 인간의 행동에 어떤 영향을 미칠까? 사회적 거리가 5단계를 넘는 '넓은 세상'에서 인간이 느끼는 가장 근원적인 감정은 외로움이다. 이런 환경에서는 동료를 찾아서 관계를 맺는 것이 가장 근본적인 동기이다. 만나는 거의 모든 이들이 내 친구가 되며, 그 친구들은 모두 각자의 세상에서 성장했기 때문에 고유한 개성을 가지고 있는 것이 당연하다. 반면, 사회적 거리가 5단계 이하인 '좁은 세상'에서는 거의 언제나 내 주변에 누군가가 존재하므로 외로움보다는 소외감이 부각된다. 또한 남들과 비교당하고 평가당하며, 타인이 내 영역을 침해하고 간섭하는 경험이 더 보편적이므로, 열등감에 시달리는 사람들이 많다. 어린 시절부터 너무 많은 사회적 관계에 노출되기 때문에 성인이 되었을 때쯤에는 로빈 던바가 말하는 사회적 용량[1]이 포화상태에 도달하며, 그 결과 이들은 배타적이고 표피적인 대인관계를 맺게 될 가능성이 높다. 이들

---

1　로빈 던바(R. Dunbar)는 사회적 관계는 인간 대뇌 피질에게 부여된 가장 중요한 기능(수 계산, 논리적 추론 등의 이성적 기능보다 우선하는 기능)이라고 주장했다. '사회적 용량'은 동료 개개인의 얼굴과 특성과 일화 및 동료와 동료 간의 일화와 관계 상태를 기억하는 것이며, 동료의 숫자가 늘어날수록 이 사회적 용량은 기하급수적으로 증가한다고 지적했다. 예를 들어, 동료가 5명인 경우, 10개의 관계에 대한 정보를 유지, 관리하면 된다. 하지만 동료가 20명인 경우, 190개의 관계에 대한 정보를 유지해야 한다. 던바는 인간의 대뇌피질이 감당할 수 있는 동료 관계의 용량이 평균 150명 정도이므로 이 150명이라는 숫자는 일반적인 인간들이 진정으로 깊숙한 사회적인 관계를 가질 수 있는 최대한의 숫자라고 보았다. 실제로 대부분의 원시공동체는 150명 이상인 경우가 드물다. 반면 인류는 단순한 인간의 대뇌 피질에 근거한 사회적 관계에서 벗어나 시장(market)을 통해 사회적 관계를 시스템화함으로써 도시를 건설할 수 있었다고 말한다.

*227*

제8장　청소년의 모바일게임 문화

| 표 8.5 | 좁은 세상 vs 넓은 세상

| 기준 | 넓은 세상 | 좁은 세상 |
|---|---|---|
| | 사회적 거리 5단계 이상 | 사회적 거리 5단계 이하 |
| 구성원들의 기본 정서 | 연결대상의 결핍 – 외로움 | 비교, 평가, 간섭 – 소외감, 열등감 |
| | 소수의 동료 – 친밀감 욕구 | 관계용량 포화 – 배타성, 표피적 관계 |
| | 사회적 참조대상 부족 – 독특성 증폭 | 동조압력 – 사회적 긴장 |
| 행동의 동기 | 동료를 찾아 관계 맺기 | 간섭과 평가에서 벗어나 평온과 자유를 찾기 |
| 사회적 양상 | 느린 변화, 근본적 변화 | 빠른 변화, 표면적 변화 |
| 사례 | 장인 정신, 느린 기술 수용과 체제의 변화 | 유행의 빠른 확산과 소멸, 빠른 기술 수용과 체제 유지 |

은 늘 주변 사람들로부터 동조압력과 평가압박을 받고 있으므로 사회적인 긴장에 시달린다. 이들이 원하는 것은 남들의 눈으로부터 자유로운 곳으로 도피해서 타인의 간섭과 평가에서 벗어나 평온함을 찾는 것이다. 하지만 유감스럽게도 이들은 실제로 그런 환경이 주어지더라도 그에 적응하지 못하고 다시 좁은 환경을 구축하려는 경향이 있다.

사회적인 면에서 좁은 세상에서는 모든 변화가 빠르게 일어난다. 서로가 서로에게 거의 실시간으로 영향을 미치고 동조하기 때문이다. 하지만 그 변화는 근본적인 체계의 변화에 이르지 못하는 경우가 많다. 너무 빨리 일어나기 때문이다. 그래서 좁은 세상은 유행이 빠르게 확산되는 만큼 빨리 소멸하며, 신기술의 수용은 매우 적극적이지만 사회체제는 오히려 구체제에서 벗어나지 못하는 경향이 있다. 반면에 넓은 세상에서는 어떤 변화가 일어나는 데까지 걸리는 시간은 좁은 세상에 비해 느리지만 일단 일어난 변화가 사회 전반의 근본적인 변화로 이어질 가능성은 더 높다. 넓은 세상에서는 '장인정신'과 같은 일관성이 존중받으며 기술 수용은 상대적으로 늦지만 기술의 수용과 함께 사회적인 변화를 동반할 여유가 있다.

  그렇다면 SNS로 인해 계속 좁아지는 사회에서는 어떤 변화가 일어날까? 우선은 사생활의 종말이다. 사생활이란 타인에게 공개되지 않은 자기 자신에 관련된 정보들을 말한다. 이는 '개인(individual)'의 존재 근거이다. 그리고 개인은 고전적인 의미에서 '사회(society)'의 기본적인 구성요소이다. 즉, 사생활이 없이는 개인이 존재할 수 없고, 개인이 없으면 우리가 아는 전통적인 의미의 사회도 존재할 수 없다. 사생활은 그래서 현대사회의 핵심 조건이다. SNS 이전의 사회에서는 사적 공간과 공적 공간의 구분이 비교적 분명했다. 하지만 SNS는 사적 공간과 공적 공간의 중간지대를 만들어냈다. SNS 속의 표현을 사적인 표현으로 보고 존중할 것이냐, 아니면 공적인 표현으로 간주하고 규제의 대상으로 삼을 것이냐는 그 사회에서 개인의 범위를 어디까지 인정할 것인지를 결정하는 중요한 척도가 될 것이다.

  지금까지 기술한 바를 요약하면 SNS 세대는 이전의 평범한 성인들과는 전혀 다른 환경에서 성장했다. 이들은 ① 원할 때면 언제든 자신의 메시지를 전체에게 전달할 수 있고(양방성), ② 끊임없이 올라오는 정보를 처리하고 의사결정을 해야 하며(정보 과부하), ③ 시스템에 통제받으면서도 그 시스템을 자신에게 맞춰 수정 가능(커스터마이징)하고, ④ 보조자에 의존해서 간접적이지만 다양한 체험(간접체험)을 하며, ⑤ 최상위 관찰자이자 결정권자로서 압축체험이 가능하다. 그리고 이들은 ⑥ 자신의 모든 행적이 기록되는 환경(SNS) 속에서 살고 있다. 이것들은 이전 사회에서 국왕이나 영주 혹은 대기업의 최고경영자들만이 누리던 조건이다. 그

것을 지금은 모든 평범한 개인들이 누리고 있는 것이다.

이들에게 우리 사회는 어떻게 대응을 해야 하는가? 여러 가지가 있지만 본문에서도 언급한 바와 같이 교육체계의 근본적인 변화를 언급해야 하겠다.

전통적인 교육은 일반적인 국민을 육성하기 위한 교육이었다. 그 교육은 또한 정보 결핍 환경에 적응하기 위한 인지적 기술 교육이었으며, 개인적인 욕구충족 기회가 제한되어 있던 환경에서의 수동적 인내심 교육이기도 했다. 즉, 현행 교육체계는 개인의 역할이 주어진 정보를 이해하고 수용하는 것에 그치던 시대의 암기력과 빈칸채우기 교육이며, 개인에게 주어진 의무가 사회에서 부여한 역할을 수동적으로 수행하는 것에 그치던 시대의 책임성 교육이다. 모든 교육체계는 본질적으로 이 범위에서 벗어난 적이 없다.

하지만 이는 신세대에게는 더 이상 먹히지 않는 교육이기도 하다. 이들이 필요로 하는 교육은 왕의 권한을 가진 개인에게 필요한 교육, 즉 예전에 '제왕학'이라 불리던 교육이다. 그 교육은 정보 과부하 환경에 적응하기 위한 인지적 기술을 가르치고, 개인적 욕구의 충족방법이 다양하고 무한한 환경에서의 자기통제력을 키워주며, 개인의 역할이 정보를 선별하고 적용하고 창조해야 하는 시대의 창의성을 개발할 수 있는 교육이어야 한다. 개인에게 주어진 의무를 넘어 자신에게 주어진 모든 권한을 마음대로 사용할 수 있는 시대의 책임성 교육이기도 하다.

청소년에게 게임을 허하라

# 4. 모바일 플랫폼과 모바일게임의 진화

1972년 최초의 상용 컴퓨터인 퐁(Pong)이 아타리사에서 만들어진 이후부터 지금까지, 아이들은 컴퓨터게임에 열광해왔고 부모와 교사들은 그런 아이들을 보며 걱정해왔다. 하지만 그렇게 열광하던 아이들이 어른이 된 지금에 와서도 게임하는 아이들에 대한 걱정은 식을 줄을 모른다. 때는 어느덧 21세기가 되어 인터넷이 확산되면서 부모들은 온라인게임이라는 새로운 유형의 게임에 열광하는 아이들을 발견하게 된다. 그런데 부모나 교사는 이전에 그들이 열광하고 우려해왔던 게임과 인터넷을 통해서 플레이하는 게임은 근본적인 차이가 있다는 것을 간과하는 것 같다. 어떤 차이가 있는지 간단히 정리해보자.

혼자서 게임에만 빠져 있다 보면 친구들과 잘 지내지 못하는 것이 아닐까 하는 걱정은 인베이더, 겔러그, 보글보글, 테트리스 같은 전통적인 컴퓨터게임들에 대해서나 어울린다. 이런 게임들을 싱글플레이 게임이라고 부른다. 요즘도 이런 싱글플레이 게임들이 많이 나온다. 하지만 어떤 한 가지 게임만 계속하는 아이들은 거의 없다. 아이들에게 싱글플레이 게임은 일종의 살아 움직이는 만화책이나 모니터 속의 장난감이라고 할 수 있다. 그래서 오래 갖고 놀다 보면 싫증이 난다. 그리고 컴퓨터를 상대하는 싱글플레이 게임에서는 자기 마음대로 충동적으로 행동하고 결과에 책임을 지지 않아도 된다. 그런데 이런 행동패턴이 게임 밖 현실에서도 나타나지 않을까 걱정하는 사람들도 있다. 물론 이런 걱정은 좀 지나치다. 인간이 가진 기본적인 지능 중에 하나는 자기가 처한 상황에 맞게 행동할 줄 아는 능력이다. 어떤 아이가 게임 속에서 하듯이 현실세계

*231*

에서도 마구잡이로 행동한다면, 그 아이는 집에서 하는 행동과 학교에서 하는 행동이 어떻게 달라야 하는지도 모르는 아이일 것이다.

인터넷을 통해서 하는 온라인게임 중의 대표적인 유형이 멀티플레이 게임이라는 것이다. 멀티플레이 게임이라고 해서 상당히 새로운 게임인 것 같지만, 사실 이 멀티플레이 게임이야말로 인류가 오래전부터 즐겨온 게임의 원형이다. 바둑이나 장기, 트럼프나 화투도 전형적인 멀티플레이 게임이니까 말이다. 단지 이제는 인터넷을 통해서 상대와 겨룬다는 차이가 있을 뿐이다. 그래서 대표적인 멀티플레이 컴퓨터게임인 '스타크래프트'는 '사이버 시대의 장기'라고도 불린다. 이렇게 실제 상대 게이머와 승패를 다투는 멀티플레이 게임을 하다 보면 어떤 아이들은 자신 이외의 모든 사람을 싸움 상대로만 여기는 듯 호전적인 태도를 보이거나 게임 속에서 지면 엄청나게 스트레스를 받고 화를 내서 부모를 놀라게 한다. 하지만 그런 모습은 그 아이가 승부욕이 강하고 도전적이라서 어른이 되어서도 저돌적으로 자기 할 일을 해낼 가능성을 의미하기도 한다. 보통 우리는 게임은 게임일 뿐이라고 말하고, 놀다가 생긴 일은 대수롭지 않게 여긴다. 하지만 이런 생각은 상대방이 장난감이거나 컴퓨터일 경우에나 맞는 말이다. 진짜 사람을 상대로 게임을 할 때는 언제나 규칙을 지키고 상대를 존중할 줄 알아야 한다. 그것이 공공질서의 시작이다. 문제는 실제 사람을 상대로 플레이하는 멀티플레이 게임을 마치 컴퓨터를 상대로 하는 싱글플레이 게임 하듯이 하려는 경우이다. 어떤 아이들은 게임 속에서 남을 부당하게 공격하거나 절도, 사기 등을 저지르고도 별로 문제의식을 느끼지 않는다. 게임은 게임일 뿐이고 게임 속에서 일어난 일은 모두 장난에 불과하다고 변명한다. 사실 어린 시절의 모험심과 규칙을 위반하고 싶은 욕구는 일맥상통한다. 하지만 그것이 잘못된 게임 윤리의식과 결

청소년에게 게임을 허하라

합되면 게임 밖에서도 삐뚤어진 태도로 연결될 수 있다. 따지고 보면 멀티플레이 게임에서 규칙과 예의를 지켜야 하는 이유가 현실세계에서 규칙과 예의를 지켜야 하는 이유와 다르지 않기 때문이다. 게임 속에서 그것을 무시했다면, 현실세계에서도 그럴 수 있다. 따라서 게임 속에서, 특히 실제 사람을 상대하는 멀티플레이 게임 속에서 삐뚤어진 행동은 놀이나 장난으로 넘어가줄 것이 아니다. 오히려 멀티플레이 게임은 규칙의 중요성을 깨우치게 하고 나쁜 사람과 좋은 사람을 구별하는 지혜를 배우는 산교육 장소로 여겨야 한다.

마지막은 'MMORPG'라고 불리는 다중사용자 온라인게임이다. 이런 MMORPG에서는 여러 명의 게이머들이 집단으로 사냥이나 전투를 하는 경우가 많다. 그래서 게임 내에서 위계질서나 신뢰, 의리와 충성심, 자기의 명예나 불명예 같은 것이 중요한 가치로 부각된다. 게임 속에서 실력이 뛰어나다고 남들에게 인정을 받는 것은 마치 현실사회에서 성적이 좋아서 상장을 받는 것과 같은 경험이 된다. 이런 게임에서 남들에게 인정을 받으려는 욕구가 생기는 것은 자연스러운 일이다. 하지만 이런 것이 지나치면 다른 사람이 나에게 내리는 평가에 지나치게 의존하거나, 자기가 원치 않으면서도 다른 사람들에게 의존하는 등의 병적인 사회관계도 나타날 수 있다. 자기는 원하지도 않는데 친구들 때문에 억지로 게임을 한다거나, 게임 속에서 의도하지 않았던 범죄를 저지르는 등의 문제가 생길 수도 있는 것이다. 이것이 MMORPG만의 문제인 것처럼 놀랄 필요는 없다. 우리 인간들이 사회생활을 하는 곳에서는 언제나 발견되는 문제였으니까 말이다.

스마트폰을 포함한 모바일 플랫폼을 바탕으로 플레이하는 모바일 게임에는 위의 세 게임 유형이 모두 포함되어 있다. 그러나 특히 모바일

233

게임의 가장 큰 특징은 그것이 앞서 언급한 모바일 SNS와 연계된다는 점이다. 그런 면에서 게임 분야에서는 모바일게임의 대부분을 SNG(Social Network Game)라는 새로운 유형의 게임으로 접근한다. 한국 내에서 가장 많이 알려진 '애니팡'이나 '캔디크러쉬', '쿠키런' 같은 이들 SNG의 형식 자체는 대개 혼자서 하는 스탠드 얼론 게임이다. 그러나 게임의 결과는 SNS와 연결되어 다른 친구들과 비교되며, 또한 친구들끼리 서로에게 도움을 주거나 도전을 하는 등의 상호작용이 가능하다. 즉, 모바일 플랫폼 콘텐츠들의 공통적인 특성인 휴대성과 단속성의 한계에 어울리는 '짧은 시간에 할 수 있는 캐주얼 게임'을 유지하되, 이를 SNS의 사회적 연결성에 결합함으로써 혼자서 하되 남들과 연결되어 있는 상태를 유지하는 새로운 형태의 게임이 만들어진 것이다. 단순한 스탠드 얼론 게임의 피드백 구조에는 쉽게 질려버린다. 즉, 게임 자체가 제공하는 경험이 지극히 얕고 보상체계도 복잡할 수 없기 때문에 게임을 하려는 동기 자체를 오래 지속하기 어렵다. 반면에 SNS에서는 친구들과 함께 공유할 경험을 끊임없이 요구한다. SNS 사용자들이 셀피를 비롯한 온갖 사진을 올리고 여기저기서 찾아낸 기존 내용을 자발적으로 네트워크에 공유하는 이유가 그 때문이다. 이런 상황에서 친구와 결과를 공유하고 서로 비교하거나 교류할 수 있는 게임은 매우 적절한 공유 자료의 공급원이 된다. 이제 SNG의 사용자들은 게임 자체에 대한 동기보다는 소셜 네트워크에서 제공되는 사회적 동기로 게임에 참여한다. 그렇기 때문에 갈수록 SNS의 콘텐츠와 SNG를 명확히 구분하기도 어려워진다. 소셜 네트워크 자체가 이미 게임의 일부가 되었으며, 그 속에서 모바일게임은 소셜 네트워크를 통해 활발히 유통되는 콘텐츠로 융합되었다.

정리하자면, 인터넷 시대에 게임은 이전의 게임과 다르다. 혼자 틀

청소년에게 게임을 허하라

어박혀 하는 싱글플레이 게임이 주류이던 시절에도 아이들은 친구들과 사귀기 위해서, 친구들과 함께 놀기 위해서 게임을 해왔지만, 지금은 더더욱 그렇다. 미니 홈피 하나 없거나 유행하는 온라인게임 캐릭터 하나 없는 아이는 친구들을 사귈 수가 없다. 모두들 그것을 하기 때문이다. 부모의 입장에서 아이들이 자기 방에서 컴퓨터 모니터를 향해 비명을 질러대는 모습을 봐주기는 쉽지 않지만, 아이들은 예전부터 그렇게 해왔다. 단지 예전에는 부모의 눈에 띄지 않는 학교 운동장이나 동네 뒷골목에서 그랬던 아이들이 이제는 자기 집 자기 방에서 같은 일을 하고 있을 뿐이다. 인터넷에 접속하는 순간, 그 방은 더 이상 공부방이 아니라 학교 운동장도 되고 놀이터도 되는 것이다. 무조건 게임을 못 하게 할 것이 아니라 아이들이 하는 게임이 어떤 종류인지, 그 속에서 무엇을 하는지 알아보려는 노력을 할 때이다. 그것이 아이들의 세계를 이해하는 첫걸음이다.

제 8 장   청소년의 모바일게임 문화

# 참고문헌

『중앙일보』(2015년 9월 22일자 기사). 「한국 사회 파워엘리트 대해부: 그들
　　은 지금 해체되고 있다」.

Barnett, E.(2011). *Facebook cuts six degrees of separation to four.*
　　Telegraph. Retrieved 7 May 2012.

Gladwell, M.(2001). *The Tipping Point: How little things can make a
　　big difference,* Hachette Book.

Loftus, T.(2011). 「세대별 디지털수용 차이」. 『월스트리트저널』, 11월 4일자.

Milgram, S.(1967). "The Small World Problem." *Psychology Today*, 2,
　　60-67.

Palfrey, J., & Gasser, U.(2008). *Born Digital: Understanding the first
　　generation of digital natives,* Basic Books.

청소년에게 게임을 허하라

# 저자 약력

## 장 근 영

연세대학교 심리학 박사

현　한국청소년정책연구원 선임연구위원

〈주요 논문〉

「한국청소년들의 시민참여와 내적 정치적 효능감에 대한 연구」(2015, 공저)

「온라인게임에 대한 인식유형과 그 특성에 관한 연구」(2013, 공저)

「청소년과 지역문화: 강남과 강북의 차별화의 실상과 허상」(2013, 공저)

〈주요 저서〉

『청소년문화론』(2014, 공저)

『나와 싸우지 않고 행복해지는 법』(2011)

『심리학 오디세이』(2009)

# 게임은 청소년의 폭력적 행동을
# 유발하는가

배 상 률

'폭력적 게임이 청소년의 폭력적 행동을 유발하는가?'란 질문에 학계는 아직까지 첨예한 대립을 이어가고 있다. 이 질문에 대한 해답을 본격적으로 찾아 나서기에 앞서, 저자는 우리 사회 저변에 게임에 대한 편견이 깊숙이 자리 잡고 있음을 두 가지 국내외 사례를 통해 보여주고 있다. 미디어에 담긴 폭력적 메시지에 대한 사회적 우려는 최근의 현상도 아니며, 게임에만 국한된 것도 아니다. 게임을 포함한 미디어 폭력의 우려에 따른 정부와 사회의 예방 및 대처 노력들을 살펴보고, 수십 년간에 걸쳐 학계에 소개된 미디어 폭력 효과 이론 및 가설들을 고찰하였다. 마지막으로, 게임과 폭력성/반사회적 행동 간의 관계성 규명을 위한 학문적 논쟁을 미국의 두 심리학자인 앤더슨(Craign Anderson)과 퍼거슨(Christopher Ferguson)을 양축으로 하여 국내외 주요 연구결과들을 소개하고 있다. 앤더슨과 퍼거슨이 각각 제시한 일반 공격 모델(General Aggression Model: GAM)과 촉매 모델(Catalyst Model)을 소개하고, 청소년의 공격성 및 반사회적 행동에 작용하는 게임의 역할을 국내외 실증적 연구결과들과 함께 설명하고 있다.

# 1. 언론보도를 통해 바라본 게임의 폭력성 유발에 대한 우리 사회의 인식

| 사례 1. | 「MBC 뉴스데스크」의 PC방 폭력성 실험 보도

「MBC 뉴스데스크」는 2011년 '잔인한 게임이 청소년들의 실제 폭력 부른다'는 주제의 뉴스를 보도하였다. "인터넷게임의 폭력성이 초등학생들에게까지 노출돼 있습니다. '묻지마 살인'식 게임인데요. 카뮈의 소설 「이방인」에 주인공 '뫼르소'가 '태양이 강렬해서'라는 말도 안 되는 이유로 살인을 하죠. 그런데 폭력게임 때문에 소설이 아니라 현실에서 그런 일이 벌어지고 있습니다"라는 앵커의 멘트에 이어 취재기자의 보도가 이어졌다. 기자는 게임에 몰입해 있는 청소년들의 폭력성을 보여주겠다며 PC방에 관찰 카메라를 설치한 뒤, 20여 명의 청소년들이 게임에 한창 몰입하고 있을 때 PC방의 두꺼비집을 내려 컴퓨터 전원을 모두 껐다. "어? 뭐야! 아~ 씨X!! 이기고 있었는데! 미치겠다." PC방 여기저기서 게임 유저들의 욕설과 불만 섞인 목소리가 터져나왔다. 기자의 멘트가 이어졌다. "순간적인 상황 변화를 받아들이지 못하고 곳곳에서 욕설과 함께 격한 반응이 터져나옵니다. 폭력 게임의 주인공처럼 난폭하게 변해버린 겁니다." 뉴스는 심리학자 인터뷰와 간단한 심리테스트 결과를 소개한 후 다음의 내용으로 보도로 마무리되었다. "아무래도 사리 분별력이 떨어지는 청소년들 사이에서, 폭력적 게임은 실제 폭력을 부를 가능성이 큽니다. 실제로 작년 11월 한 중학생이 게임을 못 하게 하는 엄마를 목 졸라 살해했고, 집에서 폭력 게임을 하던 한 20대가 밖으로 나가 아무 이유 없이 길 가던 사람을 칼로 찔러 죽인 일도 있었습니다. 현재 우리나라에선 성인 인증을 받아야만 성인용 폭력 게임을 즐길 수 있습니다. 하지만 형식적인 규제일 뿐, 어린 초등학생들까지 도를 넘어선 잔인한 폭력 게임에 무방비로 노출돼 있는 게 현실입니다."

## ┃ 사례 2. ┃ 버지니아공대(Virginia Tech) 학내 총기난사 사건 보도

미국 버지니아공대에 재학 중이던 한인 조승희는 2007년 4월 이 학교 교수와 학생들을 향해 총을 난사, 결국 32명의 사망자와 수십 명의 부상자를 내며 10년이 지난 지금까지도 미국 역사상 학내 최대 총기난사 사건으로 기록되고 있다. 한국에서 태어나 8살에 미국으로 이민을 간 조승희에 의해 저질러진 이 끔찍한 대량 학살 사건은 미국의 주요 언론의 커다란 관심을 모으며 다양한 보도가 이어졌다. 미국 사회의 고질적인 인종차별, 총기규제 등의 이슈와 함께 조승희의 폭력적 게임 이용에 관한 보도가 언론에서 다뤄지기 시작했다. 즉, 조승희가 평소에 일인칭 슈팅 게임인 '카운터 스트라이크(counter-strike)'를 즐겼으며, 이것이 이번 총기난사 사건의 주요 원인 중 하나라는 보도가 관련 전문가의 인터뷰와 함께 일부 주류 언론에서 보도되기 시작한 것이다. 국내 언론도 이 같은 내용을 받아 보도하였다. 「SBS 8시 뉴스」는 조 씨가 평소 컴퓨터와 게임에 몰두했으며, 조 씨가 고교시절 즐겨했다는 한 '슈팅 게임'이 이번 사건과 내용이 흡사하다고 보도하였다. 취재기자는 카운터 스트라이크 게임의 방식과 의상이 사건 당일 실제 조승희가 보여준 행태와 모습에서 유사성이 있음을 관련 영상과 함께 설명하였다(〈그림 9.1〉 참조). 해당 보도는 "게임 속 상황을 실제로 이해하거나 현실 속에서 행동할 가능성이 있다"는 한 정신과 교수의 인터뷰 내용과 함께 "가상현실에서 익숙해진 무차별 살상이 어떤 형태로든 이번 사건에 영향을 미쳤을 가능성이 큰 것으로 전문가들은 분석하고 있습니다"란 취재기자의 멘트로 끝을 맺고 있다.

흔히 언론은 우리 사회를 반영하는 거울이라고 말한다. 뉴스가 우리 사회현실을 보도할 뿐만 아니라 사회 구성원 주류의 인식을 대변한다는 점에서, 앞서 소개한 두 가지 사례는 우리 사회가 갖는 게임에 관한 인식이 어떠한지를 보여주는 단적인 예라 할 수 있다. 근래에도 게임중독에 빠진 군인이 탈영하여 자신의 어머니를 살해한 보도, 게임중독에 빠진 20대 아버지가 자신의 아이를 살해한 뉴스 등 일련의 불미스러운 사건들의 주

청소년에게 게임을 허하라

사진(좌): 카운터 스트라이크 게임 장면 중 하나.
사진(우): 조승희는 버지니아공대에서 총기난사 사건을 저지르기 직전 자신의 메시지와 모습
을 담은 영상을 NBC에 우편으로 보냈음. NBC는 사건이 발생하자 이 영상을 수차례
방영하였음.

┃ 그림 9.1 ┃

요 원인으로 게임을 지목하여 보도하는 경우를 자주 볼 수 있다.

앞서 살핀 두 사례 중 첫 번째 사례는 게임이 청소년의 폭력성을 유발한다는 전제를 깔고 끼워 맞추기식 보도를 한 전형적인 예라 할 수 있다. 이를 빗대어 「개그콘서트」의 '9시쯤뉴스' 코너는 미대생이 한창 작업 중이던 그림을 기자로 분장한 코미디언이 찢어버리고 이에 화가 나 격렬히 항의하는 미술학도를 보며 미술이 폭력성을 유발한다는 보도를 하는 내용의 패러디로 웃음을 주었다. 첫 번째 사례의 취재기자는 게임이 폭력성을 유발한다는 전제로 기사를 준비하면서 게임과 폭력성의 상관성을 넘어 인과성을 증명하고 싶은 의욕이 생겼을 것이다. 그리고 2~3분 내외의 뉴스클립에 그 인과성을 함축적으로 보여줄 수 있는 것을 찾기 위해 고민했을 것이다. 그 결과가 이 같은 무리수를 낳으며 사회적 파장을 일으켰다.

두 번째 사례 역시 우리나라뿐만 아니라 미국에서도 게임이 청

제 9 장   게임은 청소년의 폭력적 행동을 유발하는가

소년들의 폭력성을 야기한다는 인과성을 전제로 한 보도가 이루어지고 있음을 보여준다. 미국의 언론들은 조승희 사건뿐만 아니라 콜럼바인(Columbine)고등학교 총기난사 사건[1]을 포함한 다수의 학내 총기사건을 보도하면서 범인들이 폭력적 게임에 몰입했음을 알리고 이것이 이들의 폭력성을 낳았다는 식으로 보도하곤 했다. 그러나 버지니아공대 학내 총기사건을 수개월 심층 조사한 버지니아 주 조사위원회는 같은 해 8월 공식 보고서를 발표하며 조승희가 폭력적 게임을 했다는 증거는 없다고 발표했다. 조사위의 조사결과에 따르면 조승희는 전체 이용가인 어드벤처 액션 장르물을 이용한 적은 있으나 전쟁 게임이나 폭력적 주제를 다룬 게임은 하지 않았다는 것이다(『연합뉴스』, 2007년 9월 4일자; Virginia Tech Review Panel, 2007). 조승희의 친구 등 주변 인물들도 조 씨가 다른 청소년에 비해서 게임을 즐기지 않은 편이라고 증언하고 있다. 결국 '카운터 스트라이크' 등 폭력적 게임이 이번 사건의 원인인 것으로 단정 짓듯 보도한 국내외 언론들은 오보를 한 셈이 되었다.

---

1  1999년 4월 콜로라도 주의 콜럼바인고등학교에서 발생한 학내 총기사고. 두 명의 범인은 자신이 다니는 학교에서 총기를 난사해 12명의 학생과 1명의 교사를 살해하고 자살하였다.

청소년에게 게임을 허하라

## 2. 미디어 폭력의 우려에 따른 정부와 사회의 예방 및 대처

미디어에 담긴 폭력적 메시지에 대한 사회적 우려는 최근의 현상이 아니며 게임에만 국한된 것도 아니다. 미국의 경우, 시대의 흐름에 따라 만화책, 영화, 텔레비전 등이 소개되고 매체의 인기와 확산속도에 비례하여 정부와 기성세대는 아동 및 청소년들에게 미칠 수 있는 매체의 해악들에 대해 불편한 시선을 던져왔다.[2] 특히 미디어가 묘사하는 폭력적 장면들에 대한 우려는 정부, 단체 및 학계의 주도 아래 당대 저명한 학자들을 포함한 위원회 및 연구진이 꾸려져 장기간의 대대적인 심층조사 수행으로 이어졌다.

배양 이론(cultivation theory)으로 유명한 미국의 거브너(George Gerbner) 교수도 1960년대와 1970년대 정부가 주도한 '폭력 원인 및 예방 전미 위원회(national commission on the cause and prevention of violence)'와 미연방정부 의무감(Surgeon General) 산하 'TV와 사회적 행동에 관한 과학 자문위원회(scientific advisory committee on television and social behavior)'에 참여하였다(오미영, 정인숙, 2005). 거브너는 1970년대 전후로 그의 동료들과 함께 문화지표조사 프로젝트(cultural indicators research projects)를 장기간에 걸쳐 수행하며 다음과 같은 결과를 얻었다.

---

2  페인재단연구(Payne Fund Studies)는 1929년부터 1932년에 걸쳐 영화가 아동 및 청소년들의 행동에 미치는 영향력을 연구했다. 허술한 연구방법에 대한 비판을 받고 있으나, 아동 및 청소년의 폭력적 행동에 미치는 미디어의 영향력에 대한 심층연구로서 최초의 연구 중 하나로 평가받고 있다.

① 미국의 TV 네트워크 프로그램 다섯 개 중 평균 네 개 꼴로 폭력적 행동의 묘사를 담고 있고, ② TV가 묘사하는 폭력이 중시청자(heavy viewer)에게 해로운 감정적 효과를 초래하며, ③ 특히, 세상을 위험하고 두려운 곳이란 인식을 중시청자들에게 배양하는 소위 천박한 세상 증후군(mean world syndrome) 현상이 나타나게 된다는 것이다(Gerbner & Gross, 1976; Gerbner, Gross, Morgan, Signorielli, & Shanahan, 2002; Griffin, 2009).

텔레비전뿐만 아니라 비디오/온라인게임도 이 같은 배양 효과(cultivation effect)를 가져온다는 다수의 연구논문들이 있다. 한국청소년정책연구원의 아동·청소년 패널 데이터를 활용한 배상률(2012)의 연구는 게임이 천박한 세상 증후군 현상을 발생시킬 수 있음을 실증적으로 밝히고 있다. 이 연구결과에 따르면, 게임을 평소 많이 즐기던 청소년이 학년이 올라가면서 게임 이용을 줄일 경우 동네 안전 인식률이 이전보다 통계적으로 유의미한 수준에서 개선효과를 얻는 반면, 경이용자들이 학년이 올라가면서 게임 이용을 늘릴 경우 동네 안전 인식률이 이전보다 나빠지는 통계적 분석결과를 보여주었다. 미디어학자인 포터(Potter, 2003)는 폭력적인 게임이 청소년의 감정적 효과에만 영향을 미치는 것이 아니라, 실제 생활에서 반사회적 범죄나 일탈을 일으키는 주요인으로 작용할 수 있음을 경고하였다. 폭력에 대한 둔감화(desensitization)와 공격성(aggression)을 야기하고, 모방범죄를 부추기는 역할을 할 수 있다는 것이다. 스트라스버거와 윌슨(Strasburger & Wilson, 2006)도 장시간에 걸친 게임 몰입은 미성숙한 청소년들에게 현실검증(reality testing) 능력을 저하시키며, 이때 폭력적 내용을 부모 관여 등 아무런 중재 없이 받아들일 경우 실생활에서 폭력적인 행동을 유발할 가능성이 있다고 지적한다.

이 같은 사회적 우려를 담아 청소년들의 폭력적 게임 이용을 법적

청소년에게 게임을 허하라

으로 규제하기도 한다. 우리에게 영화 「터미네이터(The Terminator)」시리즈의 주인공으로 유명한 배우 아널드 슈워제네거(Arnold Schwarzenegger)는 한때 게임업체 및 게임 소매업자들의 반감을 샀다. 그 이유는 그가 미국의 캘리포니아 주지사로 재임하던 시절 주정부가 미성년자에게 폭력적 비디오게임의 판매를 규제하는 조례를 마련했기 때문이다. 이에 비디오게임물을 판매하는 상인들이 주가 되어 만든 엔터테인먼트상인협회(Entertainment Merchants Association: EMA)가 평등권 침해 및 수정헌법 1조 위헌 소지 등을 들어 법적 소송을 제기하였다. 주정부는 폭력적 게임이 폭력성을 자극하고, 전두엽의 작동을 저해하고, 폭력적, 반사회적, 또는 공격적 행동의 증가 요인이 된다고 주장하며 조례 제정의 정당성을 강조하였다(이상경, 2014). 그러나 2010년 4월 미국 제9연방순회항소법원은 게임이 미성년자에게 끼치는 악영향에 대한 인과성을 명확히 밝히지 못하고 있으며(based on correlation, not evidence of causation), 수정헌법 1호에서 명시된 표현의 자유를 침해함을 들어 EMA의 손을 들어주었다. 해당 사건은 후에 주지사로서 조례에 서명한 그의 이름을 따 'Schwarzenegger vs. EMA'로 명명되었는데, 한때 폭력적 장면이 난무한 R등급(17세 미만은 보호자 동반 없이 관람 불가) 영화의 주인공으로 유명세를 탄 그가 미성년자에게 미칠 폭력적 게임의 유해성을 고려한 조례에 사인을 하고 EMA와의 법정 분쟁의 대척점에 선 점은 아이러니하다.

우리나라도 청소년들의 무분별한 게임 이용으로 인해 발생할 수 있는 폐해를 예방하기 위한 조치로서 각종 규제정책을 시행하고 있다. 게임법은 게임을 전체이용가, 12세이용가, 15세이용가, 청소년이용불가 등급으로 분류해 폭력성, 선정성 등의 이유로 청소년에게 유해한 게임의 판매 및 제공을 규제하고 있다. 청소년들이 이용 가능한 게임이라도 장기간에 걸친 게임 이용의 폐해가 발생할 수 있다는 우려를 반영한 정책들도 시행 중이다. 그중 대표적 규제정책으로 일명 '강제적 셧다운(shut-down)제'와 '게임 시간 선택제'를 들 수 있다. 2011년부터 '강제적 셧다운제'가 시행되었는데, 이는 청소년들의 지나친 게임 이용을 막아 학습권과 수면권을 보장한다는 취지로 16세 미만의 청소년에게 자정부터 오전 6시까지 온라인게임 제공을 금지한 것이다. 문화관광부 주도로 2012년부터 시작된 '게임 시간 선택제'는 부모가 게임회사에 요청해 18세 미만 자녀의 게임 이용시간을 설정할 수 있도록 한 것이다.

## 3. 미디어 폭력이 아동 · 청소년 이용자에게 미치는 효과

게임을 포함한 폭력적 미디어의 사용이 아동 및 청소년의 공격성을 실제 유발하는지 파악하기 위하여 수많은 선행연구들이 다양한 연구방법을 통해 이루어져왔다. 각각의 선행연구들은 폭력의 이론적 · 조작적 정의를 저마다 규정하고 미디어 폭력과 청소년의 공격적 · 폭력적 성향 및 행태 간의 인과관계를 파악하고자 하였다. 미시적인 개념 정의 및 연구방법에 대한 고찰은 이 장이 추구하는 영역을 벗어난 것으로 여기서는 소상히 다루지 않는다. 그러나 이 장이 던지는 대질문의 답을 찾기 위해서는 수많은 선행연구들이 제시한 결과들을 분류하여 정리한 〈표 9.1〉을 살펴볼 필요가 있다. 〈표 9.1〉은 개인과 사회로 구분하여 미디어 폭력이 미치는 효과성을 감정적 · 행동적 · 인지적 측면에서 정리한 것이다.

청소년에게 게임을 허하라

| 표 9.1 | 미디어 폭력의 효과이론

| 구분 | 감정적 효과<br>(emotional effect) | 행동적 효과<br>(behavioral effect) | 인지적 효과<br>(cognitive effect) |
|---|---|---|---|
| 개인 | • 카타르시스<br>  (cartharsis)<br>• 흥분 이론<br>  (arousal theory)<br>• 무감각화 효과<br>  (desensitization effect) | • 사회학습 이론<br>  (social learning theory)<br>• 탈억제 이론<br>  (disinhibition theory) | • 인지점화 효과<br>  (cognitive priming effect)<br>• 인지스크립트 이론<br>  (cognitive script theory) |
| 사회 | | • 전염 이론<br>  (epidemic theory) | • 배양 이론<br>  (cultivation theory)<br>• 사회인지 이론<br>  (social cognitive theory) |

출처: 곽진희(2004), p. 61.

이들 중 카타르시스 가설[3]만이 미디어 폭력의 긍정적 효과성을 제기하고 있다. 나머지는 미디어 폭력이 개인적·사회적으로 청소년들의 폭력성 및 공격성에 직간접적으로 작용을 하며, 이 같은 미디어의 영향력이 장·단기적으로 발생할 수 있음을 주장하고 있다. 감정적 효과는 비교적 단순한 주장을 펼치고 있다. 자극적이고 폭력적 콘텐츠가 사람을 흥분시킬 수 있으며(흥분 이론), 미디어 폭력을 자주 접한 아동·청소년은 실제 환경에서의 폭력에 심리적으로 덜 자극받고 대수롭지 않게 생각하게 된다(무감각화 효과).

행동적 효과를 설명 및 예측하는 데 있어, 반두라(Bandura)의 사회

---

3  카타르시스 가설은 폭력적 내용을 담은 미디어의 소비가 매체에서의 대리만족으로 인하여 현실세계에서의 폭력적 언행은 오히려 감소시킨다는 것으로(Feshbach, 1961), 많은 학자들에 의해 반박당하여(Berkowitz & Rawlings, 1963) 현재는 가설에 머물러 있다.

*249*

학습 이론과 버커위츠(Berkowitz)의 탈억제 이론이 대표적 이론으로 자리 매김하였다. 보보돌 실험(bobo doll experiement)[4]으로 유명한 사회학습 이론의 핵심내용은 다음과 같다. ① 인간은 타인의 행동에 대한 관찰을 통해 학습이 이루어짐, ② 아동 및 청소년은 매체를 통해 폭력적 행위의 학습이 용이함, ③ 행위 모델링을 통해 특정 폭력행동의 모방이 이루어짐 (Severin & Tankard Jr., 2001). 탈억제 이론은 미디어에서 묘사하는 폭력적 행동의 정당화와 보상을 관찰한 아동 및 청소년이 실제 생활에서 공격성이 배가될 가능성을 설명한 이론이다. 평소에는 윤리적 이유 등으로 억제되어 있던 폭력성이 매체의 특정 콘텐츠의 소비로 '봉인 해제'가 될 수 있음이 여러 연구결과에 의해 입증되었다. 전염 이론은 베르테르 효과 (Werther effect)와 일맥상통하는 개념이다. 케네디 암살 사건 이후 미국 내 폭력범죄의 증가나 배우 메릴린 먼로(Marilyn Monroe)의 자살 이후 미국 내 자살률이 증가한 것처럼 미디어 폭력이 사회에 전염되어 사회 전역에서 모방범죄를 발생시킬 수 있음을 설명하고 있다(곽진희, 2004).

인지(cognition)는 미디어 폭력이 인간의 폭력성 및 공격성에 영향을 주는 과정을 정교하게 설명하기 위하여 도입된 개념이다. 인지적 접근은 미디어 메시지의 정신적 처리과정(mental processing)을 설명하고 있는데 메시지에 대한 단기적인 반응을 설명하는 인지점화 효과(cognitive

---

4  스탠퍼드대학교 심리학 교수인 앨버트 밴두라(Albert Bandura)와 그의 동료들의 실험으로 미취학 아동들에게 제3자가 공기인형(bobo doll)을 때리거나 던지는 공격적 행동을 보여주고, 이를 관찰하여 학습한 아이들이 추후 유사하게 공격성향을 보이며 노는 모습을 발견했다(Banudra, Ross, & Ross, 1961). 이들은 추후 만화영화가 전달하는 폭력성을 주제로 유사한 실험을 하였으며, 매체의 폭력성이 학습되어 아동 및 청소년이 미디어 폭력을 실제 생활에 모방할 수 있음을 실증적으로 밝혔다 (Banudra, Ross, & Ross, 1963).

청소년에게 게임을 허하라

priming effect)와 미디어가 묘사하는 폭력적 메시지의 장기적 노출의 효과를 설명하는 인지스크립트 이론, 배양 이론, 사회인지 이론이 대표적이다. 인지스크립트 이론 및 점화 효과는 미디어의 폭력적 메시지가 실제 인간 행동의 대본(script) 역할을 하거나 기폭제 역할을 할 수 있음을 설명하고 있다. 사회인지 이론은 사회학습 이론의 연장선에서 관찰과 함께 미디어 메시지의 사회적 해석(interpretation)이란 요소를 포함시켰다. 곽진희(2004)는 미디어의 폭력묘사가 "유해한 행동을 도덕적으로 정당화하고, 희생자를 비난하고 탈인간화하며, 개인적 책임을 대치하거나 확산시키고, 파괴적 결과를 삭제하는 등 도덕적 정당화 장치로써 작동"(p. 77)하고 있음을 지적하였다.

앞서 살핀 전반적인 미디어 폭력이 아동 및 청소년들에게 미치는 효과에 관한 연구에서 벗어나, 게임 고유의 매체 특성을 고려한 연구들도 최근 들어 꾸준히 발표되고 있다. 청소년들 사이에서 인기가 높은 액션/슈팅 게임에는 폭력적 묘사가 만연하며 폭력에 대한 미화와 정당화가 노골적으로 이루어지고 있다. 포터(Potter, 2006)는 폭력적인 비디오게임을 즐기며 공격적인 성향이 배양된 청소년들이 실제 생활에서 반사회적 범죄나 일탈을 일으킬 수 있다고 주장한다. 〈그림 9.2〉는 폭력적인 게임을 할 때 아동 및 청소년의 행동에 어떤 영향을 미치는지에 대한 설명이다.

심리학적 용어인 플로우(flow)는 한 개인이 원하는 활동에 집중하여 모든 에너지를 쏟아부으며 몰입된 상태에 접어들 때 발생하는 강렬한 감정을 일컫는 말이다. 이때, 몰입의 대상은 학습능력이 높아지나, 대상 밖의 것은 기억조차 못하게 된다(Csikszentmihalyi & Csikszentmiahlyi, 1988). 심리적 몰입(absorption)은 공상이나 몽상 등을 즐기는 개인의 기질을 일컫는 개념으로 아동 및 청소년 시기에 자주 경험하게 된다. 게임 내용 등

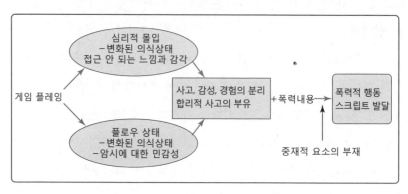

출처: Strasburger & Wilson(2006), p. 170.

┃그림 9.2 ┃ 폭력적 게임이 어떻게 아동 및 청소년의 행동에 영향을 미치는가를 설명하는 모델

게임 안에서 느끼는 매개적 경험을 현실로 지각하는 상태를 일컫는 프레즌스(presence)의 경험이 게임의 몰입에 정적으로 작용한다(황하성·박성복, 2011). 가상현실(virtual reality)을 활용한 게임 등 진일보한 디지털 기술 환경에서 성장하는 아동 및 청소년들은 이전 어느 세대보다 프레즌스의 경험이 용이할 수밖에 없다.

스트라스버거와 윌슨은 청소년이 게임에 몰두하게 되면, 플로우 상태와 심리적 몰입의 작용으로 사고와 감정과 경험을 논리적으로 통합하는 능력이 방해받게 되며, 현실 검증(reality testing)을 어렵게 할 수 있다고 지적한다(Strasburger & Wilson, 2006). 이 같은 상태에서 청소년이 하는 게임이 폭력적 내용을 담고 있으며 부모 등 게임 이용에 관한 중재적 요소가 부재하면, 폭력적인 행동 스크립트가 의식적인 자각 외부에서 발전되어 실제 폭력적인 행동을 보이게 된다는 것이다.

청소년에게 게임을 허하라

# 4. 폭력적 게임과 청소년의 폭력성 간의 관계에 관한 최근의 국내외 연구

'폭력적 게임이 청소년의 폭력적 행동을 유발하는가?'란 질문에 학계는 아직까지도 첨예하게 대립하고 있다. 앤더슨과 퍼거슨의 대결(Anderson vs. Ferguson)이라고 불릴 정도로 미국의 이 두 심리학자들을 위시하여 국내외 학자들이 게임과 폭력성 간의 관계 규명에 다양한 연구방법을 적용한 논문들을 꾸준히 발표하고 있다. 앤더슨 파는 게임이 청소년의 폭력성을 야기한다는 입장인 반면, 퍼거슨 파는 두 변인 간의 뚜렷한 인과성이 부재하며 인과성을 주장하는 다수의 연구들에서 과학적 기준에 못 미치는 연구방법이 사용되었다는 비판을 하고 있다.

## 1) 앤더슨 파: "게임은 청소년의 폭력성을 야기한다!"

앤더슨과 딜(Anderson & Dill, 2000)은 대학생을 대상으로 한 설문조사와 실험을 통해 폭력적 비디오게임 이용과 폭력적 행동 사이에 정적인 상관성을 발견하였다. 이 같은 상관성은 남성과 공격적 성향을 가진 사람에게서 더 강하게 나타났다. 이를 토대로 하여, 앤더슨과 부시먼(Anderson & Bushman, 2002)은 기존의 공격행동에 관한 이론들을 종합하여 일반 공격 모델(General Aggression Model: GAM)이라는, 개인 특성과 상황(situation)이 개인의 공격성에 미치는 메커니즘을 설명하는 모형을 제시하였다(〈그림 9.3〉 참조). 즉 개인과 상황 그리고 매개과정의 차이에 따라 폭력과 같

### 253

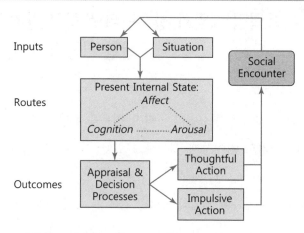

출처: Anderson & Bushman(2002), p. 34.

▍그림 9.3 ▍ 일반 공격 모델(GAM)

은 충동적 행동이나 그와 반대로 사려 깊은 행동이 나타나게 된다는 것이다. 예를 들어, 공격성의 기질을 소유한 남학생(개인, person)이 폭력적 게임을 즐길 경우(상황, situation) 정서(affect), 인지(cognition), 생리적 각성(arousal)의 매개 단계를 거쳐 폭력적 행동을 보이게 된다.

카너지와 앤더슨(Carnagey & Anderson, 2005)은 게임 내에 폭력적 행동에 따른 보상 또는 처벌적 내용의 유무가 청소년 이용자의 공격적 정서(affect)과 인지(cognition), 행동(behavior)에 어떻게 영향을 미치는지 실험을 통해 살펴보았다. 연구결과에 따르면, 게임 내 폭력적 행동에 따른 보상은 게임 이용자들의 공격적 정서, 인지에 영향을 주고 결국 공격적 행동을 유발하는 것으로 나타났다. 앤더슨은 그의 동료들과 함께 동서양에서 이루어진 136개의 선행연구들을 대상으로 메타분석을 한 후, 폭력적 비디오게임에 노출된 청소년들은 실제 생활에서 공격적 정서(aggressive

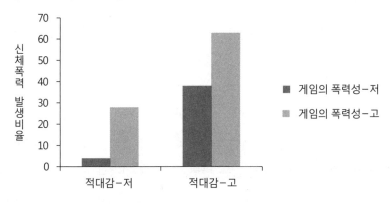

출처: Gentile & Anderson(2003), p. 146.

┃그림 9.4┃ 청소년의 적대감 수준과 게임의 폭력성 수준에 따른 신체폭력발생 비율의 차이

affect), 공격적 인지(aggressive cognition), 공격적 행동(aggressive behavior)이 증가하는 반면, 게임이 친사회적 행동(prosocial behavior)과 인정(empathy) 에는 부정으로 영향을 미친다고 결론 내렸다(Anderson et al., 2010).

〈그림 9.4〉는 청소년 개인의 특성으로서 적대감(hostility) 수준과 청소년이 이용한 게임의 폭력성 정도의 차이에 따른 현실에서의 신체폭력 발생비율의 차이를 보여주고 있다. 적대감이 낮은 청소년 그룹과 높은 그룹 모두에게서 폭력성이 높은 게임 이용의 폐해가 발견된다. 다만, 개인의 특성의 차이가 공격성을 일정 수준 낮춰주는 역할을 하고 있음을 알 수 있다(Gentile & Anderson, 2003).

게임의 이용이 청소년의 폭력성에 영향을 준다는 주장을 뒷받침하는 국내 연구논문들도 꾸준히 발표되고 있다. 설문조사를 통해 고등학생을 대상으로 폭력적 컴퓨터게임의 장기적 노출 효과를 연구한 김은정

*255*

제 9 장   게임은 청소년의 폭력적 행동을 유발하는가

(2005)은 폭력적 게임의 장기간 노출이 청소년들의 공격적 비행, 비공격적 비행, 인터넷 비행, 인터넷중독 문제를 야기할 수 있음을 지적하였다. 주지혁과 조영기(2007)는 이용과 충족 이론(uses and gratifications theory)을 적용하여 온라인 롤플레잉 게임(MMORPG)인 '리니지'의 이용동기에 따른 고등학생들의 공격성의 차이를 분석하였다. 연구결과에 따르면, '도전과 성취' 동기의 경우 온라인게임에 몰입하게 하는 원인이 되지만 청소년들의 공격성으로는 이어지지 않는 반면, '아이템 경쟁과 현금거래' 동기는 게임 몰입뿐만 아니라 공격성에도 영향을 미쳤다. 마찬가지로 '공격욕구 해소'를 목적으로 '리니지'를 하는 청소년들에게도 공격성이 높아지는 것으로 밝혀졌다. 초등학생을 대상으로 한 설문조사 결과를 분석한 김나예(2016)는 게임중독이 청소년의 공격성에 부정적 영향을 미치는 변인으로 작용하며, 부모의 양육태도는 게임중독의 이 같은 부정적인 영향력을 감소시키는 조절효과를 갖는다고 밝혔다.

　　단일 설문조사의 경우 인과성에 대한 정확한 파악이 어렵다는 지적에 따라 실험이나 종단조사 데이터를 활용한 연구논문들이 소개되고 있다. 윤주성과 노기영(2015)은 남녀 대학생들을 상대로 일인칭 슈팅 게임(FPS)을 이용한 실험을 통해 폭력적인 게임 이용에 따른 공격적 행동의 차이를 발견하였다. 구체적으로, 폭력적 게임 이용에서 오는 자극을 통한 내적 감정상태(분노)와 게임 속 캐릭터와의 동일시가 실험참여자의 공격적 행동성에 영향을 미쳤다. 또한, 폭력적인 게임에서 재미와 즐거움을 느낄수록 폭력에 대한 학습이 무의식적으로 이루어짐을 시사하는 연구결과를 보여주었다. 이숙정과 육은희(2013)의 대학생을 대상으로 한 실험에서는 FPS 게임의 사살 정보, 게임의 집단 이용이 이용자들의 도덕적 판단을 왜곡시켜 반사회적 행동을 야기하는 것으로 나타났다.

*256*

한국청소년정책연구원이 2003년 당시 중학교 2학년이었던 학생들을 대상으로 2008년까지 6년 동안 추적조사로 진행한 패널 데이터를 활용하여 분석한 정영호(2013)의 연구결과에 따르면, 게임 이용 정도의 변화율이 공격성의 변화율에 정적인 영향을 미친다. 종단연구의 장점을 살려 시간 누적적 효과를 고려한 이 연구는 게임 이용이 줄어들면 공격성도 감소하며, 감소한 공격성은 실제 생활에서의 청소년 비행을 줄일 수 있음을 실증적으로 밝히고 있다. 마찬가지로, 한국청소년정책연구원의 중학생 패널 1-4차년도 자료를 활용하여 잠재집단 간 이행분석을 시도한 하여진(2015)의 연구에서도 컴퓨터게임 고사용 집단이 저사용 집단보다 사이버 비행을 비교적 자주 저지르는 고비행 집단에 속할 확률이 높은 것으로 나타났다.

## 2) 퍼거슨 파: "게임과 폭력적 행동 간의 인과성에 대해서는 명확히 밝혀진 것이 없다!"

퍼거슨을 위시한 상당수의 학자들은 게임과 청소년의 공격성에 관한 인과성을 명확히 밝힌 연구들이 충분하지 않으며, 게임이 공격성 및 반사회적 행동에 영향을 미친다고 주장하는 논문들의 경우에도 연구방법의 타당성(validity) 면에서 반박의 여지가 많다는 점을 지적하고 있다(김옥태, 2011; Ferguson, 2011a). 미 법원은 앞서 소개한 'Schwarzenegger vs. EMA' 사례의 판결내용에서도 인과성이 아닌 상관성을 근거로 한 규제는 불합리함을 지적하고 있다. 또한, 폭력적 게임이 청소년에게 미치는 영향력은 부모, 또래관계, 성격 등 타 변인들에 비해서 미미한 정도의 영향력을 행사한다는 것이다(Ferguson et al., 2008a; Ferguson et al., 2013; Kutner & Olson, 2008). 김옥태(2011)는 일화적 증거(anecdotal evidence)를 바탕으로 게임과 공격성 간의 인과적 관계를 상정하는 국내 학계와 언론계 풍토 개선의 필요성을 지적하고, 게임과 폭력성 간의 인과관계를 검증하는 엄밀한 사회과학적 탐구가 체계적으로 이루어질 필요가 있음을 강조하였다.

조승희 사건을 포함한 학내 총기난사 사건이 터질 때마다 언론을 위시한 미국 사회가 근거에 기반을 두지 않은 주장— 범인들은 폭력적 게임을 과도하게 즐겼으며, 이들이 즐긴 폭력적 게임이 비참한 사건을 발생시킨 주요 원인이 되었다 — 을 되풀이해왔다(Ferguson, 2008, 2011b). 1996년부터 2011년까지 16년 동안 미국 내 폭력적 게임 소비량과 청소년 폭력 발생 건수의 추이를 비교분석하더라도 이 같은 행태가 사회적 편견에 기인한 것임을 알 수 있다(Ferguson, 2015).

〈그림 9.5〉에서 실선은 미국 내 폭력적 비디오게임의 판매량을, 점선은 청소년 폭력[5] 발생 건수를 표시한 것인데, 전반적으로 두 그래프의 추이가 상반된 양상을 보이며, 폭력적 게임 판매가 증가할수록 오히려 청소년의 폭력 건수가 감소하는 경향을 보이고 있다.

대학생들을 대상으로 한 설문조사 데이터를 회귀 분석한 퍼거슨과 그의 동료들(2008a)은 신체적 학대 경험, 가정폭력이 청소년의 폭력적 범죄 행위에 영향을 미치는 주요인으로 작용하는 반면, 게임 및 TV 폭력은 통계적으로 유의미한 변인으로 작용하지 않는다고 밝혔다. 10세부터

---

5   미국 내 12~17세까지의 청소년에 의해 저질러진 살인, 강간, 강도, 상해 등을 포함한 폭력적 범죄.

청소년에게 게임을 허하라

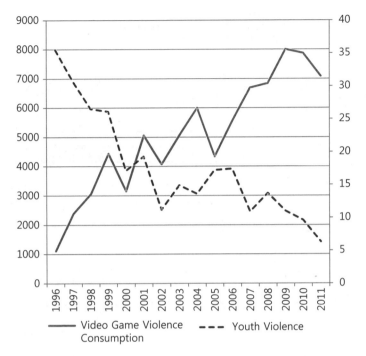

—— Video Game Violence Consumption　　- - - Youth Violence

출처: Ferguson(2015), p. 12.

▌ 그림 9.5 ▌ 미국 내 폭력적 게임 소비량과 청소년 폭력 발생 추이(1996~2011)

17세까지의 청소년들을 대상으로 한 퍼거슨과 동료들(2013)의 또 다른 연구에서는 우울증세, 비행친구 유무 등이 주요인으로 작용하는 반면, 폭력적 게임의 노출은 청소년의 공격성에 영향을 주지 못하는 것으로 나타났다. 연령을 더 낮춰 아동을 대상으로 한 또 다른 그의 조사에서도 게임의 폭력성이 아동의 폭력성을 유발한다는 증거는 얻지 못했다(Ferguson & Olson, 2013).

　　이상의 연구결과들은 퍼거슨과 그의 동료들(2008b)이 제시한 폭력적 행위 유발에 관한 촉매 모델(catalyst model)을 지지하는 근거가 된다

제 9 장　게임은 청소년의 폭력적 행동을 유발하는가

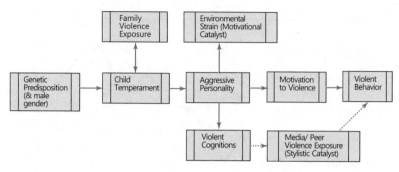

출처: Ferguson et al.(2008a), p. 315.

**┃그림 9.6 ┃ 폭력적 행동에 관한 촉매 모델(Catalyst Model)**

(〈그림 9.6〉참조). 촉매 모델은 개인의 유전적 기질과 공격적 성향을 폭력적 행동을 일으키는 주요인으로 간주하는데, 이들 주요인 외에 폭력적 행동에 관한 기폭제가 되는 두 가지 요소로 동기적 촉매(motivational catalyst)와 양식적 촉매(stylistic catalyst)를 구분하였다. 그중 동기적 촉매역할로 구분되는 현재 환경에서 촉발된 스트레스(예: 왕따)가 폭력에 대한 동기부여를 직접적으로 가중시키는 중요한 역할을 하는 반면, 양식적 촉매로 분류되는 미디어 폭력의 노출은 이미 동기 부여된 폭력의 행위 방식에만 영향을 준다.

　　홍세희·노언경(2013)은 한국청소년정책연구원의 초등학교 패널의 5년간 종단자료(초4~중2)를 활용하여 남자 청소년의 온라인게임 이용시간 변화 형태에 따른 비행형태와의 관련성을 검증하였다. 그 결과, 초등학교 6학년까지 게임 이용시간이 꾸준히 증가하다가 중학교 1학년 시기에 정점을 찍고 그 이후로 급격히 감소한 그룹(급변화 집단)에서 협박이나 폭력을 저지를 확률이 학년의 구분 없이 게임을 언제나 오래한 그룹(고수

청소년에게 게임을 허하라

준 유지 집단)이나 게임 이용시간이 학년이 오를수록 증가하는 그룹(증가집단)보다도 높게 나타났다. 특히, 증가 집단에 속하는 청소년들이 폭력적 비행을 저지를 확률이 감소 집단 등 다른 세 집단들에 비해 낮게 나타난 점은 게임 이용시간이 폭력적 행동을 유발한다는 단순한 주장에 반박의 근거로 해석될 수 있다.

# 5. 소결

"아무개가 게임 때문에 폭력적이고 반사회적인 행동을 하게 되었다"는 단적인 주장이 타당성을 얻기 위해서는 게임과 폭력성 간의 직접적인 인과성이 명확히 밝혀져야 한다. 이 장의 서두에 제시한 사례에서 알 수 있듯이 청소년에 의해 반사회적 행동이 발생했을 때 국내외적으로 언론, 정부, 기성세대는 비극적 사건을 일으킨 원인으로 게임을 포함한 미디어에 책임을 떠넘기는 모습을 보여왔다. 이들이 비난하는 게임이 비극적 사건을 일으킨 책임에서 일정 부분 자유롭지 못할 수도 있겠으나, 가정, 교육 시스템, 사회 환경 등이 청소년의 건전한 성장을 위하여 제 기능을 다하였는지 살피는 것이 우선시 되어야 한다. 또한 언론이 게임과 청소년 관련 보도를 하는 데 있어, 일방적이고 막강한 효과를 발휘하는 매체로서의 게임 그리고 외부 환경에 쉽게 영향을 받는 불안정하고 불완전한 수동적 대상으로서의 청소년이란 시각을 지양할 필요가 있다.

이 같은 관점에서, 콜롬바인고등학교 총기난사 사건을 저지른 범인의 어머니가 자신의 아들이 저지른 사건의 내막을 기술한 저서『나는 가해자의 엄마입니다』(Klebold, 2016)에 담긴 호소는 우리가 새겨들을 필요가 있다. "원인을 지나치게 쉽게 짚어 단순하게 결론을 내려버리는 일만 삼가도 큰 진전이다. 학교 총기사건 범인들은 폭력적 비디오게임이나 테크노 음악 때문에 사람들을 죽인 것이 아니고, 사람들은 해고당했거나 애인에게 차였다고 자살하지 않는다"(p. 236).

　'닭이 먼저냐, 달걀이 먼저냐'란 논쟁처럼 비칠 수도 있겠으나 우리가 간과하지 말아야 할 것은 선행연구들의 대부분이 게임의 이용과 청소년의 비행이나 공격성 간에는 통계적으로 유의미한 상관성이 있음을 밝히고 있다는 점이다(Gentile & Anderson, 2003). 어떤 식으로든 게임은 청소년의 비행, 공격적 언행 등과 연관이 있을 수 있다는 것을 시사하는 대목이다. 청소년들로부터 게임의 원천적인 접근을 막는 것이 불가능한 현실에서, 정부와 사회가 할 수 있는 현실적이면서 효과적인 방안 중 하나는 무분별한 게임의 남용을 줄이고, 게임의 순기능을 적극 활용할 수 있는 역량을 키워주는 것이다. 이 같은 관점에서, 청소년들의 디지털 리터러시 역량 강화를 위한 미디어교육의 제도화가 절실하다.

청소년에게 게임을 허하라

# 참고문헌

곽진희(2004). 『디지털 시대 미디어 폭력 연구』. 한울아카데미.

김나예(2016). 「청소년의 게임중독이 공격성에 미치는 영향 연구: 부모의 양육태도의 조절효과를 중심으로」. 『미래청소년학회지』, 13(2), 87-103.

김옥태(2011). 「게임 중독과 공격성 간의 관계에 관한 예비적 고찰」. 『한국엔터테인먼트산업학회논문지』, 5(5), 54-62.

김은정(2005). 「폭력적 컴퓨터게임과 공격적 비행, 인터넷 비행 및 인터넷게임 중독과의 관계: 청소년을 중심으로」. 『한국심리학회지: 임상』, 24(2), 359-377.

배상률(2012). 『미디어가 청소년에게 미치는 문화배양효과 연구』. 한국청소년정책연구원 연구보고서.

오미영 · 정인숙(2005). 『커뮤니케이션 핵심 이론』. 커뮤니케이션북스.

윤주성 · 노기영(2015). 「폭력적 비디오게임의 사용자 경험과 공격행동성에 대한 연구」. 『한국콘텐츠학회논문지』, 15(11), 215-226.

이상경(2014). 「폭력적 비디오 게임의 규제와 언론의 자유: 최근 미국 연방법원 판례 동향에 대한 헌법적 검토와 우리나라에서의 시사점」. 『서울법학』, 21(3), 527-554.

이숙정 · 육은희(2013). 「폭력적 온라인게임의 도덕적 이탈 단서: FPS게임의 사살 정보와 집단 이용을 중심으로」. 『한국청소년연구』,

제 9 장　게임은 청소년의 폭력적 행동을 유발하는가

24(1), 219-241.

정영호(2013). 「청소년의 컴퓨터게임이용과 공격성 그리고 실제 비행에 관한 연구: 잠재성장모형을 중심으로」. 『사이버커뮤니케이션학보』, 28(1), 89-125.

주지혁·조영기(2007). 「온라인게임이 청소년의 공격성에 미치는 영향 연구: 리니지 이용자를 중심으로」. 『사이버커뮤니케이션학보』, 24, 79-115.

하여진(2015). 「청소년의 컴퓨터게임빈도와 사이버비행의 변화에 따른 잠재집단 간 이행분석」. 『아시아교육연구』, 16(2), 341-362.

황하성·박성복(2011). 「온라인게임 이용자의 심리적 경험이 게임 중독에 미치는 영향: 지각된 현실감과 프레즌스 개념을 중심으로」. 『언론과학연구』, 11(1), 471-505.

홍세희·노언경(2013). 「남자청소년의 온라인게임 이용시간 변화형태에 대한 잠재계층 추정 및 비행형태와의 관련성 검증」. 『한국청소년연구』, 24(4), 119-148.

『연합뉴스』(2007년 9월 4일자 기사). 「조승희 총기난사사건, 게임과 무관」. http://news.naver.com/ main/ranking/read.nhn?mid=etc&sid1=111&date=20070904&rankingSectionId=105&rankingType=popular_day&rankingSeq=1&oid=001&aid=0001745302

Anderson, C. A., & Bushman, B. J.(2002). *Human aggression. Annual Review of Psychology*, 53, 27-51.

Anderson, C. A., & Dill, K. E.(2000). "Video games and aggressive thoughts, feelings, and behavior in the laboratory and in life." *Journal of Personality and Social Psychology*, 78(4), 772-790.

Anderson, C. A., Shibuya, A., Ihori, N. Swing, E. L., Bushman, B. J., Sakamoto, A., Rothstein, H. R., & Saleem, M.(2010). "Violent video game effects on aggression, empathy, and prosocial

청소년에게 게임을 허하라

behavior in eastern and western countries: A meta-analytic review." *Psychologicla Bulletin*, 136(2), 151-173.

Bandura, A., Ross, D., & Ross, S. A.(1963). "Imitation of film-mediated aggressive models." *Journal of Abnormal and Social Psychology*, 66(1), 3-11.

Bandura, A., Ross, D., & Ross, S. A.(1961). "Transmission of aggression through imitation of aggressive models." *Journal of Abnormal and Social Psychology*, 63(3), 572-582.

Berkwitz, L., & Rawlings, E.(1963). "Effects of film violence on inhibitions against subsequent aggression." *Journal of Abnormal and Social Psychology*, 66(3), 405-412.

Carnagey, N. L., & Anderson, C. A.(2005). "The effects of reward and punishment in violent video games on aggressive affect, cognition, and behavior." *Psychological Science*, 16(11), 882-889

Csikszentmihalyi, M., & Csikszentmihalyi, I. S.(1988). *Optimal experience: Psychological studies of flow in consciousness.* Cambridge, UK: Cambridge University Press.

Ferguson, C. J.(2008). "The School Shooting/Violent Video Game Link: Causal Relationship or Moral Panic." *Journal of Investigative Psychology and Offender Profiling*, 5, 25-37.

Ferguson, C. J.(2011a). "Video games and youth violence: A prospective analysis in adolescents." *Journal of Youth & Adolescence*, 40(4), 377-391.

Ferguson, C. J.(2011b). "Psychological profiles of school shooters: Positive directions and one big wrong turn." *Journal of Police Crisis Negotiations*, 11, 141-158.

Ferguson, C. J.(2015). "Does media violence predict societal violence?

제 9 장   게임은 청소년의 폭력적 행동을 유발하는가

It depends on what you look at and when." *Journal of Communication*, 65(1), 1-22.

Ferguson, C. J., & Olson, C. K.(2013). "Video game violence use among 'vulnerable' populations: The impact of violent games on delinquency and bullying among children with clinically elevated depression or attention deficit symptoms." *Journal of Youth & Adolescence*, 43(1), 127-136.

Ferguson, C. J., Cruz, A. M., Martinez, D., Rueda, S. M., Ferguson, D. E., & Negy, C.(2008a). "Personality, parental, and media influences on aggressive personality and violent crime in young adults." *Journal of Aggression, Maltreatment & Trauma*, 17(4), 395-414.

Ferguson, C. J., Garza, A., Jerabeck, J., Ramos, R., & Galindo, M.(2013). "Not worth the fuss after all? Cross-sectional and prospective data on violent video game influences on aggression, visuospatial cognition and mathematics ability in a sample of youth." *Journal of Youth & Adolescence*, 42(1), 109-122.

Ferguson, C. J., Rueda, S. M., Cruz, A. M., Ferguson, D. E., Fritz, S., & Smith, S. M.(2008b). "Violent video games and aggression: Causal relationship or byproduct of family violence and intrinsic violence motivation?" *Criminal Justice and Behavior*, 35, 311-332.

Feshbach, S.(1961). "The stimulating versus carthartic effects of a vicarious aggressive activity." *Journal of Abnormal and Social Psychology*, 63(2), 381-385.

Gentile, D. A., & Anderson, C. A.(2003). "Violent video games: The newest media violence hazard." In D. A. Gentile(Ed.),

청소년에게 게임을 허하라

*Media violence and children: A complete guide for parents and professionals*, 131-152, Westport, CT: Praeger.

Gerbner, G., & Gross, L. P.(1976). "Living with television: The violence profile." *Journal of Communication*, 26(2), 172-199.

Gerbner, G., Gross, L., Morgan, M., Signorielli, N., & Shanahan, J.(2002). "Growing up with television: Cultivation process." In J. Bryant & D. Zillmann(Eds.), *Media effects: Advances in Theory and Research*, 2nd ed.(pp. 43-67). Mahwah, NJ: Erlbaum.

Griffin, E.(2012). 『첫눈에 반한 커뮤니케이션 이론』(김동윤 · 오소현 옮김). 커뮤니케이션북스.

Klebold, S.(2016). 『나는 가해자의 엄마입니다』(홍한별 옮김). 반비.

Kutner, L., & Olson, C.(2008). *Grand theft childhood: The surprising truth about violent video games and what parents can do*. New York: Simon & Schuster.

Potter, W. J.(2003). *The 11 myths of media violence*. Thousand Oaks, CA: Sage.

Severin, W. J., & Tqankard JR. J. W.(2001). *Communication Theories: Origins, Methods, and Uses in the Mass Media*. New York: Longman.

Strasburger, V. C., & Wilson, B. J.(2006). 『어린이, 청소년, 미디어』(김유정 · 조수선 옮김). 커뮤니케이션스북스.

Virginia Tech Review Panel(2007). "Report of the Virginia Tech Review Panel." Retrieved August 13. 2016. from https://governor.virginia.gov/media/3772/fullreport.pdf

# 저자 약력

## 배 상 률

텍사스주립대학교 언론학 박사

현   한국청소년정책연구원 부연구위원

〈주요 논문〉

「청소년들의 인터넷게임규제정책에 대한 태도에 영향을 미치는 요인 탐
    색: 제3자 효과와 귀인이론을 중심으로」(2016, 공저)

「청소년의 소셜미디어 중독 경향성에 영향을 미치는 요인에 관한 탐색적
    연구: SNS이용행태 및 부모중재 유형을 중심으로」(2016, 공저)

「소셜미디어가 청소년 여가문화 및 팬덤문화에 미치는 영향에 관한 질적
    연구: 페이스북을 활용한 청소년 집단지성 토론단 운영결과를 중심
    으로」(2016, 공저)

〈주요 저서〉

『스마트 미디어의 이해』(2014, 공저)

청소년에게 게임을 허하라

# 게임 콘텐츠의 딜레마
## 게임은 개인의 사적 영역인가, 산업적 규제대상인가

손 창 용

청소년을 배경으로 한 사회적·문화적 환경은 급속히 변화하고 있다. 이 장은 지난 10여 년간 청소년의 게임 소비가 폭발적으로 증가하고, 게임이 개인의 문화생활의 수단과 여가수단 (leisure)에서 산업(industry)으로 성장하는 과정에서 게임 콘텐츠에 대한 상반된 사회적 논쟁을 분석하고자 한다. 고령화 사회로 변동되는 우리 사회구조 속에서 청소년은 개인으로서 존재감뿐만 아니라 미래 국가를 유지하는 핵심자산으로 인식된 지는 오래전의 일이다. 청소년의 현재와 미래는 특정 세대의 장래에 관한 문제가 아니라 향후 과학기술과 정보통신기술(Information and communication technology)이 융합되는 지능정보사회구조 속에서 핵심 사회계층(core social class) 으로 인식되고 있다. 그럼에도 불구하고 현대의 위험사회(risk society) 속에서 청소년은 위기에 직면하고 있다. 특히 미디어 기술과 ICT 분야의 혁신기술 속에서 인터넷과 스마트폰의 보급은 청소년들이 기존 세대들과 다른 방식의 미디어 콘텐츠를 접근, 응용, 활용하는 기회를 제공하고 있다. 그러나 청소년의 게임중독(게임과 몰입)*과 같은 미디어의 사회적 역기능에 대한 우려는 게임의 사회적 기능에 대한 논란을 발생시키고 있다. 구체적으로 청소년들에게 여가활동으로 시작한 게임 콘텐츠가 '공익론(public interest)'과 '산업론(industry)'이 상충하는 논쟁의 대상이 되고 있다. '공익론자'는

---

* 지금까지 '게임중독', '인터넷중독', '스마트폰중독' 등에서 사용하는 '중독(addiction)'이라는 용어는 부정적 이미지로 인하여 최근에는 '과몰입'이라는 표현을 선호하고 있다. 이 장에서는 두 용어를 동시에 사용한다.

미디어로서 게임은 청소년과 같은 계층을 보호하기 위하여 사회적 규범(norm)의 범위 내에서 이용되어야 하며 정부 규제는 바람직하다고 주장하고 있다. 반면 '산업론자'는 게임 산업의 주목적은 기업의 발전으로서 정부 규제는 최소화되어야 하며 기업의 이익이 최우선되어야 한다고 주장하고 있다. 이 장에서는 청소년을 중심으로 한 게임 콘텐츠 규제와 시장역할에 관한 논쟁을 분석하고 소결론을 제시하고자 한다.

# 1. 게임의 사회학

청소년이 여가수단으로 선호하고 즐길 수 있는 콘텐츠에는 다양한 종류가 있다. 전통적이고 대중적인 콘텐츠로서 스포츠, TV, 라디오, 영화, 음악, 연극 등은 특히 청소년에게 소구력 있는 콘텐츠라고 할 수 있다. 이런 관점에서 게임도 청소년에게 보편적이고 일상적으로 접할 수 있는 여가수단이며 사적인 오락(entertainment)수단으로 인식되었다. 게임은 국민의 여가수단으로 일상생활에서 중요한 위치를 차지하고 있다. 2015년 기준으로 국민 10명 가운데 7명 이상이 게임을 이용하고 있으며, 모바일과 온라인을 통한 게임 이용자(중복응답)가 각각 64%, 43%를 차지하고 있는 것으로 조사되었다(한국콘텐츠진흥원, 2015). 연령대별로는 16~18세가 91.6%로 가장 높았으며, 13~15세 90.9%, 19~29세 86.9%, 30~39세 81.2%로 청소년들의 게임 이용률이 다른 연령에 비하여 높은 것으로 조사되었다. 그만큼 게임은 청소년의 삶과 일상생활에서 불가분의 관계를 가지고 있다고 할 수 있다.

그러나 개인의 여가활동으로 시작한 게임은 온라인과 네트워크를 기반으로 하는 ICT 기술과 융합되면서 산업규모로 발전하고 있다. 특히 초고속인터넷망(broadband) 확산과 함께 2000년대 이후 한국의 게임시장은 급속히 성장하였으며 게임 콘텐츠를 기반으로 하는 대기업(넥슨, 엔씨소프트, 넷마블 등)도 탄생하였다. 「대장금」과 같은 드라마, K-POP으로 대변되는 방송 콘텐츠 한류가 한국의 최고 수출 콘텐츠 상품이라고 하지만 게임 콘텐츠의 수출액의 절반 규모에 불과하다. 2015년 기준 국내 게임 산업의 규모는 10조 원을 달성하였으며, 중국을 포함하여 아시아 국가로

271

성장하고 진출하고 있다. 엔씨소프트는 중국, 북미, 유럽, 일본, 대만 등에 다양한 게임을 론칭하면서 글로벌 시장을 공략하고 있으며, 넷마블은 30여 개의 신작게임을 글로벌 시장에 출시할 계획이다(『이투데이』, 2016년 4월 28일자). 미디어학자 카스텔(Castells, 1996)이 20년 전 주장한 연결사회(Network society)가 현실이 되면서 각국의 ICT 발전은 게임 콘텐츠가 글로벌 콘텐츠로 발전하는 바탕을 마련하였다.

방송, 통신, 인터넷을 포함한 플랫폼과 콘텐츠 기업을 핵심으로 하는 미디어 산업은 급속히 발전하고 있다. 특히 미디어 기업의 혁신적이고 파괴적 기술(disruptive technology)로 미디어 분야는 여느 산업 분야에 비하여 급속히 변동하고 있으며 예측 불가능한 상태로 발전하고 있다. 오늘의 최고의 미디어 기업이 내일의 미래를 예측할 수 없는 상황이다. 게임 소비자의 증가와 선호를 반영하는 콘텐츠 개발로 게임 시장은 국내뿐만 아니라 글로벌 경쟁으로 전이되고 있다. 소셜 네트워크와 온라인 커뮤니케이션을 기반으로 페이스북(Facebook)은 2016년 게임을 신사업 전략으로 설정하고, 2014년 한국에서 중단한 게임 서비스를 재개하였다(『전자신문』, 2016년 6월 9일자). 또한 인터넷을 기반으로 시작한 온라인게임은 스마트 기기와 모바일 플랫폼으로 이동한 지 이미 오래되었다.

과거에는 게임 소비계층은 여가와 오락 수단으로 인식되어 있었다. 그러나 사회구조 변동과 함께 게임의 소비계층은 유아, 청소년, 성인, 남녀 등으로 파편화(fragmentation)되고 있다. 게임 콘텐츠를 제공하는 기업은 파편화되는 소비자 욕구를 충족하고 무한 경쟁하는 시장구조에서 신게임 콘텐츠를 개발해야 하는 부담과 신시장 개척으로 인한 위기와 기회를 동시에 맞이하고 있다. ICT기술 발전은 게임을 단순한 오락매체에서 산업 분야로 비약적으로 발전시키고 있다. 대표적으로 콘텐츠의 질에

청소년에게 게임을 허하라

관한 기술 발전이다. 온라인상의 쌍방향 기능에서 시작된 게임은 3D를 거쳐 가상현실(virtual reality)과 인공지능(artificial intelligence) 기술을 적극적으로 응용하고 있다. 신기술과 게임의 융합은 새로운 오락거리와 여가생활을 즐길 수 있는 수단을 제공하고 있지만 국민적 미디어로서 미완성의 과제를 남겨놓고 있다.

대표적으로 청소년의 게임 과소비와 중독에 관한 문제이다. 게임이 개인 여가활동의 오락적 수단에서 산업규모로 발전하면서 역기능 문제에 직면하게 되었다. 특히 청소년을 중심으로 한 '인터넷중독(과의존)', '게임중독(과의존)' 같은 문제가 학부모, 시민단체, 정부의 관심 대상으로 부각되었다. 대표적으로 청소년의 "게임중독을 예방하기 위하여 인터넷을 끊는 대학(오전 2~7시) 기숙사"가 있으며, "심야시간 게임 서비스 중단으로 인한 청소년의 학습권과 충돌"하는 문제가 발생하기도 한다(『동아일보』, 2015년 8월 14일자; 『중앙SUNDAY』, 2015년 9월 6일자). 따라서 학부모, 학교, 시민단체에서는 게임의 사회적 기능과 책임성을 강조하고 있다. 반면 앞서 언급한 바와 같이 게임 콘텐츠의 생산, 유통을 담당하는 기업과 경제적 효과를 강조하는 산업론자 입장에서는 게임은 산업으로서 접근해야 하며 정부의 규제나 정책은 최소화되어야 한다고 주장하고 있다.


## 2. 사회변동과 미디어 소비자로서 청소년

기술 변화와 함께 우리 사회의 정치, 경제, 사회적 구조 변화는 청소년들에게 새로운 미디어 환경을 조성하고 있다. 인터넷과 네트워크로

273

연결되는 초연결사회(hyper-connected society)에서 기술혁신은 청소년들에게 유익한 환경을 조성하기도 하지만 위험적인 요소를 동시에 표출하고 있다. 지속적으로 열거되는 청소년의 유해약물, 유해환경, 유해매체, 유해업소, 유해 근로조건은 대표적인 사례라고 할 수 있다. 이 문제는 최근에 일시적으로 발생한 문제라기보다는 지난 수년간 우리 사회의 산업화, 정보화과정 등 사회구조 변화과정에서 수반된 사회현상이라고 할 수 있다.

구체적으로 첫째, 전통적인 가구가 해체되고 비전통적인 가구형태가 증가함에 따라 청소년에 대한 새로운 규범(norm) 체계를 요구하고 있다. 청소년의 보호 필요성은 가구의 소규모화, 한부모 가정의 증가, 맞벌이 부부 및 결혼 이민 자녀의 증가 등 새로운 가구형태 증가에 기인하고 있다. 대표적으로 인구구조 변화와 함께 산업화 시대의 3세대 이상 가구(조부모, 부모, 청소년) 비율과 가족 구성원 수가 급속히 감소하고 있다. 3세대 가구는 1990년 12.5%에서 2010년 6.1%로 절반 이상 감소하였으며, 평균 가구원 수도 1990년 3.7명에서 2010년 2.8명으로 지속 감소하고 있다(통계청, 2014). 결국 전통적 가족구조가 해체되고 다양한 형태의 가족구조가 등장한 환경 속에서 청소년의 문제는 개인의 문제보다는 사회적 문제로 변화하고 있다. 또한 전통적인 가족구조에서 청소년의 문제는 청소년과 가족의 문제가 해결의 중심이었으나, 현대사회에서는 사회적 책임과 사회적 문제로 확대되고 있다.

둘째, 기술혁신과 창의성을 융합한 뉴미디어 플랫폼과 다양한 콘텐츠 접근방법은 청소년 보호에 대한 새로운 대응을 요구하고 있다. 과거 청소년이 접근, 활용, 응용하는 매체로서 TV와 라디오가 전통적인 미디어라고 한다면, 최근에는 인터넷과 모바일이 청소년이 콘텐츠를 접근

청소년에게 게임을 허하라

하는 대표적인 플랫폼이 되었다. 방송시장을 본다면 1995년까지 청소년의 미디어 소비는 지상파방송에 국한되어 있었으나 케이블방송(1995), 위성방송(2001), 모바일 DMB방송(2005), IPTV(2008), 인터넷과 모바일을 기반으로 한 VOD와 개인방송 등 수많은 플랫폼으로 확대되었다. 역사적으로 보면 TV, 영화 분야에서 '프로그램 등급제', '시청시간 제한' 등 청소년을 영상물로부터 보호하는 제도가 있었다. 게임 분야에서 청소년을 보호하기 위한 대표적인 제도는 2011년부터 시행된 '셧다운(shutdown)제'라고 할 수 있다.

그러나 미디어 기술발전으로 청소년을 보호할 수 있는 현재의 사회적 체계나 규범은 한계를 맞이하고 있다. 미디어화된 사회 환경에서 청소년을 보호할 수 있는 조건은 무엇인가? 우선, 스마트폰의 확산과 청소년의 문제를 예로 들 수 있다. 스마트폰은 해체되는 전통적 가족 환경에서 청소년을 보호하고 가족과 연결하는 미디어 도구로서 중요한 역할을 하고 있다. 또한 스마트폰은 청소년이 게임 이용을 위한 중요한 플랫폼으로 인식되면서 '손안의 엔터테인먼트'로 간주되고 있다(『머니투데이』, 2016년 6월 9일자). 그러나 다른 한편에서 수많은 모바일 기기와 스마트폰은 청소년에게 유해한 정보를 유통, 소비하는 플랫폼으로도 이용될 수 있다. 즉 SNS, 인터넷과 모바일을 이용한 국경을 초월하는 동영상 콘텐츠의 접근성, 인터넷방송, 개인방송매체 등 ICT 기술과 인터넷을 기반으로 한 새로운 플랫폼은 청소년에게 지식 전달 수단으로서의 순기능적 역할과 무분별한 콘텐츠 접촉으로 인한 부작용으로서의 기능을 동시에 가지고 있다.

스마트폰이 모바일로 대별되는 현재의 미디어 환경에서 청소년과 미디어중독의 위험성은 다음 두 가지 사례에서 찾아볼 수 있다. 첫 번째 사례는 스마트폰의 장점에도 불구하고 휴대폰을 통한 청소년의 성인

*275*

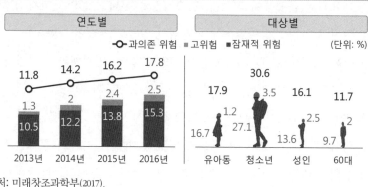

| 연도별 | 대상별 |

○ 과의존 위험   ■ 고위험   ■ 잠재적 위험   (단위: %)

출처: 미래창조과학부(2017).

▌그림 10.1 ▌ 연도별·대상별 스마트폰 과의존 위험현황

물 이용 경험률이 2009년 7.4%에서 2014년 52.6%로 증가하고 있다는 점이다(여성가족부, 2014). 두 번째 사례로, 국민의 스마트폰 과의존 위험성은 지속적으로 증가하고 있다. 연도별로 살펴보면 2013년 스마트폰 '과의존 위험성'은 11.8%에 불과하였으나 2016년에는 17.8%로 증가하였으며, 같은 기간, 스마트폰 '고위험'군은 약 2배로 증가하였다. 이런 추세 속에서 청소년은 어느 사회계층보다 스마트폰 과의존 위험이 높은 계층으로 조사(과의존 위험 30.6%, 고위험 3.5%, 잠재적 위험 27.1%)되었다(〈그림 10.1〉 참조).

결국 인터넷을 기반으로 한 게임이 스마트 기기와 모바일로 이동하는 상황에서 청소년의 게임중독에 관한 문제는 심각한 정책 대상이 되고 있다. 이 사실을 바탕으로 한다면 글로벌 규모로 실시간으로 자유롭게 유통되는 인터넷상의 콘텐츠(게임 포함)는 청소년들에게 또 다른 유해환경을 초래할 수 있는 요인이 되고 있다는 점이다. 결국 '산업으로서의 게임'과 '오락으로서의 게임' 문제는 인터넷과 모바일 쌍방향을 기반으로 하는 미디어 환경에서 새로운 정책대안을 요구하고 있다.

청소년에게 게임을 허하라

## **3.** 미디어로서 게임과 청소년 보호

영화, TV, 만화, 게임 등 전통적인 미디어 콘텐츠의 공통점은 무엇인가? 다양한 견해를 주장할 수 있지만 개인의 여가활동의 수단이며 대중적인 콘텐츠라고 할 수 있다. 그러나 개인적인 소비대상으로서 콘텐츠가 기업의 콘텐츠 영역으로 그리고 국가 산업으로 발전된 것은 이미 오래전의 일이다. 1997년대 영국의 노동당 정부는 '창조경제(Creative Industry)' 정책을 수립하고 전통적 콘텐츠 분야를 핵심 분야로 포함하였다. 또한 2010년 보수당 정권으로 정권이 바뀌었지만 콘텐츠 산업은 핵심 국가정책이다. 한편 일본은 쿨재팬(Cool Japan) 전략을 수립하여 패션, 게임, 애니메이션을 전략산업으로 육성하고 있다. 그럼에도 불구하고 미디어 콘텐츠를 개인의 콘텐츠 소비영역으로 볼 것인가, 국가의 산업으로 볼 것인가 하는 문제는 지속적인 논쟁의 대상이 되었다. 특히 우리 사회에서 이문제는 국가기관, 시민단체, 개인의 문제가 서로 다른 의견을 주장함으로써 관심의 대상이 되고 있다.

미디어 콘텐츠의 윤리적 문제와 사회적 기능에 대한 찬반 논쟁은 새로운 일은 아니다. 신규 미디어 플랫폼과 콘텐츠 제공 업체가 생성, 발전, 확산의 진화과정을 거치는 단계마다 미디어의 역기능에 대한 문제는 끊임없이 논쟁 대상이 되었다. 대표적인 사례가 최근 등장한 MCN(Multichannel Network) 사업자와 콘텐츠 질에 관한 문제라고 할 수 있다. MCN은 개인의 창작력을 바탕으로 새로운 콘텐츠 유통창구로서 콘텐츠 제작의 개인화, 스마트폰의 플랫폼화를 기반으로 발달한 서비스로 청소년들에게 폭발적 인기를 모으고 있는 분야이다. 학자에 따라 MCN을

277

'개인방송', '인터넷방송', '1인방송', '개인 미디어'와 같은 용어로 정의하기도 한다. 미디어에서는 '크리에이터 스타급 인기', '인터넷 1인방송 시대 신풍속', '1인 콘텐츠 창작자 천하' 등으로 도입단계에서 MCN의 산업적 역할과 긍정적 평가가 대부분이었다. 그러나 최근 다양한 기업이 투자하고 산업적 기반을 다져가는 과정에서 MCN의 사회적 기능에 대한 의구심과 역기능에 대한 주장이 급속히 논의되고 있다. "시속 200km의 과속으로 달리는 자동차를 생중계하는 인터넷방송", "별풍선이 뭐길래" 등이 대표적인 비판 기사라고 할 수 있다. 즉 가입자를 확보하고 수익성을 극대화하기 위해 선정정이고 사회 일탈적인 콘텐츠를 제공함으로써 콘텐츠 질에 대한 사회적인 문제가 지속적으로 제기되고 있다.

## 4. 청소년과 게임중독의 진단

청소년의 게임 콘텐츠의 위험성은 다양한 관점에서 측정될 수 있다. 먼저 청소년의 스마트폰 사용에 대한 부모의 관심이다. 실태조사(미래창조과학부, 2016)에 따르면 '자녀의 스마트폰 이용시간을 걱정한다'는 비율이 62.7%에 달하며, 특히 '과도한 온라인게임' 사용에 대한 걱정이 57.8%에 달하는 것으로 조사되었다. 또한 자녀의 스마트폰 이용과 관련하여 '매우 걱정한다'는 항목에서 '과도한 온라인게임 사용'이 24.7%로 가장 높았으며, '폭력물 접촉'과 '음란물 접촉'이 각각 20.4%, 20.2%였다. 한편 청소년과 게임중독의 위험성은 또 다른 설문조사에서 찾아볼 수 있다(이하 미래창조과학부, 2014).

청소년에게 게임을 허하라

게임중독은 다양하게 정의될 수 있지만 일반적으로 "온라인과 모바일을 통한 과다한 게임 이용으로 금단과 내성을 가지고 있으며, 온라인 게임으로 인해 일상생활의 장애를 경험하는 상태"라고 할 수 있다. 청소년 게임중독에 관한 사항은 인터넷 기반과 모바일 기반으로 분류될 수 있다. 왜냐하면 앞서 분석한 바와 같이 청소년의 게임 이용행태가 과거의 PC 기반에서 모바일과 스마트미디어로 전이되고 있기 때문이다. 조사결과에 따르면 첫째, 연령대별 인터넷중독 위험군은 유아동 5.6%, 청소년 12.5%, 성인 5.8%(1,711천 명)로 청소년의 인터넷중독 위험이 가장 높은 것으로 나타났다(〈그림 10.2〉 참조). 시계열적으로 분석하면 2011년 10.4%에 불과하던 중독 위험군은 2012년 10.7%, 2013년 11.7%, 2014년 12.5%로 지속적으로 높아지고 있다는 점이다. 이 수치는 성인 대상으로 한 위험군이 2011년 6.8%에서 2014년 5.8%로 감소하고 있는 트렌드를 본다면 중요한 사실을 암시하고 있다. 둘째, 학령별로는 중학생 중독 위험군이 13.2%로 가장 높았고, 환경적으로는 맞벌이가정(12.9%)과 한부모가정

청소년 성별·학령별·취약계층 인터넷중독 현황 및 중독 위험군 구성비(%)

| 성별 | | 학령별 | | | 취약계층 | |
|---|---|---|---|---|---|---|
| | | | | | ■ 고위험 ■ 잠재적위험 | |
| 12.7 | 12.3 | 9.7 | 13.2 | 11.7 | 12.9 | 13.3 |
| 3.2 | 2.5 | 2.4 | 3.3 | 2.1 | 3.2 | 2.9 |
| 9.5 | 9.8 | 7.3 | 9.9 | 9.6 | 9.7 | 10.4 |
| 남성 | 여성 | 초등학생 | 중학생 | 고등학생 | 맞벌이가정 청소년 | 한부모가정 청소년 |

출처: 미래창조과학부(2014).

**| 그림 10.2 |  인터넷중독 현황**

제10장   게임 콘텐츠의 딜레마: 게임은 개인의 사적 영역인가, 산업적 규제대상인가

**┃ 표 10.1 ┃ 인터넷중독 위험요인**                    (단위: %)

| 구분 | | 내성 | 일상생활장애 | 금단 | 가상세계지향 |
|---|---|---|---|---|---|
| 전 체 | | 30.7 | 15.8 | 22.5 | 22.8 |
| 계층 | 유 아 | 65.7 | 51.8 | 63.3 | 77.1 |
| | 청소년 | 86.1 | 54.7 | 60.1 | 52.9 |
| | 성 인 | 60.4 | 61.1 | 57.5 | 57.3 |

주: 상위 2개 복수 응답.
출처: 미래창조과학부(2014).

(13.3%)의 청소년이 보다 취약한 것으로 조사되었다.

　　셋째, 청소년의 인터넷중독 위험요인이 무엇인지 분석하면 청소년과 게임의 위험성에 대해서는 놀라운 사실을 알 수 있다. 이용목적으로 분석하면 일반인은 뉴스 검색(35.9%), 메신저(34.6%), 온라인게임(23.1%) 순서의 사용 목적이었으나, 중독 위험군은 온라인게임(35.6%)을 가장 많이 이용하고 있는 것으로 분석되었다. 넷째, 가구소득별 중독 위험군에서는 월평균 소득 200만 원 미만인 저소득층 가구의 중독 위험군 비율이 8.2%로 가장 높게 나타났다. 마지막으로 인터넷 이용자의 중독 위험요인은 크게 내성, 가상세계지향, 금단, 일상생활장애 네 가지로 분석할 수 있다. 〈표 10.1〉에 나타난 것처럼, 평균적으로는 내성(30.7%), 가상세계지향(22.8%), 금단(22.5%), 일상생활장애(15.8%) 순서로 높았지만, 청소년의 경우 모든 지표에서 높게 나타남으로써 문제의 심각성을 보여주고 있다. 앞서 언급한 바와 같이 인터넷중독과 가족관계에서도 상당한 영향이 있는 것으로 분석되었다. 부모님과의 대화유형에서도 인터넷중독 위험군의 37.8%가 '생각이나 감정 표현에 조심하고 의사소통이 잘 이루어지지 않음'에 응답하여 일반 사용자군 28.6%보다 9.2% 높게 나타났다. 또한 부모님과의 대화시간은 1일 평균 38.7분이었으며, 중독 위험군은 대화시간

_280_

이 35.2분으로 일반 사용자군(39.2분)보다 4분 적은 것으로 조사되었다.

　　청소년의 스마트폰 중독률은 지속적으로 증가하고 있으며 사회적 관심 대상이 되고 있다. 청소년 스마트폰 이용자 중 중독 위험군 비율은 2014년 29.2%로 2013년 25.5% 대비 3.7% 상승하여 2011년 이후 지속적으로 증가하고 있으며, 중독 위험군(29.2%) 중 고위험군은 3.3%로 2013년 대비 2.4% 증가하고 있다. 또한 중독 위험 초기단계인 잠재적 위험군은 2014년 25.9%로 2013년 대비 2.8% 증가한 것으로 조사되었다. 특히 청소년의 스마트폰중독의 특성(응답 상위 5개)은 다음과 같이 조사(복수응답)되었다. 첫째, '스마트폰 사용이 공부에 방해된다'(53.4%). 둘째, '스마트폰 사용에 많은 시간을 보내는 것이 습관화되었다'(51.7%). 셋째, '스마트폰을 그만해야지라고 생각하면서도 계속한다'(51.6%). 네 번째, '스마트폰이 없으면 불안하다'(49.6%). 마지막으로 '수시로 스마트폰을 사용하다가 지적을 받은 적이 있다'(48.4%)라고 조사되었다. 이 조사결과를 바탕으로 한다면, 청소년의 인터넷과 스마트폰 중독은 결국 개인의 문제라기보다 사회적 제도적 규범이 필요함을 지적하고 있다.

# **5.** 게임 콘텐츠의 이중성: 공익성과 산업성의 충돌

## 1) 공익론 관점과 게임 콘텐츠

　　게임 콘텐츠는 청소년이 여가수단으로 이용하는 미디어로서 서로 다른 가치가 충돌하는 영역이다. 그동안 온라인게임 분야 초기 '산업

*281*

게임 질병화 정책, 당장 철회해야 한다　　　　유·아동 '스마트폰 중독' 심각

**모바일 셧다운제 시행해 청소년 스마트폰중독 막아라**

"게임 몰입은 중독 증세 아니다"　　　　헌재 "기본권 침해로 볼 수 없다"

"인터넷게임 자발적 중단 어려워"　　　　업계 "게임산업 크게 위축될 것"

국내 게임업체들은　　　　여성부-학부모 "환영" 게임업계 "실망"
"산업 더 위축될까 우려"　　　　1.7% 금단 증상… 10.7% 잠재 위험

심야 게임 이용 제한으로 나타나는 사이의　　셧다운제 합헌　　　청소년 10명 중 3명이 고위험군
피해 크지 않음. 청소년의 인터넷중독을 예　(16세 미만 자정~오전 6시 온라인게임 금지)　심야 게임 이용 제한으로 나타나는 사
방해 얻는 공익은 중대함.　　　　　　　　　　　　　　익의 피해 크지 않음. 청소년의 인터넷
　　　　　　　　　　　　　　　　　　　　　　　　　중독을 예방해 얻는 공익은 중대함.

▍그림 10.3 ▍ 인터넷중독, 스마트폰중독에 관한 상충된 기사

(industry or business)'으로서 발전하는 단계에서 미디어의 성장과 발전을 강조하는 상업론자(commercialist)의 주장이 주된 가치로 인정되었다. 그러나 앞서 언급한 바와 같이 게임 분야가 산업으로 성장하고 역기능 측면이 강조되면서 '게임의 공익성(public interest)' 또는 '사회적 책임(social responsibility)'을 중요시하는 주장이 설득력을 가지고 있다. 게임 분야가 상업론과 공익론이 상충하는 영역으로서 간주되면서 이 문제는 미디어에 대한 공익론자와 상업론자의 또 다른 논쟁이라 할 수 있게 됐다.

　　게임에 대한 이 문제를 구체적으로 분석하기에 앞서 미디어의 공익론과 상업론에 대한 이론적 배경을 먼저 고찰할 필요성이 있다. 미디어의 사회적 역할과 공익성에 대한 철학은 기본적으로 하버마스(Juergen Habermasn)의 '공론의 장(public sphere)'에서 찾을 수 있다. 하버마스(1989)는 그의 저서 『공론장의 구조변동(The Structual Transformation of the Public Sphere)』에서 국가와 독립되고 상업성과 차별화되는 제3의 영역으로 '공론의 장'을 주장하고 있다. 하버마스에 따르면 공론의 장은 유럽에서 19세기에서 산업혁명의 시기에 시작되었다. 공론의 장의 가장 큰 특징

*282*

은 공개적 논쟁, 비판적 검토, 이해관계자들로부터 자유로운 영역으로 산업혁명 시기에 신흥자본가들의 교양의 영역으로 인식되고 있는 예술, 카페, 소설, 비평등의 영역에서 시작되었다. 즉 귀족의 영향력을 최소화하고 왕권으로부터 분리된 비판이 영역을 형성하는 부분이다. '시장'과 '정부' 사이, 그리고 '경제'와 '정책' 사이에 위치하는 자율적인 공간을 의미한다. 하버마스는 공론의 장에서 정보(information)는 다양한 의견을 반영하고 개인의 자유로운 영역으로 가장 중요한 역할을 한다고 주장하고 있다. 또한 공론의 장을 수행하는 기관은 공공도서관, 공영방송, 박물관, 미술관이 대표적이다. 이 분야는 귀족이나, 국가로부터 자유로운 영역으로 자율성과 사회의 공익적 역할을 중요시하는 부분이다.

하버마스와 미디어의 공공성을 중요시하는 공익론자에 따르면, 미디어 매체로서 방송은 공익성을 유지하기 위해서는 다음과 같은 책무를 가져야 한다고 주장하고 있다. 영국의 공영방송인 BBC의 공익성 원칙으로 영국 'Broadcasting Research Unit'(1985)는 여덟 가지 원칙을 제시하고 있다.

- 이용의 보편성(Universality of availability)
- 소구하는 바의 보편성(universality of appeal)
- 소수자, 특히 불리한 입장의 소수자에 대한 특별한 배려
- 국가 정체성(national identity)과 지역공동체(community)에 대한 존중
- 모든 이익집단으로부터의 독립성, 특히 당해 시기 정부로부터의 독립
- 비용 지불의 보편성(universality of payment)
- 시청률이 아니라 좋은 프로그램을 위한 경쟁 독려

*283*

• 방송 제작자들을 제약하지 않고 자유를 부여하는 제작 기준

하버마스와 같이 미디어 공익성을 중요시하는 이 원칙은 영국을 중심으로 한 유럽에서 강조하는 미디어에 대한 기본철학이며 접근방식이다. 이 주장의 기본철학은 미디어는 상업성을 추구하는 규모의 경제를 통한 산업성보다는 사회적 공공의 이익을 대변해야 한다는 것이며 미디어의 최고 가치는 사회적 책무성과 순기능이란 것을 강조한다. 게임이라는 분야가 하버마스가 주장하는 공익성의 역할을 수행할 수 있는가? 이 주장은 게임이 국내시장에 발전하는 초기단계에서 설득력을 가질 수 있었다. 최소한 게임이 사회적으로 '게임중독'과 같은 사회적 부작용이 강조되기 전까지 하머버스가 주장한 것과 같이 사적인 오락 영역으로 인정받을 수 있었다. 게임의 공익성 주장 이론은 우리 사회에서 각종 정책과 규제에서 사례를 발견할 수 있다. 2013년 헌법재판소에서 합헌 판정을 받은 게임중독을 예방하기 위한 강제셧다운 제도가 대표적인 사례라 할 수 있다.

공익론자 입장에서는 게임에 대한 정부의 규제는 건전한 사회발전을 위하여 불가피하며, 정부의 시장에 대한 참여는 청소년을 보호하기 위한 불가피한 정책대안이라고 할 수 있다. 따라서 다양한 미디어의 발전 속에서 게임의 소비주체(consumer)로서 청소년은 소비의 대상(기업 입장)이자 보호의 대상(정부 입장)이라는 이중적인 지위를 가지고 있다. 미디어 기업 입장에서는 앞서 분석한 바와 같이 청소년은 최고의 소비계층이 되고 있으며 때로는 과소비로 인한 '게임 과몰입' 문제로 표출되고 있다. 청소년은 인터넷과 모바일을 통해 게임을 공유하고 SNS를 통해 콘텐츠 소비에 대한 비평과 자유로운 의사표현을 통해 새로운 소비 패턴을 만들고,

청소년에게 게임을 허하라

팬덤 현상을 유발하고 있다. 동시에 게임을 포함한 특정 콘텐츠에 대한 거부감을 직설적으로 표현하는 소비계층이라고 할 수 있다. 반면 국가나 정부 입장에서 청소년은 다양한 미디어에 노출된 보호의 대상이 되고 정책 목표가 되고 있다. 성인보다는 '미성숙의 인간'이라는 존재로서 청소년이 부정적인 미디어에 지속적으로 노출될 경우 성인으로서 성장과정에서 정신적인 혼란기를 거치면서 사회 속의 인격체로서 문제에 직면할 수 있기 때문이다. 이 문제를 지속적으로 주장하는 쪽은 미디어의 사회적 역기능을 중요시하는 학자라고 할 수 있지만, 그 중심에는 정부, 기관과 시민단체가 있다. 이 논리는 몇 가지로 요약될 수 있다. 첫째, 청소년 스스로 유해환경으로부터 보호하고 대응할 수 있는 능력이 성인에 비하여 부족하고 미디어의 유해환경으로부터 청소년의 피해를 사전적으로 최소화하는 목적이다. 둘째, 때로는 사후적으로 청소년을 게임과 몰입 같은 미디어의 역기능으로부터 보호하기 위한 논리하고 할 수 있다. 세 번째, 기업 측면에서는 민간 주도의 자율적 규제를 통해 청소년 보호를 위한 사전적 조치를 마련하는 청소년 보호조치라고 할 수 있 수 있다.

　　미디어 홍수 속에서 청소년을 보호하기 위한 정책은 법에서도 명시돼 있다. 대표적으로 「청소년 보호법」 제33조 제1항을 보면, "여성가족부장관은 3년마다 관계 중앙행정기관의 장 및 지방자치단체의 장과 협의하여 청소년유해환경으로부터 청소년을 보호하기 위한 종합대책을 수립·시행하여야 한다"라고 규정하고 있다. 「청소년 보호법」에서 이를 규정한 근거는 다양하게 증가하는 청소년 보호정책을 예방 및 선제적 대응 중심의 적극적 보호대책으로 전환하고 다양한 정부부처가 참여하는 종합적인 대처 방안을 마련하기 위한 조치라고 할 수 있다. 유사한 사례는 인터넷의 발전과 함께 인터넷, 스마트폰 중독에 관한 사전적 정책을 들 수

제10장　게임 콘텐츠의 딜레마: 게임은 개인의 사적 영역인가, 산업적 규제대상인가

있다. 「국가정보화 기본법」에서는 인터넷중독 예방 및 해소 종합계획의
수행을 위해 정부부처 공동으로 추진계획을 수립·시행하도록 규정하고
있다.

### 2) 상업론 관점과 게임 콘텐츠

　　미디어 산업과 ICT 기업이 끊임없이 수평·수직적으로 결합하
고 규모의 경제가 확대되고 기업 간·산업 간 융합(convergence)과 협력
(cooperation)이 기업 생존의 필수적인 요소가 된 기업환경에서 게임 산업
의 사회적 공익성만을 강조할 수 있는가 하는 근본적인 의문이 남는다.
이 주장은 미디어의 상업성과 산업성을 강조한다. 게임 콘텐츠를 개발하
고 유통 배급하는 기업으로서 이 문제는 수용할 수 없는 주장이라 할 수
있다. 게임 콘텐츠를 생산하는 기업의 입장에서 보면 게임의 가치사슬 단
계를 통해 수익을 창출하고 이윤을 극대화되는 미디어 기업으로서 공익
성 주장은 한계를 가지고 있다. 전통적으로 미디어 상업론 주장은 미국을
중심으로 발전하였다. 유럽 중심의 공익론자에 비하여 상업론자의 주장
은 자본주의의 기본 원칙으로 미디어 기업의 이윤을 최고의 가치로 인정
하고 있다. 이 주장에서 이윤추구는 기업의 절대적인 가치로서 소비자는
소비 대상으로서 인식되고 있다. 공익론자들에게 소비자는 미디어의 소
비와 수익을 창출하는 대상이라기보다는 공론의 장을 만드는 시민으로서
의견을 제시하고 건설적인 비판과 사회적 선을 유지하는 대상이라는 측
면에서 상업론자와 대별된다. 이러한 관점에서 본다면 게임 콘텐츠를 생
산하는 기업 입장에서 게임은 전략산업으로 청소년을 포함하여 이용자를

*286*

확대하여 기업의 매출과 이익증가가 절대적인 가치로 인식된다. 따라서 공익론자들은 미디어의 사회적 역할을 강조하기 위하여 규제와 정부의 관여가 불가피함이 강조되어야 한다고 주장한다. 반면, 게임의 산업적 역할을 강조하는 입장에서는 불가피한 경우를 제외하고 게임에 대한 규제를 최소한으로 해야 한다는 주장이다. 이러한 주장에서는 게임에 대한 규제는 기업의 영리 활동을 제한하고 산업 발전을 제한하는 사회적 규범으로 문제가 있다는 주장이다.

　　게임 콘텐츠에 대한 양분적인 시각은 가치충돌의 문제로 나타나고 있다. 정책 관점에서 이 문제는 분명히 나타나고 있다. 산업을 강조하는 부처와 게임의 사회적 역할을 수행하는 부처에서 상이한 주장이 나타나고 있다. 이 문제는 시장에서의 하버마스의 공익론과 상업성의 충돌과 비슷한 형태이다. 결국 국가 정책이라는 것이 사회 규범체계와 규제라는 수단을 통해 국민의 행복을 추구하는 궁극의 목적을 달성하는 것이라면 양자의 견해는 절충의 여지를 남겨두고 있다. 게임중독으로부터 자유롭고 게임이 개인의 여가활동과 오락수단으로 인식되었다면 정책은 게임을 규제하는 영역이라고는 할 수 없다. 다른 한편에서(최소한 기업의 활동을 제약하는 규제가 아닌) 정부의 규제는 산업 발전을 제약하는 문제가 아니라면 양자가 추구하는 것은 가치충돌의 문제가 아니라고 할 수 있다.

# *6.* 결론

지금까지 청소년을 중심으로 미디어로서 게임 콘텐츠에 대한 사회적 의미와 상충하는 가치충돌의 문제에 대하여 분석하였다. 현재 국내에서 게임 콘텐츠는 일반 대중이 선호하는 여가수단으로 인식되고 있는 것이 객관적인 사실이다. 특히 청소년들에게 게임은 스마트 기기와 온라인 서비스를 기반으로 같은 세대 간 새로운 커뮤니케이션 수단으로 인식되고 있다. 그러나 개인과 사회적 규범이 요구하는 통제범위를 벗어난 과다한 게임 사용(집중 또는 중독)은 개인뿐만 아니라 사회문제의 요소를 가지고 있다. 그러나 게임 규제가 개인의 사적 영역과 기업의 경영을 제한하는 요소로 작용한다는 우려가 있는 것도 사실이다. 여가수단으로서의 게임과 미디어 정책 대상으로서의 게임은 공익성과 산업성 중간지대에 있다. 지난 10여 년간 게임 산업은 ICT 발전, 사회변동과 연계되면서 많은 발전을 한 것이 사실이며, 게임 콘텐츠는 유망한 글로벌 경쟁시장으로 변화하고 있는 것이 사실이다. 그러나 미디어의 사회적 관점에서 본다면 게임 과소비로 인한 중독과 사회적 문제는 청소년, 가족의 문제로 국한하기에 한계가 있다. 여가수단으로 시작한 게임을, 즐기는 '여가수단'으로 환원하기 위해서는 개인의 통제력(self control capacity), 게임 기업의 사회적 관심(corporate social responsibility), 그리고 산업성과 공익성을 조화롭게 하는 정책(game policy)이 필요하다.

*288*

# 참고문헌

『동아일보』(2015년 8월 14일자 기사). 「'게임중독 심각' 새벽 기숙가 인터넷 끊는 대학」.

『디지털타임스』(2015년 12월 24일자 기사). 「게임 위축 악영향… 시장 1조 1,600억 줄었다」.

『머니투데이』(2016년 6월 9일자 기사). 「손안의 모바일게임 손 밖으로 '백 투더 PC'」.

『이투데이』(2016년 4월 28일자 기사). 「온라인 성공신화 깨졌다… '모바일＋글로벌' 새공식 찾는다」.

『전자신문』(2016년 4월 20일자 기사). 「3대 게임법안 생명연장… '20대 국회선 생산적 논의 필요'」(4. 20).

『전자신문』(2016년 6월 9일자 기사). 「'페북 게임' 내년 부활… 글로벌 게임 몰려온다」(6. 9).

『중앙SUNDAY』(2015년 9월 6일자 기사). 「포스텍 '게임 셧다운제'」.

미래창조과학부(2014). 『2014 인터넷중독실태조사』.

미래창조과학부(2015). 『2015 정보문화실태조사』.

미래창조과학부(2016). 『2015 인터넷중독실태조사』.

미래창조과학부(2017). 「2016 인터넷중독실태조사」 보도자료.

여성가족부(2014). 『2014 청소년 유해환경 접촉 실태조사』.

한국콘텐츠진흥원(2015). 『2015년 게임이용자 실태조사』.

제10장   게임 콘텐츠의 딜레마: 게임은 개인의 사적 영역인가, 산업적 규제대상인가

Broadcasting Research Unit(1985). *The Public Service Idea in British Broadcasting*. London: Broadcasting Research Unit.

Castells, M.(1996). *The Rise of the Network Society*. Oxford: Blackwell.

Castells, M.(2009). *Communication Power*. Oxford: Oxford University Press.

Croteau, D., & Hynes, W.(2006). *The business of media: corporate media and the public interest*(2nd ed.). London: Sage.

Habermas, J.(1989). *The Structural Transformation of the Public Sphere: Inquire into a Category of Bourgeois Society*. Cambridge: Polite Press.

# 저자 약력

## 손 창 용

런던대학교 미디어학 박사, 미국공인회계사(AICPA)

현   미래창조과학부 정보통신정책실 행정사무관

〈주요 논문〉

「공공 미디어의 경제학」(2016, 공역)

「한국 케이블TV 산업론」(2002, 2003, 2007, 공저)

# '포켓몬고'와 청소년 문화

김 옥 태

최근 '포켓몬고(Pokémon Go)'가 화제이다. '포켓몬고'는 증강현실(augmented reality: AR) 기술과 위성위치확인시스템(Global Positioning System: GPS)을 구글 지도와 결합하여 스마트폰으로 애니메이션 캐릭터인 포켓몬을 수집하는 모바일게임이다.

'포켓몬고' 출시 하루만에 앱스토어 매출 1위를 차지했고 이용자 수는 트위터보다 많았으며, 이용시간도 페이스북보다 많았다. 출시된 지역에서는 수많은 사람이 휴대폰을 들고 밖으로 나와 포켓몬을 찾아 야외를 걸어다녔다. 이로 인해 각 지역 상권이 활성화되거나 이전에는 주목받지 못했던 지역이 부각되는 등의 부가적인 효과도 나타났다. 사람이 접근할 수 있는 모든 곳을 탐색하다 보니 실종자를 찾으려는 시도도 있었다. 물론 긍정적인 효과만 있었던 것은 아니어서, 희귀한 포켓몬을 찾기 위해 출입이 금지된 폐광이나 병원, 경찰서 등에 침입한다거나 포켓몬이 나타나는 위치에 숨어 있다가 접근하는 다른 이용자를 위협하여 금품을 빼앗는 등의 범죄 행위가 등장하기도 했다. 이 모든 현상이 '포켓몬고'의 엄청난 돌풍을 보여주었다.

그렇다면 사람들은 왜 '포켓몬고'에 열광하는 것일까? 또 이러한 현상이 청소년과 청소년 문화에 미치는 영향을 어떤 것일까? 제조사인 나이앤틱의 최고경영자는 '포켓몬고'의 목표*로 첫째, 포켓몬의 포획과 육성이라는 보상을 통해 이용자를 운동(Exercise)하게 하는 것이며, 둘째는 주변

* The CEO behind 'Pokémon Go' explains why it's become such a phenomenon(*Business inider*, 2016. 7. 11)

의 멋진 조형물이나 역사적인 장소를 게임 플레이에 포함시켜 이용자들에게 모험(To see the world with new eyes)하는 경험을 선사하는 것이며, 마지막으로 여러 명이 함께 도전해야만 하는 미션을 제공하여 이용자들이 서로 함께 시간을 보낼 수 있도록 함으로써 동류의식(Breaking the ice)과 커뮤니티를 형성하게 하는 것이라고 밝혔다. 실제로도 '포켓몬고'는 위치 기반 및 증강현실 기술의 대중화, 신체 활동의 촉진, 그리고 도보 트래픽을 통한 지역 비즈니스 성장을 돕는 것으로 평가되고 있다.

　　이 장에서는 '포켓몬고' 게임에 대한 전반적인 이해를 돕고 이어서 기술적 측면, 내용적 측면, 그리고 문화적 측면을 중심으로 살펴보고자 한다.

# 1. '포켓몬고'는 어떤 게임인가

'포켓몬고'는 구글의 스타트업 기업에서 출발한 나이앤틱이 게임 업체 닌텐도와 손잡고 2016년 7월 6일부터 미국, 오스트레일리아, 뉴질 랜드, 독일, 영국 등에서 출시하였다. '포켓몬고'의 이용자는 현실공간 위 치에 따라 모바일 기기상에 출현하는 가상의 포켓몬을 포획하고 대결도 할 수도 있다. 구체적으로 이용자는 모바일 기기를 이용해 '포켓몬고' 앱 에 로그인한 후 성별, 피부색, 머리 모양 등을 선택해 자신의 아바타를 만 든다. 아바타가 생성되면 이용자가 위치한 주변 지역의 지도가 나타나고, 게임 아이템을 얻는 곳인 포켓스톱과 다른 포켓몬과 전투하는 곳인 체육 관 등이 지도에 표시된다. 이용자가 현실공간을 이동할 때 아바타 역시 게임의 지도를 따라 움직인다. 이용자가 포켓몬을 발견하면, 증강현실 모 드에서 실재(實在)처럼 보이는 배경과 함께 포켓몬을 볼 수 있게 되고, 포 켓볼을 던져 포켓몬을 포획한다. 이 게임의 궁극적 목적은 포켓몬을 포획 하고 진화시켜 포켓몬 도감을 완성하는 것이다. 뿐만 아니라 '포켓몬고' 게임에서는 이용자가 팀을 이루어 체육관이라고 불리는 거점을 공격하여 점령하거나 수비하여 세력을 겨룰 수 있도록 되어 있어 온라인게임의 요 소도 포함하고 있다.

'포켓몬고'의 출시 초기 우리나라는 서비스 제외 지역으로 분류되 었다. 하지만 그 기간 동안에도 강원도 속초, 울릉도, 울산 등 일부 지역 에서는 게임이 가능해 속초행 버스가 매진되기도 하였다. 속초시 등 일 부 지자체는 관광객 유치 홍보전에 '포켓몬고'를 활용하였고 여행사들은 관련 상품을 내놓기도 하였다. 한국에서 '포켓몬고'는 지도반출 문제 등

출처: http://www.pokemonkorea.co.kr/go/

**┃그림 11.1 ┃ '포켓몬고' 게임 로고 및 인터페이스**

여러 가지 이유로 출시가 연기되다가 2017년 1월 24일부터 정식으로 전국에서 포켓몬을 잡을 수 있게 되었다. 출시 직후 설 연휴가 시작된 덕에 '포켓몬고' 이용자가 폭발적으로 늘었다. 모바일 시장분석업체 와이즈앱은 설 연휴를 포함한 출시 첫 주 설치자가 758만 명, 이용자가 698만 명에 달하는 것으로 추정했다(www.wiseapp.co.kr). 이용자 중에서 남성이 62%로 여성 38%보다 많았으며, 연령대별 비중은 10대가 가장 높고 연령이 올라가면서 낮아지는 추세를 보였다. 다만, 30대 이상의 게임 이용 비중이 34%정도를 차지하여 성인 이용자가 적지 않은 것으로 파악되었다. '포켓몬고'는 구글 플레이스토어와 애플 앱스토어 최고매출 2위를 기록하면서 과금 측면에서도 성공한 것으로 분석되었다.

*296*

청소년에게 게임을 허하라

| 연령 | 이용자(명) | 비중(%) |
|---|---|---|
| 10대 | 2,456,075 | 35% |
| 20대 | 2,173,010 | 31% |
| 30대 | 1,231,191 | 18% |
| 40대 | 866,123 | 12% |
| 50대 | 258,475 | 4% |
| 총계 | 6,984,874 | 100% |

출처: www.wiseapp.co.kr

# 2. '포켓몬고'의 특징은 무엇인가

## 1) '포켓몬고'의 기술적 측면

　　기술적인 측면에서 '포켓몬고'는 증강현실을 도입하여 큰 성공을 거둔 첫 번째 게임이라는 점에서 의미를 가진다. 증강현실(增強現實, Augmented Reality)이란 실세계와 가상세계를 이음새 없이(seamless) 실시간으로 혼합하여 이용자에게 보다 향상된 몰입감과 현실감을 제공하는 기술이다. 실제 관찰하고 있는 사물이나 장소에 대한 부가적인 정보를 동시에 제공하여 이용자가 새로운 정보를 습득하거나 일을 쉽게 수행하도록 돕는 데 목적을 둔다. 증강현실 기술은 인간의 모든 감각에 적용될 수 있고, 가상 물체를 더하는 것뿐만 아니라 실제 물체를 제거하는 것까지 포함한다.

*297*

증강현실은 1968년 미국의 컴퓨터 과학자인 이반 서덜랜드(Ivan Edward Sutherland)가 'Head Mounted 3차원 디스플레이'를 발표하면서 연구가 시작되었으며, 1990년 보잉의 톰 코델(Tom Caudell)이 항공기 전선 조립과정의 가상 이미지를 실제 화면에 중첩시켜 설명하면서 '증강현실'이라는 용어를 최초로 사용하였다.

증강현실은 가상현실(virtual reality)의 변형된 형태로 가상현실이 완전한 인공의 환경만을 제공하는 데 반해, 증강현실은 실제 세상에 인공의 환경이 덧붙여져 훨씬 강화된 실제 세계를 제공한다. 즉, 증강현실은 실제 세계를 가상 세계로 완전히 바꾸는 것이 아니라, 실제 세계에 가상 세계를 보충하는 것으로 실제 세계를 강화하는 것은 물론 실제 세계에 대한 이용자의 인지능력도 강화한다. 따라서 증강현실은 혼합현실(Mixed Reality)의 한 분야로 실제 세계와 가상의 세계가 중첩되는 혼합형 가상현실 시스템이라고 정리할 수 있다(장일·이영음·김옥태, 2015).

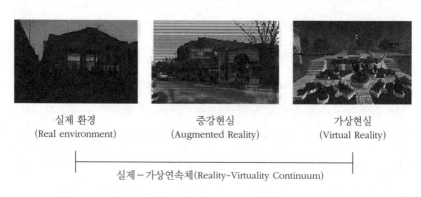

| 실제 환경 | 증강현실 | 가상현실 |
|:---:|:---:|:---:|
| (Real environment) | (Augmented Reality) | (Virtual Reality) |

실제-가상연속체(Reality-Virtuality Continuum)

출처: 현용호·김현철(2014).

**┃ 그림 11.2 ┃** 실제 환경, 증강현실, 가상현실의 차이

청소년에게 게임을 허하라

'포켓몬고'는 증강현실을 이용해 실제 눈앞에서 보는 것과 같은 현장감과 실재감을 높였을 뿐만 아니라 현실 공간을 찾아다니며 게임을 하므로 이용자로부터 폭발적인 인기를 얻고 있다. 게임은 그 주체가 가상이냐 실체냐에 따라 증강현실과 가상현실이 구분된다. 가상현실 게임은 이용자를 대신하는 가상 캐릭터가 가상 공간에서 가상의 적과 대결을 펼치지만, 증강현실 게임은 '포켓몬고'처럼 현실 속의 내가 미국 뉴욕이나 강원도 속초라는 현실 공간에서 가상의 적(포켓몬)과 대결을 벌인다. 또한, 공간 증강현실(Spatial AR: SAR)의 경우에는 이용자가 특별한 장치를 손에 들거나 착용하지 않아도 되기 때문에 어린이나 나이가 든 사람들도 증강현실을 쉽게 이용할 수 있는 강점이 있다.

　뿐만 아니라, '포켓몬고'는 모바일 기술을 이용한다. 모바일게임은 휴대전화, PDA 등 이동형 모바일 기기를 이용하여 플레이하는 게임을 말한다(전경란, 2009). 특히 휴대전화를 이용하는 게임은 스마트폰의 등장과 관련 기술의 발달로 기능이 확대됨에 따라 이용도 급속도로 증가하였다. 구체적으로 2000년대 후반부터 스마트폰을 이용한 모바일게임과 인터넷을 이용한 온라인게임은 증가하는 경향을 보여준다. 이러한 변화는 SNS(Social Network System)의 수요 증대, 스마트폰 보급률의 증가와 함께 비디오게임 이용자들의 라이프 사이클의 변화가 그 원인이라고 분석된다(강영미, 2012). 우리나라의 경우 2012년 7월 '애니팡'으로 촉발된 모바일게임의 돌풍이 이후 대한민국 게임의 지형을 바꿨다.

　기술적인 부분에서 게임업계가 모바일게임의 근본적인 특성과 새로운 가능성에 주목하기 시작한 것은 터치스크린과 함께 무선 네트워크 환경이 지원되기 시작한 이후이다. 먼저, 화면을 손으로 눌러 입력할 수 있는 편리한 장치인 터치스크린은 직관적인 인터페이스로 특별한 설명

*299*

이나 훈련 없이, 화면 변화만으로 게임을 조작할 수 있다. 따라서 터치스크린을 이용한 모바일게임의 경우 남녀노소 누구나 특별한 조작훈련 없이 즐길 수 있다는 장점이 있다. 또 스마트폰을 이용한 모바일게임은 무선 네트워크 환경을 활용하여 온라인에 접속하는 것이 가능하기 때문에 게임을 하기 위해 반드시 한 장소에 머물러 있어야 할 필요가 없다. 즉 이동성에 기반을 둔 기술적 속성을 전제로 위치 기반 게임이 가능하다는 것이다. 마지막으로 모바일게임은 SNS의 특성이 합쳐지면서 모바일이 가진 이동성과 함께 네트워크 연결성을 추구하게 되었다. 결국, 게임 이용자가 가상 공간에 몰입하기 위해 스크린 앞에 붙잡혀 있어야만 하는 '신체의 감옥'을 벗어나게 되었다는 것이 모바일게임의 큰 장점이라고 하겠다(노기영·이영수, 2015). 위치를 기반으로 소셜 네트워크와 게임이 결합된 형태의 대표적인 게임이 '인그레스'이다. '인그레스'는 '포켓몬고'를 개발한 나이앤틱이 2014년에 출시한 게임으로 증강현실 카메라를 사용하는 게임이다.

결국 '포켓몬고' 게임을 기술적으로 보면 위치정보 기반 시스템에 AR 기술을 사용하여 터치스크린을 활용한 인터페이스를 통해 포켓몬스터를 포획하고, 포획한 포켓몬스터를 육성하여 다른 이용자와 대결을 통해 연결되는 경험을 더한 게임으로, 세계 각지의 명소에 사람들이 모여 함께 진행할 수 있는 게임이다.

## 2) '포켓몬고'의 내용적 측면

'포켓몬고'의 성공을 내용적 측면에서 보면 다양한 연령층에서 사

청소년에게 게임을 허하라

랑받고 있는 포켓몬스터 캐릭터의 영향을 무시할 수 없다. 1996년 등장한 '포켓몬스터'는 '원 소스 멀티 유즈'를 활용하여 비디오게임, 애니메이션, 트레이드카드 등 수천 개의 파생상품을 통해 지난 20년 동안 전 세계 다양한 연령층에게 사랑받아온 콘텐츠이다.

볼터와 그루신(Bolter & Grusin 2006)에 따르면, 비디오게임의 일부 내용과 형식들은 기존의 게임들을 재목적화(repurpose)한 것이다. 비디오게임은 '모노폴리(Monopoly)'와 같은 보드 게임을 재연하거나 '제2차 세계대전' 등과 같이 전쟁 게임을 각색한다. 뿐만 아니라 많은 스포츠가 비디오게임으로 재매개(remediation)되고 있다(박근서, 2009). 즉 게임의 형식은 언제나 있었다. 다만, 컴퓨터와 모바일 기기가 새로운 그릇으로 등장함에 따라 새로운 그릇에 맞게 재창조되고 있는 것이다. 모바일게임은 이러한 면에서 새로운 것이며, 기존의 다른 미디어들의 콘텐츠를 재매개한 것이기도 하다. '포켓몬고'와 같은 모바일게임은 상호작용 내러티브를 통해, 캐릭터나 내용을 단순히 전달하는 데 머물지 않고, 이를 이용

| 표 11.2 | 포켓몬스터, 인그레스, 포켓몬고 비교

| 구분 | | 포켓몬스터 | 인그레스 | 포켓몬고 |
|---|---|---|---|---|
| 출시연도 | | 1996 | 2014. 7. | 2016. 7. |
| 장르 | | 육성 RPG게임 | AR 온라인게임 | AR 온라인게임 |
| 게임 요소 | 배경 | 가상지도 | AR 지도 | AR 지도 |
| | 수집 | 가상지도 내 아바타 이동을 통한 포켓몬 포획 | 실제 이용자의 이동 | 실제 이용자의 이동을 통한 포켓몬 포획 |
| | 육성 | 레벨업, 진화, 교배 | 레벨업 | 레벨업 |
| | 전투 | NPC와 턴제 대결 | 단체 대결 | 단체 대결 |
| | 멀티플레이 | 이용자 간 대전 | 거점 점령 | 거점 점령 |

출처: 양병석 등(2016) 일부 수정.

*301*

자 스스로의 행위를 통해 경험하게 함으로써, 보다 높은 '몰입'을 이끌어내게 되고, 따라서 미디어 자체의 간섭을 수용자들의 의식에서 지워버릴 수 있다.

### 3) '포켓몬고'의 이용문화적 측면

　'포켓몬고'로 인한 효과는 여러 가지를 꼽을 수 있겠지만, 게임 이용문화 측면에서는 기존의 디지털게임이 가지고 있었던 장소적 한계를 극복했다는 점을 주목할 수 있다. 게임, 특히 최근의 디지털게임은 그 종류를 막론하고 특정 장소에서 고정된 상태로 이용해야 하는 한계를 가진다. 또한 기존의 디지털게임 이용은 주로 컴퓨터 모니터와 같은 스크린을 통해 구현되기 때문에 눈의 피로도가 높아지는 등 건강에 부정적인 영향을 미치는 것으로 알려져 있다. 게임의 장소적 한계와 이로 인한 부작용은 게임이 가지고 있는 일종의 근본적인 속성으로 여겨져 왔는데, '포켓몬고'는 이런 게임의 부작용을 해소함과 동시에 재미를 전달할 수 있는 새로운 가능성을 보여주었다.

　　특히 이런 장소적 한계의 극복은 단순히 물리적이고 감각적인 증강뿐만 아니라 행동적 차원의 모사라는 관점으로도 볼 수 있다. '포켓몬고'라는 게임은 기본적으로 이용자의 아바타인 게임 내 주인공이 여러 지역을 탐험하면서 포켓몬을 수집하고 육성하며 다른 사람과 포켓몬 대결을 하는 형식이다. 사실 '탐험', '수집', '육성', '대결'이라는 행위는 게임기를 통해 매개된 환경에서 구현되고 게임 콘트롤러를 통해 조작되는 것이 일반적인 디지털게임의 환경이었다. 그러나 '포켓몬고'는 이런 행위들을 실제 이용자들이 스스로의 육체를 통해 수행할 수 있도록 했다. 그리고 이렇게 가상에서만 가능했던 행위를 현실에서 직접 수행할 수 있다는 기대감은 '포켓몬고' 이용자를 기꺼이 야외로 나가게끔 한 원동력이라고 볼 수 있다.

이렇게 판타지적 행위를 현실에서 수행하는 것은 일종의 역할놀이 (Role play)이다. 역할놀이는 로제 카이와(Roger Caillois)가 자신의 저서 『놀이와 인간(Les Jeux et les Hommes)』(2006)에서 언급한 놀이의 네 가지 형태 중 하나인 미미크리(mimicry, 흉내 내기)의 전형적인 형태이다. 카이와는 놀이를 규칙의 있고 없음에 따라 루두스(ludus)와 파이디아(paidia)로 나누었으며, 그 구체적 형태에 따라 아곤(agon), 알레아(alea), 미미크리 (mimicry), 일링크스로(illinx) 구분하였다. 아곤은 대부분의 스포츠 경기와 같이 경쟁을 통해 승부를 가리는 게임을 말하고, 알레아는 주사위 놀이나 윷놀이와 같이 운에 따라 승패가 좌우되는 게임을 말한다. 미미크리는 인형놀이나 소꿉장난과 같이 흉내 내기 놀이를 말하고, 일링크스는 롤러코스터를 타는 경우와 같이 신체적 자극을 즐기는 놀이를 말한다. 여기에서 루두스와 파이디아의 구분은 놀이에 내재하고 있는 긴장, 즉 자유를 구가하려는 마음과 그것을 구속하려는 규칙 사이의 긴장을 드러낸다는 점에서 의미가 있다. 그리고 놀이의 네 가지 유형은 놀이가 지닌 즐거움과 재미 그리고 놀이하기의 성격을 기술한다는 점에서 매우 유용하다. 다른 사람과의 경쟁을 통해 승패를 가늠하는 일, 우연에 결과를 맡겨 긴장과 그것의 해소를 경험하는 일, 흉내 내기를 통해 그 대상을 상상적으로 전취하는 일, 몸으로 세상을 맞아 경험하는 일이 놀이의 네 가지 즐거움이다 (박근서, 2009).

카이와에 따르면 역할놀이는 놀이하는 사람이 실제의 자기가 아니라 가상의 정체성을 가지고 놀이를 즐기는 것을 뜻하며, 이 과정에서 놀이에서 설정된 환경에 몰입한다(박영신·김의철·탁수연, 2011). '포켓몬고' 이용자들이 주변을 탐색하고 포켓몬을 발견하고 다른 이용자와 대전하는 행위는 단순한 탐색과 발견이 아니라, 포켓몬이라는 게임의 주인공이 하는 행위의 모사이자 역할놀이이고, '포켓몬고'가 제공하는 포켓몬이라는 게임의 세계관이라는 맥락에 몰입하는 행위이다.

'포켓몬고' 이용자는 포켓몬이라는, 20년이 넘는 기간 동안 큰 사랑을 받았던 게임 시리즈의 주인공과 동일한 행동을 모사함으로써 자신이 게임의 주인공이 된 듯한 느낌을 받게 된다. 또한 이 과정을 통해 이용자가 인지하는 세계는 현실인 동시에 포켓몬의 세계가 합쳐진 중첩적인 환경이 되며, 단순히 기술적인 차원에서의 증강현실일 뿐만 아니라 게임 이용자의 인식적인 차원에서도 증강현실이 구현된 것으로 해석할 수 있다.

## 3. '포켓몬고'와 청소년 문화

청소년 문화는 청소년 세대가 공유하는 생활양식 및 사고방식을 말한다. 여기서 청소년 세대는 연령집단이나 생애단계를 의미하며, 역사적 경험을 공유하는 사람들의 의미이다. 그리고 특정 사건에 대해 동일하게 반응하여 동일한 정체성이 체화된 집단으로 '공통된 의미지평(common horizon ofmeaning)'을 공유하는 집단이다(박재흥, 2002; 오찬호, 2009). 청소년 문화를 이해하고자 할 때 청소년의 공유된 시대 경험과 의식을 파악하는 것과 함께 청소년이라는 범주 내에 존재하는 다양한 하위 범주, 개별

청소년에게 게임을 허하라

적인 주체의 행위 양상 등도 함께 고려하여야 한다. 기존 청소년 연구에서는 청소년을 연령범주(16~21세)로 파악함으로써 청소년 문화를 연령에 귀속되는 것으로 보았다. 즉, 청소년 문화가 특정 연령범주를 벗어나 향유되는 점, 청소년 스타일의 상징적 가치 및 대중문화적 자원으로 기능하는 점 등 청소년 문화를 이념적 범주로 보지 못하였다.

청소년은 인생에서 생물학적 연령으로 특정 시점에 해당되기보다는 정신상태 혹은 마음자세라고 할 수 있다. 최근에는 '청소년' 세대가 성인, 심지어는 중년이 되어도 젊음을 유지하는 수단으로 음악, 스타일, 여러 가지 형태의 기록물을 사용함으로써, 성인 세대에 속하는 것을 거부하는 현상이 나타나고 있다(Bennett & Kahn-Harris, 2004; 조혜영·김종길, 2005, p.12 재인용). 이와 관련하여 이광석(2011)은 1990년대 초부터 시작된 통신 문화에서 인터넷과 모바일 문화에 이르는 시기 동안 디지털 미디어 활용의 방식을 기존의 사회과학계에서 거론되는 세대론에 근거해 분류하였다. 그는 1990년대 이후의 기술친화적 세대를 편의상 '신세대'(PC통신 세대), 'IMF 세대'(인터넷 세대), 그리고 최근의 '촛불 세대'(모바일 세대)로 나누었다.

〈표 11.3〉에서 보듯이, 촛불 세대라고 할 수 있는 모바일 세대는 2002년 월드컵을 거쳐 2008년 광우병 촛불집회를 주도하며 성장한 세대라고 할 수 있다. 기동성이 뛰어난 디지털 기기에 능하고 융합화된 기술 현실에 잘 적응해 '디지털 감성 세대'로 통한다. 이들의 특징인 온-오프 연동, 개방적, 참여적, 이동적 특징은 '포켓몬고'라는 게임의 특성과 잘 연결된다고 볼 수 있다. 이 중에서 온-오프 연동의 이동적 특성은 '디지털 산보자'라는 개념으로 해석될 수 있다(이재현, 2013). 이 용어는 데이터 공간, 즉 사이버 스페이스를 '항해'하는 행위를 지칭하는 개념과 산보자

| 표 11.3 | 디지털 세대별 미디어 문화정치적 행동의 특성 및 성격

| 디지털 세대구분 | 주요 기술 변수 | | 대표 매체 | 온-오프 연계 | 표현 형식 | | 온라인 대표 의제 | | 성격 |
|---|---|---|---|---|---|---|---|---|---|
| 신세대 (PC통신 세대) | PC통신과 BBS 문화 | | PC통신/ 홈페이지 | 접속 | 게시판/ 온라인 동호회 | | 케텔유료화 온라인 반대 시위 | | 개별적, 다소 이념적, 낭만적 |
| IMF 세대 (N세대) | 초고속 인터넷망 구축 | 스마트폰 열풍 | 포털서비스/ 온라인카페/ 블로그 | 겹침/ 연동 | 시민 온라인 저널리즘/ 정치 패러디 | 소셜 미디어 | -2002년 여중생 사망 추모 촛불 시위, 16대 대선 -2004년 총선, 노무현 전 대통령 탄핵 정국 | -2010.6.2. 지방선거 -2011.4.27. 재보궐선거 | 실용적, 온라인 지향, 동아리적, 협업적 |
| 촛불 세대 (모바일 세대) | 유비쿼터스 코리아 | | 다양한 이동형/휴대형 매체 활용 | 융합 | 모바일 미디어/ 1인 게릴라미디어 | | 2008년 촛불시위 | | 온-오프 연동, 개방적, 참여적, 이동적 |

출처: 이광석(2011).

고유의 물리적 이동성(physical mobility)을 고려하는 모바일 문화를 포함한다. 즉 전자는 대인관계 속에서 상호작용을 모색하는 산보자로, 후자는 공간을 탐험하고 개척하는 탐험자로 구분하는 것이다. '포켓몬고' 이용자는 바로 모바일 미디어로 무장한 디지털 시대의 산보자이다. 모바일 미디어를 지닌 디지털 산보자는 이동 중에도 음악을 듣고 비디오를 보고 모바일게임과 같은 오락을 즐기는 존재이자, 자신의 경험과 감성을 SNS를 통해 타자들과 공유하기도 한다. 감각 양식의 측면에서, '포켓몬고'를 이용하는 디지털 산보자는 모든 감각기관이 관여하는 이동성을 보여준다. 일반적인 의미의 산보자가 걸으며 본다는 점에서 눈과 발, 두 가지 감각기관을 주로 사용한다면, 디지털 산보자는 시각, 촉각, 청각을 사용하는 존

청소년에게 게임을 허하라

재라는 점에서 다중적인 감각 양식의 소유자라고 할 수 있다.

한편, 모바일 미디어 이용자는 그 자체로 공간 이동을 하는 주체로서, 이동성을 통해 장소를 공간으로 전유하는 것을 넘어 모바일 미디어에 공간 이야기를 기록하고 다른 사람과 공유한다(이재현, 2014). 드 세르토(de Certeau, 1984)는 장소(place, lieu)와 공간(space, espace)을 구분하는데, 장소는 일상적 실천 이전에 존재하는 질서 체계로서, '지도(map)'와 같이 '고유한 이름'이 부여된 객관적인 그 무엇이다. 이와 달리 공간은 장소가 일상적 실천에 의해 전환된 그 무엇으로, '여정(tour)'과 같이 주체에 의해 다양하게 전유된 것을 말한다. 장소가 지도처럼 바라봄의 대상이라면, 공간은 여정처럼 걸어가기의 대상이다.

'포켓몬고'의 이용은 그 자체로 공간적 실천이다. 공간을 횡단하면서 그리고 그런 상황에서 모바일 미디어를 이용하면서 장소를 공간으로 전유한다. '포켓몬고' 이용에서 특기할 점은 공간의 전유가 걷기뿐만 아니라 모바일 미디어를 통해서 이루어진다는 점이다. 역사적 건물이나 지역의 역사와 함께 제공되는 지도 정보를 이용하고 공유함으로써 장소에 대한 정보와 감성, 즉 공간 야야기는 결합되고 누적되어 해당 장소에 대한 담론을 구축하게 되는 것이다.

┃표 11.4┃ 장소와 공간의 비교

| 장소 | 공간 |
| --- | --- |
| 지도(map) | 여정(tour) |
| 바라보기(seeing) | 걸어가기(going) |
| 묘사(tableau) | 동작(movements) |
| 고유함(proper) | 작전(operations) |

출처: 드 세르토(de Certeau, 1984, p. 119)에서 재구성.

제11장 '포켓몬고'와 청소년 문화

'포켓몬고'가 불러온 게임 문화의 변화를 정리하자면, 이 게임은 증강현실이라는 새로운 기술과 포켓몬이라는 유명 콘텐츠를 활용하여 게임 이용 공간을 고정된 실내에서 야외라는 넓은 공간으로 확장하는 효과를 가져왔다고 할 수 있다. 디지털게임의 탄생과 확장 과정에서 놀이와 게임을 즐기는 장소는 야외에서 실내로 이동했다. 그러나 '포켓몬고'의 등장은 디지털게임을 이용하는 장소가 다시 실내에서 야외로 이동할 수 있다는 것을 증명했으며, 이는 디지털게임을 신체적으로 더 건강한 방식으로 이용할 수 있는 가능성을 보여주었다고 할 수 있다. 다만, 한 가지 유의해야 할 점은 이런 결과가 단순히 증강현실이라는 기술에 의해 발생한 것이 아니라는 것이다. 이는 증강현실과 모바일 기술을 기반으로, 포켓몬이라는 인기 콘텐츠를 현실에서 경험할 수 있다는 게임 이용자들의 모사 욕구가 결합된 현상이다. 따라서 포켓몬 수준으로 이용자들의 모사 욕구를 충족시키지 못하는 콘텐츠가 없는 이상 단순히 동일한 기술을 활용한다고 해서 동일한 결과를 내기는 어렵다. 이런 어려움에도 불구하고 '포켓몬고'가 보여준 현상은 청소년의 게임 이용 문화를 어떻게 건강하게 만들 것인가에 대한 질문에 시사하는 바가 크다.

# 참고문헌

강영미(2012. 5). "비디오 게임시장의 제품이노베이션." 대한경영학회 학
　　술발표대회발표논문집, 399-407.

노기영·이영수(2015).『디지털게임과 현대사회』. 서울: 커뮤니케니션북스.

박근서(2009).「비디오 게임의 이야기와 놀이에 관한 연구」.『언론과학
　　연구』, 9(4), 208-242.

박영신·김의철·탁수연(2011).「청소년 놀이공간으로서 사이버 세계
　　에서의 자기개념」.『한국심리학회지: 문화 및 사회문제』, 17(1),
　　81-113.

박재흥(2002).「세대 개념에 관한 사회학적 고찰」. 한국사회학회 2002
　　추계 특별 심포지움, 29-42.

양병석·임영모·추형석·김태호·서영희(2016).「포켓몬GO의 성공요인과
　　파급효과」. SPRi Issue Report(2016-006호). 소프트웨어정책연구소.

오찬호(2009).「공포에 대한 동년배 세대의 상이한 반응: 2008년 촛불시
　　위에서 20대를 이해하는 몇 가지 가설」.『한국청소년연구』, 20(2),
　　357-381.

이광석(2011).「인터넷 한국의 사회운동: 청년세대들의 미디어 문화정
　　치」. 한국언론학회 심포지움 및 세미나. 서울: 연세대학교.

Caillois, R.(1994).『놀이와 인간』(이상률 옮김). 서울: 문예출판사.

Bolter, J. D., & Grusin, R.(2006).『재매개: 뉴미디어의 계보학』(이재현
　　옮김). 서울: 커뮤니케이션북스.

이재현(2013).『모바일 문화를 읽는 인문사회과학의 고전적 개념들』. 서

제11장 '포켓몬고'와 청소년 문화

울: 커뮤니케이션북스.

장일·이영음·김옥태(2015). 『영상학』. 서울: 한국방송통신대학교출판
　　문화원

전경란(2009). 『디지털 게임, 게이머, 게임문화』. 서울: 커뮤니케이션북스.

조혜영·김종길(2005). 『청소년 매니아 문화의 실태와 정책과제』. 서울:
　　한국청소년개발원

현용호·김현철(2014). 「변형된 기술수용모형(TAM) 적용을 통한 증강
　　현실 품질평가에 관한 연구: Telepresence 의 조절 효과와 유용성의
　　매개효과 검증을 중심으로」. 『경영학연구』, 43(5), 1465~1492.

Bennett, A., & Kahn-Harris, K.(2004). "Introduction." A. Bennet
　　& K. Kahn-Harris(Eds.), *After Subculture: Critical Studies in
　　Contemporary Youth Culture*(pp. 1-20). Palgrave Macmillan.

De Certeau, M.(1984). *The Practice of Everyday Life*(trans. M. B.
　　Smith). Berkeley & London: University of California Press.

청소년에게 게임을 허하라

# 저자 약력

## 김 옥 태

인디애나 대학교 매스커뮤니케이션학 박사
현 한국방송통신대학교 미디어영상학과 조교수

〈주요 논문〉
「레이싱게임 입력기의 사실성과 시점의 효과: 각성, 유인가, 동일시, 관여도를 중심으로」(2011)
「비디오게임 입력기의 사실성이 이용자의 맵핑, 공간 현존감, 각성과 정서에 미치는 영향: 1인칭 슈팅게임을 중심으로」(2010)
「Predictors of online game addiction among Korean adolescents」(2017, 공저)

〈주요 저서〉
『미디어심리학의 이해』(2016, 공저)
『청소년문화론』(2015, 공저)
『디저털사회와 커뮤니케이션』(2014, 공저)

# 찾아보기

313

314

찾아보기